MÉMOIRES SECRETS

POUR SERVIR A L'HISTOIRE DE LA RÉPUBLIQUE DES LETTRES EN FRANCE, DEPUIS MDCCLXII, JUSQU'A NOS JOURS.

ANNÉE MDCCLXXXVII.

LE *premier Janvier* 1787. En conséquence de la résolution prise par le Roi dans son Conseil, du vendredi 29 Décembre, les Secrétaires ont expédié des ordres de convocation pour l'assemblée des Notables.

Les Lettres de cachet désignent vaguement trois objets; les vues importantes dont Sa Majesté s'occupe pour le soulagement de ses Peuples; la réformation de plusieurs abus, & l'ordre de ses finances.

1er. *Janvier* 1787. Quoique les journalistes aient dû naturellement se conformer à l'article envoyé ministériellement pour être inséré dans leurs feuilles; celui des petites Affiches a jugé à propos d'en retrancher un mot, qui a scandalisé en effet beaucoup de lecteurs du Journal de Paris..... Dans celui-ci l'on lit: „ la Nation verra avec transport „ que son Souverain *daigne* se rapprocher „ d'elle...... Et dans l'autre:" la Nation verra

„ avec transport que son Souverain s'appro-
„ che d'elle"..... Cette altération a d'autant
plus surpris dans l'Abbé *Aubert*, qu'il passe
pour un vil fauteur du Despotisme.

1er. *Janvier* 1787. Le Mémoire concernant l'hôtel-Dieu, par l'Académie des Sciences, cause une fermentation qui s'accroît de plus en plus. On sait aujourd'hui que c'est M. *Bailly* qui a tenu la plume, & cette Rédaction lui fait infiniment d'honneur. Ce rapport est un modele pour la clarté, la précision, les recherches, les calculs, les résultats fondés sur la saine physique & la bonne médecine. Un détail succint des opérations des Commissaires, prouvera jusques à quel point ils ont porté & étendu leur travail.

Les Commissaires ont d'abord établi le nombre moyen des malades à contenir par cet hôpital, à deux mille cinq cens; ensuite ils ont fait voir que dans une grande & puissante ville comme Paris, il falloit se régler non sur le moyen, mais sur le plus grand nombre possible, & alors ils l'ont déterminé à quatre mille huit cens d'après des bases bien établies, des comparaisons justes & des faits connus par une longue expérience.

Ce point irrévocablement fixé, les Commissaires ont discuté les secours & les ressources que pouvoit offrir l'hôtel-Dieu, & ils ont encore trouvé par des combinaisons précises, par des inductions savantes, que cet

MÉMOIRES SECRETS

POUR SERVIR A L'HISTOIRE
DE LA
REPUBLIQUE DES LETTRES
EN FRANCE,
DEPUIS MDCCLXII JUSQU'A NOS JOURS;
OU
JOURNAL
D'UN OBSERVATEUR,

CONTENANT *les Analyses des Pieces de Théâtre qui ont paru durant cet intervalle; les Relations des Assemblées Littéraires; les Notices des Livres nouveaux, clandestins, prohibés; les Pieces fugitives, rares ou manuscrites, en prose ou en vers; les Vaudevilles sur la Cour; les Anecdotes & Bons Mots; les Eloges des Savans, des Artistes, des Hommes de Lettres morts, &c. &c. &c.*

TOME TRENTE-QUATRIEME.

. . . . *huc propius me,*
. . . . *vos ordine adite.*
Hor. L. II, Sat. 3. vs. 81 & 82.

A LONDRES,
CHEZ JOHN ADAMSON.
MDCCLXXXIX.

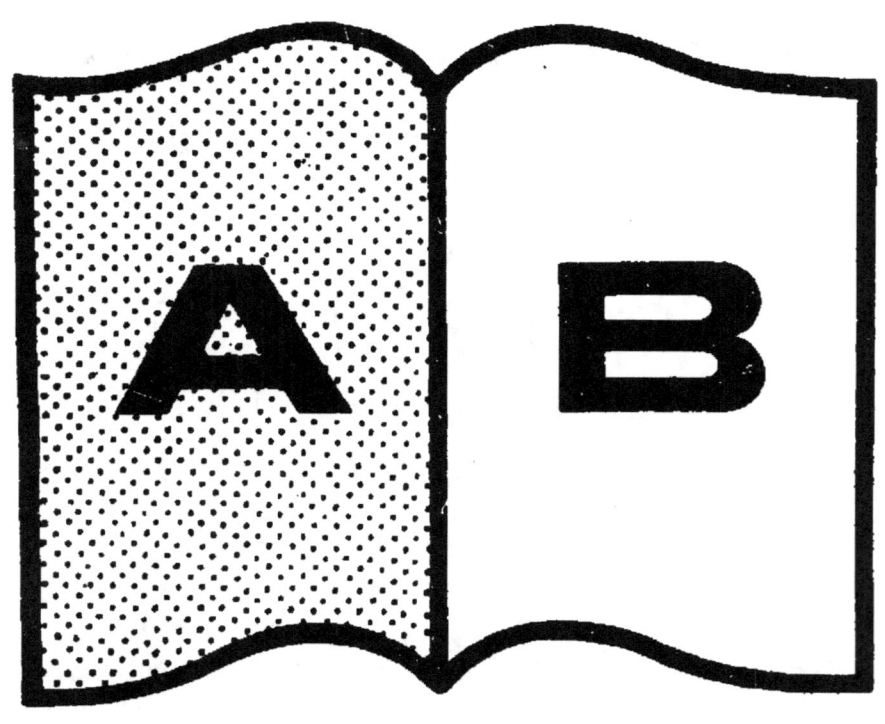

Contraste insuffisant

NF Z 43-120-14

hôpital ne pouvoit en aucun tems fournir les quatre mille huit cens lits dont on avoit besoin, ni même les trois mille que promettoient les Administrateurs. De-là son insuffisance pour le local.

Les Commissaires discutent en outre une foule d'inconvéniens particuliers, attachés aux grands lits, aux salles trop basses, aux salles accouplées pour ménager le terrein, aux étages multipliés par la même raison: de-là naît la mauvaise disposition des départemens, la confusion dans le service, le mélange des différentes maladies: de-là l'impossibilité qu'il regne à l'hôtel Dieu la propreté nécessaire: de-là l'infection de l'air: de-là enfin cet hôpital est celui de tous les hôpitaux qui perd le plus de malades en proportion de ceux qu'il reçoit ; c'est-à-dire, deux sur neuf : tandis qu'à l'hôpital saint Denis, par exemple, elle est de un sur quinze.

L'examen de la dépense de cet hôpital ne lui est pas plus avantageux. Les Revenus de l'hôtel-Dieu se montent à 1,022,500 livres; ce qui, réparti sur le nombre moyen & annuel de 912,500 journées, fournit pour le prix de chacune, vingt-deux sols cinq deniers; or il n'est point d'hôpital où elle ne soit moindre; celles de l'hospice de saint Sulpice, le mieux régi de tous les hôpitaux, ne montent qu'à dix-sept sols un denier.

Il s'ensuit de toutes ces Observations que

l'hôtel-Dieu, le plus ancien des hôpitaux, est le plus imparfait & a le plus besoin de réforme.

L'examen du Projet de M. *Poyet* n'a pas été fait avec moins de détail & de discussion; les Commissaires, après avoir établi qu'il n'est pas nouveau, n'en rendent pas moins justice aux intentions de l'auteur, à ses lumieres & surtout à son zele qui, par le secours d'un écrivain éloquent (M. Dupont) plaidant la cause de l'humanité aux yeux du gouvernement & du public, a réveillé l'attention générale. Enfin ils en balancent les avantages & les inconvéniens & jugent qu'on pourroit faire encore mieux.

En conséquence plusieurs Membres de l'Académie des Sciences se sont évertués, & même des Etrangers; le Marquis *de Condorcet* & l'abbé *Tessier*, entre les premiers; Mrs. *Dupont* & *Regnier*, parmi les autres, ont adressé à la Compagnie des Mémoires: ce qui fournit matiere à la troisieme partie, intitulée *Réflexions sur les moyens de secourir les pauvres malades, & sur la meilleure disposition des bâtimens destinés à les recevoir.*

1°. L'on doit éviter de faire un seul hôpital pour cinq mille malades.

2°. L'on se propose pourtant que les malades soient bien & que leur traitement ne soit pas trop cher; il faut par conséquent les réunir en nombre, mais non pas en nombre trop grand.

3°. Il y a trois moyens de traiter les malades : ou chez eux ; ou dans des hospices fondés sur chaque paroisse ; ou dans de grands hôpitaux.

4°. On ne peut traiter tous les malades chez eux : les hospices ne pourroient être ni placés ni construits suivant de bons principes ; ils ne pourroient suffire à l'institution générale des hôpitaux : il faut donc un hôpital commun pour la ville de Paris ; les Commissaires en donnent les raisons.

5°. Il faut cependant encourager les établissement des hospices, où les malades sont mieux traités ; mais comme secours de l'hôpital commun, & non comme moyen unique.

6°. Les grands hôpitaux appartiennent à l'Etat ; ils sont durables.

7°. Les Commissaires proposent d'en construire quatre aux quatre extrémités de Paris ; desquels deux sont déjà existans & n'exigent que des réparations.

8°. Ces Messieurs entrent dans le détail des dispositions extérieures & intérieures de ces hôpitaux ; ils voudroient qu'en outre on conservât l'hôtel-Dieu actuel, comme dépôt.

9°. Du reste, par les moyens d'économie qu'ils imaginent & proposent, il s'ensuivroit que les revenus de l'hôtel-Dieu pourroient suffire au soulagement & traitement d'un même nombre de malades & même d'un plus considérable.

2 *Janvier* 1787. M. le Marquis *de*

Villette raconte que le Sculpteur dont on a parlé dernierement, *Rosset Dupont* est le premier qui ait fait les bustes de Voltaire; se refusant jusques alors à présenter son visage, il étoit présent, lorsque le Philosophe de Ferney, subjugué par la bonhommie de cet artiste de Saint Claude disoit: *il n'y a personne qui sache donner la vie à un Buste, comme le Sculpteur de Franche-Comté*.

Ce qu'il y a d'admirable dans Rosset Dupont, c'est qu'il n'étoit jamais sorti de sa petite ville & qu'en voyant les ouvrages, chacun jugeoit qu'il avoit fait un cours d'études en Italie très long, & travaillé d'après les grands maîtres ou leurs modeles. *Falconnet* admirant un saint Jérôme de lui ne pouvoit se persuader le contraire.

Rosset Dupont manioit avec la même dextérité le bois, le marbre, l'albâtre, même l'ivoire si cassant & si dur; il pétrissoit celui-ci comme de la cire, & *Pigal* en parlant des ouvrages de cet artiste en ce genre, avouoit qu'il n'avoit rien vu des Anciens qui eût plus de perfection.

2 *Janvier* 1787. On distribue déjà la liste des membres convoqués pour l'Assemblée des Notables, quoiqu'elle soit encore susceptible de beaucoup de changemens; nous attendrons pour la placer qu'elle soit complette & nous y ajouterons les Notes que nous pourrons recueillir sur chacun, propres à en donner une idée, à faire juger de ce qu'on en doit attendre. 2 *Jan-*

2 *Janvier* 1787. Extrait d'une Lettre d'Orléans du 28 Décembre 1786...... La Maison Philantropique de cette ville n'est établie que du mois de Mai dernier; elle a tenu une assemblée générale & publique le 24 Novembre, en présence de M. le Marquis *du Crest*, Chancelier de Son Altesse Sérénissime.

Du Compte rendu dans cette assemblée par M. *Henri de Longueve*, Avocat du Roi au Châtelet d'Orléans, Secrétaire général de la maison, il résulte que cette Société naissante est déjà parvenue à assurer le soulagement complet:

1°. De tous les Nonagénaires.
2°. De tous les Octogénaires.
3°. De tous les Orphelins.
4°. De toutes les Veuves chargées de trois enfans & plus.
5°. De quatre-vingts Infirmes.
6°. De cent soixante Femmes en couche.

Qu'indépendamment de ces secours, elle vient d'établir des filatures destinées à occuper les pauvres capables de travail & privés d'ouvrage, & particuliérement les femmes & les enfans.

3 *Janvier* 1787. Les comédiens Italiens dont le zele ne se ralentit point, dès hier 2 Janvier ont ouvert l'année par une Nouveauté; elle a pour titre *le Mariage Singulier*, comédie en un acte & en prose, mêlée de Vaudevilles.

Le sujet assez heureux est fondé sur l'usage des papiers Anglois de faire souvent des annonces bizarres. Ici c'est un vieillard riche auquel il prend envie de se marier ; il fait demander dans les Journaux une Demoiselle qui ait de la jeunesse, de la beauté, des talens & des vertus, & promet de l'épouser sans dot : plusieurs se présentent ; ce qui donne lieu à une galerie de portraits, dont l'auteur n'a pas tiré tout le parti possible, à beaucoup près. Cette piece à tiroirs, ne fournissant à aucune intrigue, auroit au moins dû pétiller d'esprit & fournir des scènes très gaies. Néanmoins elle a été applaudie, & a fini très agréablement, graces à Mlle. *Renaud*, qui chante une ariette de bravoure avec le talent qu'on lui connoît & obtient le suffrage du vieillard & ceux du public.

Cette bagatelle est de M. *Favart le fils*.

3 Janvier 1787. M. *de Marville*, Doyen du Conseil, Conseiller d'Etat ordinaire & au Conseil Royal des Finances & du Commerce, Directeur général des Economats, est mort subitement la nuit du premier Janvier au deux. Il se portoit à merveille le matin, il avoit dîné copieusement aux Economats, il n'avoit pas mal soupé aussi, il a passé dans la nuit & n'a été malade que deux ou trois heures. C'étoit un homme de beaucoup d'esprit, mais ordurier.

M. *Aubry*, Avocat renommé surtout dans le parti Janséniste, est mort aussi subitement le jour de l'an.

3 *Janvier* 1787. Extrait d'une Lettre de Cherbourg du 27 Décembre..... Durant mon séjour ici j'ai examiné les dégâts occasionnés par le coup de vent terrible du 13 au 14 Décembre: ils ne sont pas aussi considérables qu'on les avoit annoncés: le tout s'est réduit à la destruction d'un cône qui étoit encore sur la grève, & dont il sera facile de rassembler les pieces éparses. Quant à ceux de la Rade, ils sont inébranlables; seulement parmi les Chaussées faites à pierres perdues entre les cônes, une s'est affaissée de quelques pieds; mais on la fera remonter au niveau qu'elle doit avoir, en y jettant de nouvelles pierres; & quand elle aura une base plus large & un point d'appui plus fort, elle pourra résister aux attaques de la mer. A tout prendre, si ces Chaussées étoient de nouveau minées par les flots, on parviendroit toujours à les contenir en rapprochant les Cônes. Alors, il est vrai, il faudroit un plus grand nombre de Cônes; mais quelle est cette dépense pour une entreprise aussi capitale?

4 *Janvier* 1787. L'époux futur de la niéce d'un Chanoine, soupçonnant qu'elle pourroit bien coucher avec son oncle, avant de se déterminer, veut faire une épreuve: il décroche une poularde destinée pour le lendemain & la cache dans le lit de la jeune personne: quand il s'agit de la mettre à la broche, elle ne se retrouve plus; grands

mouvemens dans la maison pour favoir ce qu'eſt devenu la volaille: le galant, témoin des recherches, après avoir bien vu leur inutilité, dit qu'il eſpere être plus heureux: il va droit au lit, & trouve la poularde; il en conclut aſſez naturellement que la Demoiſelle n'a pas paſſé la nuit dans ſon lit, & non moins naturellement qu'elle l'avoit paſſée dans celui du Chanoine. En conſéquence, il fait ſes adieux à l'un & à l'autre & renonce à cet hymen. Cette aventure dont le fond eſt vrai, dit-on, a paru plaiſante à M. *Beranger*, auteur des *Soirées Provençales*, & il a jugé à propos de la mettre en vers: de-là le Conte de *la Poularde* qui a mérité l'attention du Gouvernement & ſon animadverſion. Ce qui annonce un grand crédit de la part des gens offenſés: peut-être auroient-ils mieux fait de laiſſer courir cette plaiſanterie, qu'on auroit regardée comme un jeu de l'imagination de l'auteur; au lieu qu'on juge aujourd'hui qu'il exiſte certainement un fond de vérité; & il n'eſt pas difficile de découvrir les maſques par la diſpoſition de l'Arrêt, qui en ordonne l'affiche ſpécialement dans la ville d'Orléans.

4 *Janvier* 1787. C'eſt le 13 Décembre que le Sieur *Bechade* de Rouen & le Sieur *La Roche* ont été arrêtés à Amſterdam. Le premier avoit pris le nom de *Beau Sablon*. Deux Commerçans Hollandois intéreſſés à ſuſpecter leur bonne foi ont provoqué leur détention;

Cependant, ils ont consulté à cet égard un Avocat, qui ne leur a pas dissimulé qu'ils s'exposoient à encourir une grosse amende, si les détenus n'étoient pas coupables. Ils ont consenti à courir le risque. Ils ont bientôt donné avis ici de cette capture.

Un Exempt de Police est parti de Paris pour Amsterdam, chargé de traduire les accusés à Paris & ils ne doivent pas tarder à arriver ; c'est alors que commencera véritablement le procès. Les Banquiers *Tourton & Ravel*, & *Galet de Santerre* ayant refusé de les faire venir à leurs frais, c'est le Gouvernement qui s'en est chargé.

On se doute bien qu'en arrêtant ces deux étrangers, on a mis le scellé sur leurs papiers : on parle d'avoir trouvé une malle pleine de Lettres & Effets ; ce qui doit jetter un jour lumineux sur toutes leurs manœuvres ténébreuses.

4 *Janvier* 1787. C'est mal à propos qu'on avoit répandu le bruit que M. le Chevalier *de Bouflers*, revenu ici de son Gouvernement du Sénégal, étoit impliqué dans la détention de l'Abbé *de Gibelin*, & qu'on avoit donné ordre au Port où il devoit s'embarquer, de le faire revenir à Paris : rien n'est plus faux & M. de Bouflers est parti pour sa destination.

4 *Janvier* 1787. Vers d'une jeune personne à son ancien amant, en lui donnant

pour Etrennes un porte-feuille, dans lequel ils étoient insérés :

 Daignez accepter pour Etrenne
Ce Confident très sûr dont le docile sein
 A votre gré rendra sans peine
Tout ce qu'aura chez lui déposé votre main.
 Combien en ce jour de mensonge
De fades complimens auxquels vous croyez peu,
De perfides billets bons à jetter au feu !
Quel sort aura le mien ? J'en tremble, quand
  j'y songe ;
De l'amour autrefois il eut tiré du prix :
Que l'amitié l'accueille & de tous ces proscrits
  Lui sauve le destin funeste.
Par elle conservé dans ce dépôt flatteur,
  Doux interprète de mon cœur,
Que, placé le premier, le dernier il y reste !

5 *Janvier* 1787. Depuis longtems le Procureur général du Conseil Souverain de Colmar est retenu à Paris pour une suite de chicanes que ce n'est point le lieu de rapporter ici. M. le Maréchal *de Stainville*, qui commande dans ces Cantons & s'intéresse à lui, est allé dernièrement chez M. le Garde des Sceaux & lui a dit : „ Monsieur, le
„ Garde des Sceaux, je viens de la part de
„ la Reine pour vous demander quand il
„ vous plaîra de mettre fin aux vexations
„ qu'éprouve le Procureur général du Con-

,, feil Souverain de Colmar?" Le Chef Suprême de la Justice étourdi de cette apostrophe s'est humilié devant M. le Maréchal & a répondu qu'il ignoroit l'intérêt que Sa Majesté prenoit à ce Magistrat; qu'il étoit aux ordres de la Reine & feroit tout ce qui dépendroit de lui pour terminer cette affaire.

5 *Janvier* 1787. On n'a pas manqué de lancer beaucoup de brocards contre l'Académie françoise, depuis qu'elle paroît décidée à écouter les follicitations du Docteur *Vicq d'Azir* pour remplacer l'Abbé *de Boismont*; voici surtout une Epigramme qui court & amuse les oisifs & la nation:

Sait-on pourquoi l'Académie
A trente concurrens divers
Du bel esprit, en prose, en vers,
Ayant la brillante manie
Préfere un certain Médecin,
Exercé dans l'anatomie,
Connoisseur en épidémie,
Le fameux Vicq d'Azir enfin?....
Elle craint l'épizootie. (a)

5 *Janvier* 1787. Jamais on n'avoit vu tant de monde à la Bourse qu'on n'en a vu ces jours-ci. Tous les Capitalistes désiroient

―――――――

(a) Mot tiré du Grec, qui signifie Epidémie sur les bêtes à corne; genre de cure qui a fait la réputation du Docteur.

favoir quelle fenfation auroit produite la réfolution du Roi manifeftée ouvertement: l'on a été furpris de trouver les Effets fe foutenant & ne fe fentant en rien de la Nouvelle.

M^r. le Contrôleur général de fon côté fait bonne contenance & n'a pas manqué de faire ouvrir à l'hôtel de ville la Lettre A dès le premier jour de payement.

6 *Janvier* 1787. On ne croiroit pas que des almanacs fuffent dignes de l'attention du Gouvernement; deux cependant ont mérité fon animadverfion : le *Tréfor des almanacs*, ou *Etrennes Nationales*, & l'*Almanac de Liege*. A l'égard du premier, un Exempt de Police eft allé chez tous les marchands de nouveautés & a déchiré plufieurs feuillets, depuis la page 112 jufques à la page 118 comprife : on y rendoit compte des Revenus de la France, évalués à un milliard & on ne mettoit que trois cens & tant de millions pour les dépenfes utiles; enforte qu'il feroit refté fept cens millions en dépenfe de luxe, de prodigalités, de gafpillage, &c. puifqu'on convient généralement que la Dépenfe excede de beaucoup la Recette.

Quant au fecond, il eft queftion au mois de janvier d'une prédiction vague qu'on a jugé à propos d'interpréter malignement & d'appliquer aux circonftances. On trouve que c'eft donner une grande importance à de petites chofes, & peut-être auroit-on auffi bien fait de ne pas porter attention à de pareilles miseres. C'est à qui se procurera ces almanacs supprimés.

6 *Janvier* 1787. Le Sr. *Duval*, confiseur du Roi, rue des Lombards, continue à offrir aux amateurs, dans ce tems des étrennes, un cours d'histoire en sucrerie, où il représente les événemens les plus remarquables de l'année précédente. Celle-ci, il offre aux amateurs la représentation du Port de Cherbourg, & les cérémonies les plus curieuses qui ont eu lieu dans la Province de Normandie durant le Voyage du Roi.

Dans son *Prospectus* répandu en profusion, on a remarqué cette phrase: *Toujours animé de zele pour la gloire de son Souverain, & saisissant les événemens qui peuvent intéresser sa Patrie, le Sieur Duval* &c. Les Critiques épiloguent à ce sujet & prétendent que la Police auroit dû supprimer cette tournure emphatique, aussi puérile qu'indécente.... Ce qui étoit aussi digne de son attention que l'almanac de Liége.

6 *Janvier* 1787. M. le Prince *de Montbarrey* a depuis plusieurs années pour Maitresse en titre une Madame *de Courville*; mais son physique a besoin d'être ranimé de tems en tems par un nouvel objet. A un souper de filles, il est devenu épris d'une Madame *Desmahis*, créature qui lui a semblé extrêmement agaçante & lascive. Il lui a fait des propositions, qui n'ont point été

écoutées ; elle a répondu au Prince qu'elle avoit un entreteneur qui lui plaifoit beaucoup : plus enflammé par cette réfiftance, il a promis monts & merveilles ; fes offres ont été fi fortes que la Demoifelle a paru ébranlée & a defiré le tems de la réflexion.

Il faut favoir que Madame *Defmahis* eft Tribade & fervoit aux plaifirs de Mlle. *Raucourt*, la Grande-Maîtreffe de l'Ordre. Elle s'eft conciliée avec celle-ci & lui a demandé quelque repit pour recueillir les bienfaits d'un amant auffi généreux. Mlle. Raucourt y a confenti. En conféquence le Prince a eu accès, du moins quant aux cadeaux : les beaux ameublemens, les bijoux, l'or & l'argent ont été prodigués chez cette courtifanne & enfin le Prince a follicité le prix de tant de prodigalités. M^{de}. *Defmahis* a encore éludé fous prétexte d'empêchement.... Soit foupçon, foit jaloufie, foit curiofité, la nuit en revenant de fouper en ville, le magnifique amant a fait arrêter fon caroffe à la porte de fa Maîtreffe & eft monté. La femme de chambre a prétexté, pour l'empêcher d'entrer, que Madame très incommodée toute la journée, repofoit en ce moment : il a infifté ; refus nouveau, & ces obftacles irritant fes defirs, il a pénétré jufques au lit.... Il a trouvé Madame Defmahis couchée avec un perfonnage en bonnet de nuit d'homme ; il eft entré en fureur & alloit affommer de fa canne le *Quidam*, lorsque Mlle. Raucourt a sauté hors du lit & lui a dit: ,, mon Prince, vous ne savez pas ,, à qui vous avez affaire; reconnoissez- ,, moi, je suis le Dragon du *Jaloux* de M. ,, *Rochon*; songez que je ne suis pas mal ,, sous les armes, il ne tient qu'à vous de ,, m'y voir; car Mlle. est mon amante & ,, je n'abandonne pas ainsi mes conquêtes." L'Ex-Ministre, à ce ton emphatique a bientôt reconnu la courtisanne & à cet accoûtrement la Tribade: alors sa fureur s'est tournée en dédain & apostrophant Madame Desmahis: ,, Je vois bien, Madame, a-t-il ,, dit, que je ne suis pas capable d'opérer ,, votre conversion; j'y renonce. Je suis ,, accoutumé d'être dupe; mais je ne m'attendois pas à l'être de cette maniere; je ,, vous laisse toutes deux vous livrer en ,, paix à vos honteux embrassemens." Le Prince de Montbarrey, sans faire plus de bruit, s'est retiré ainsi avec dignité d'une avanture qui fait diversion dans les sociétés aux jérémiades que cause l'Assemblée des Notables.

7 *Janvier* 1787. Dans la seconde partie du Mémoire du Docteur *Smith*, son Avocat fait d'abord des réflexions sur la procédure tenue envers son client: il prouve que c'est un véritable scandale dans l'ordre judiciaire; en ce que dans cette occasion, la puissance légale qui doit défendre les citoyens des actes arbitraires, en a provoqué un contre

un *Domicilié*, en ce que, par le mélange le plus étonnant, le Ministre de la Loi s'est rendu l'instrument de l'oppression ; le Protecteur né des formes, qui sont la Sauve-garde des Droits du Citoyen, a sollicité une voie de fait, dans laquelle les formes les plus saines ont été méprisées.

Me. *Tronçon du Coudray* expose ensuite les accusations intentées contre le Docteur Smith..... Il indique des remedes pernicieux ; il exerce sans droit la Médecine ; il fait des profits illicites & immenses sur les drogues que vend l'Apothicaire qu'il indique.

A l'égard du premier point d'accusation formée par deux Médecins de la Faculté, les Docteurs *Jeannet* & *Bascher*, une foule de Cures heureuses & notoires, une analyse suspecte de partialité & qui pourtant le justifie, font sa réponse. Les adversaires & surtout M. *Jeannet*, ne sont pas mal plaisantés dans ce paragraphe.

Quant au second chef d'accusation, M. Smith avoit acheté sa charge de Médecin des Cent Suisses, lorsque le Procureur du Roi a rendu plainte contre lui ; ainsi cette accusation porte absolument à faux : d'ailleurs exercer la Médecine sans un titre réel, c'est enfreindre des réglemens de Police ; mais ce n'est point là un délit.

Le dernier reproche se détruit par les absurdités mêmes de l'hypothese, par le défaut du plus léger indice dans l'information sur le marché qu'on lui prête; enfin sa justification s'établit complettement par l'assertion & par les registres de l'apothicaire.

À la suite de cette partie se trouvent un Supplément & des Piéces justificatives; mais la plus curieuse ou du moins la plus importante est un *Nota*, où l'Avocat déclare que son Client lui a fait voir tous ses titres & contrats, dont le résultat est un total de 27,395 livres de rentes; indépendamment d'autres titres non produits, qui augmenteroient ses revenus du double, ou d'un grand tiers au moins.

La fortune considérable dont jouit le Docteur Smith, est en effet une base capitale de la démonstration de son innocence.

7 Janvier 1787. Les Colporteurs gémissent de plus en plus des entraves qu'on met journellement à leur Commerce; ils attendent beaucoup de nouveautés de chez l'étranger, de Suisse, d'Allemagne, d'Angleterre, de Hollande; &c. mais rien n'arrive. Depuis peu il a été défendu à tous imprimeurs, libraires, marchands de livres d'envoyer aucun ballot de cette espece qui n'ait été plombé à la Chambre Syndicale du lieu ou de l'endroit le plus voisin: ce qui prévient beaucoup de fraudes & de supercheries en ce genre.

7 Janvier 1787. On regarde comme décidé que l'Assemblée des Notables indiquée à Versailles se tiendra dans l'hôtel des Menus.

Du reste, cet événement futur intrigue beaucoup de gens, surtout les Magistrats, dont les travailleurs s'occupent à compulser leurs registres, à consulter les monumens de l'histoire & à se mettre au fait de tout ce qui est relatif à la nature des assemblées, pareilles à celle dont il s'agit.

Ce qu'on assure positivement, c'est que la convocation n'étoit point de l'avis de M. le Comte *de Vergennes*; qu'il a témoigné à M. *de Calonne* son étonnement qu'il choisît l'époque de la plus grande gloire de la France, par la derniere Paix, par la prospérité de la Marine, par l'humiliation de sa Rivale, par la création d'une nouvelle Puissance en Amérique, pour user d'une ressource indiquant, ou une grande foiblesse dans le Monarque, ou une détresse excessive dans les Finances. Le Contrôleur général n'a point envisagé la démarche qu'il conseilloit à Sa Majesté sous le même point de vue; il a prétendu qu'elle consolideroit plus que jamais l'Autorité du Roi en restreignant celle des Parlemens, aujourd'hui qu'ils sont en fermentation nouvelle & que plusieurs remuent & tracassent d'une façon très incommode pour le Gouvernement: comme le Ministre des Affaires Etrangeres n'aime pas ces Cours Souveraines plus que M. de Calonne; on ne doute pas qu'il n'ait cédé à ce motif déterminant.

8 *Janvier* 1787. On a dit que la Ga-

zette d'Utrecht étoit aussi supprimée en France, à raison d'un paragraphe malin inséré dans la feuille du 22 Décembre 1786. Dans ce paragraphe où, par une allégorie soutenue de la situation prétendue actuelle de l'état des finances de la Chine, on expose celui des nôtres, on peint l'embarras de M. *de Calonne*, & l'on satyrise fortement son Administration; il est impossible de méconnoître un dessein formé d'attaquer ce Ministre & de le décrier auprès des étrangers, dont il a intérêt, au contraire, de se concilier la confiance.......

Ce bruit ne s'est point réalisé.

8 *Janvier* 1787. La chance a tourné & l'on regarde comme décidé aujourd'hui que M. *de Rulhieres* obtiendra le fauteuil vacant de l'Académie Françoise: ayant l'honneur d'être attaché à *Monsieur* en qualité de Secrétaire de ses Commandemens, il a fait remuer auprès de ce Prince qui s'intéresse pour cette Créature & l'a fait savoir à la Compagnie. On conçoit qu'une protection aussi manifestée doit subjuguer les suffrages. Ce sera le troisieme des serviteurs de son Altesse Royale, entrés dans la Compagnie sous ses auspices.

8 *Janvier* 1787. C'est Me. *Henry*, Avocat du Roi au Châtelet d'Orléans, qui devoit épouser la niece d'un Chanoine : comme il est nommé dans le Conte de *la Poularde*, il l'a trouvé très mauvais & a suscité une pro-

cédure contre M. *Berenger*. Celui-ci avoit été Professeur de Rhétorique au Collège de cette ville ; il s'en étoit retiré avec quatre cens livres de pension, qui lui ont été ôtées depuis son affaire ; il est aujourd'hui Précepteur du fils de M. le Comte *de Valentinois*. On travaille à le faire expulser de la maison de ce Seigneur & cette plaisanterie pourra lui faire perdre son état.

Quant au Journal *Polityp*e, l'Arrêt du Conseil lui a valu deux cens Souscripteurs de plus.

9 *Janvier* 1787. Un M. *Miniac* rapporte que, passant le 25 Décembre dernier dans la forêt des Ardennes, il y avoit vu, à deux milles de l'abbaye de S^t. Hubert & près de la grande route, un aérostat accroché à un arbre : on le détacha ; mais le vent l'emporta de nouveau : il y a apparence que c'est celui de M. *Blanchard*.

9 *Janvier* 1787. Ce qui a le plus frappé & intéressé les témoins du spectacle attendrissant que les aveugles-nés ont présenté à leurs Majestés & à la famille Royale, l'a été de voir entre leurs mains le chanvre devenir successivement du fil & de la ficelle ; & celle-ci s'employer par eux à faire du filet, des ouvrages à nœuds & de la sangle, le tricot, les lacets au boisseau, la relieure des livres.... Que de ressources contre l'indigence! Si, depuis que l'hôpital des Quinze-Vingts est fondé, on eût eu l'art d'appliquer

les

les aveugles à de pareils ouvrages, quelle masse de travaux & de productions dans la circulation des manufactures du Royaume? Par conséquent, quelle augmentation de richesses, d'industrie & de prospérité nationale.

9 *Janvier* 1787. M. le Maréchal *de Castries* a écrit la lettre suivante à un officier marinier qui sollicitoit une récompense; quoique les faits paroissent anciens, elle est toute recente & datée de Versailles le 31 Décembre 1786.

„ J'ai lu avec beaucoup d'intérêt, brave
„ *Lucot*, les détails de l'action par laquelle
„ vous avez signalé votre courage dans le
„ combat de la frégate l'*Amazone* contre la
„ frégate Angloise la *Margarita*. J'ai parti-
„ culièrement remarqué qu'ayant reçu un
„ grand nombre de blessures dangereuses à
„ votre poste de canonnier, le commandant
„ du bâtiment vous pressant à plusieurs re-
„ prises de vous retirer, un boulet de canon
„ vous emporta le bras droit, & sur ce
„ qu'il vous réitéra l'ordre d'aller vous faire
„ panser, vous répondites que tant qu'il
„ vous resteroit un bras, vous l'employeriez
„ à la défense de votre patrie: qu'aussitôt
„ vous précipitant sur votre piéce pour la
„ pointer, une balle de fusil vous fracassa
„ la mâchoire inférieure; & ce fut la dix-
„ septieme blessure que vous reçûtes dans
„ cette journée. Sur le compte que j'en ai

,, rendu au Roi, Sa Majefté voulant ajouter
,, aux graces pécuniaires qu'elle vous a ac-
,, cordées, une marque honorable de fa fa-
,, tisfaction, vous fait don d'une Médaille
,, d'or que je vous fais remettre pour vous
,, en décorer. —

,, Je fuis, brave *Lucot*, entierement à
,, vous.

P. S. ,, Vous pouvez être tranquille fur
,, votre fort, brave *Lucot*; le Roi y pour-
,, voira; & vous pouvez vous adreffer avec
,, confiance à moi dans toutes les circon-
,, ftances de votre vie."

Cette apoftille étoit écrite de la propre main du Miniftre de la Marine au bas de la Lettre.

9 *Janvier* 1787. Dimanche dernier on jouoit *Panurge* à l'opéra: le bal qui le termine, un des plus agréables de ce Spectacle, avoit attiré quantité de monde; mais chacun fut bien attrapé de ne rien voir à la fuite du dernier acte, où l'on baiffa la toile. Grand tapage de la part du public & furtout du parterre, qui dura pendant très longtems; on demandoit le ballet..... Les loges même reftoient garnies & attendoient l'iffue de cette Scene. Cependant la garde s'étoit retirée, les lumieres s'éteignoient & Meffieurs du théâtre lyrique ne fe mettant point en devoir de répondre à cet appel, les mécontens fe font laffés & l'on s'eft en allé peu à peu. Sans doute cela ne fe feroit pas paffé ainfi en tout autre pays.

Les acteurs de ce Spectacle n'étant point accoutumés à haranguer le public, ont regardé comme au dessous de leur dignité de venir lui rendre compte des motifs de la suppression du ballet; cependant aujourd'hui craignant les suites du mécontentement général, les Directeurs ont fait insérer au Journal de Paris une Note, par laquelle ils apprennent que M. *Gardel* le jeune, comme il s'exerçoit pour danser le soir, s'étoit blessé; qu'il n'avoit pu paroître: que des incommodités d'autres danseurs avoient empêché de se faire suppléer & qu'enfin l'heure trop avancée s'étoit opposée à ce qu'on exécutât un autre opéra.

9 Janvier 1787. On a joué hier au Théâtre Italien une comédie nouvelle en deux actes, mêlée d'ariettes, intitulée *les Dettes* : le premier acte a été fort bien accueilli, le second pas autant; en général, rien de plus plat & de plus commun que ce sujet. La Musique en a fait le succès; elle est agréable, chantante, pittoresque & c'est peut-être la meilleure production en ce genre de Mr. *Champein*. Quant au poëme, ce n'est pas le meilleur de M. *Forgeot*, dont on auroit attendu une fable plus ingénieuse, plus piquante & mieux conduite.

10 Janvier. A la suite des Notices de l'Année 1784, renfermées dans les trois nouveaux volumes des *Mémoires Secrets &c. de Bachaumont*, on trouve une continuation des

Additions depuis le 30 Novembre 1773 jusques au 23 Octobre 1774. On y observe quelques lacunes & l'on voit en effet chez quelques amateurs un carton de quatre pages, contenant plusieurs piéces de vers supprimées: on ne sait où s'est faite cette impression furtive, mais parfaitement imitée & semblable au reste de l'Edition. Ces piéces sont, il est vrai, très outrageantes contre la mémoire du feu Roi. Mais comme il est mort, l'on ne peut que louer l'excessive prudence de l'Imprimeur. La Fontaine a dit, il y a longtems, *mieux vaut Goujat debout qu'Empereur enterré*. Ces Cartons fort rares doivent rendre précieux les Exemplaires où ils se trouveront insérés. (Cet article est extrait d'une Gazette manuscrite très accréditée dans Paris, dans les Provinces & chez l'Etranger.)

10 Janvier 1787. Ceux qui ont lu le Mémoire de M. *Rochon* pour faire sentir au Ministre les inconvéniens de l'Ordonnance du Roi, qui veut qu'on ne puisse entrer aux deux dernieres répétitions de l'opéra qu'en payant, assurent qu'il est très propre à mériter l'attention du Ministre & à faire retirer cette Ordonnance.

Ce Mémoire roule sur deux points: 1°. L'on pourroit bien se tromper en voulant procurer à l'opéra un bénéfice qui, n'étant que momentané, doit diminuer les recettes subséquentes. La fleur de la nouveauté est ce qui attire surtout les François: on sera curieux de ces répétitions, & la piece sera usée avant d'être donnée au public. D'ailleurs les malveillans profiteront de cette facilité pour la décrier & ce premier coup une fois porté, l'on sait combien il est difficile d'en revenir.

2°. Ce bénéfice, fût-il aussi considérable qu'on le desire, ou qu'on l'espere, la nouvelle loi n'en seroit pas moins une injustice, en ce qu'elle blesse les droits des auteurs. Leurs ouvrages sont leur propriété jusques à ce qu'ils aient été joués. Les répétitions sont à eux & pour eux; elles ont été imaginées, afin qu'ils pussent voir à l'aise les corrections, améliorations, augmentations, retranchemens à faire; afin qu'ils pussent suggérer aux acteurs la maniere dont ils entendent que leurs rôles soient rendus; afin de leur en faire prendre l'esprit; afin de leur donner en un mot tous les conseils dont ces acteurs ont besoin, ou d'en recevoir les observations judicieuses qu'ils auroient quelquefois à faire. Il ne doit entrer à ces répétitions que les amis des auteurs, ou ceux dont ils desirent avoir les lumieres. Si l'on y admet indifféremment tout le public pour de l'argent, les auteurs obligés de se cacher, comme aux premieres réprésentations, de dominans qu'ils doivent être ne deviennent plus que passifs; il faudra qu'ils écoutent en silence toutes les critiques que les Spectateurs auront acquis le droit de faire ; ils ne sauront auquel entendre : les acteurs eux-mêmes, chancelans dans leurs rôles, n'auront plus de guides sûrs pour se conduire : enfin les ennemis des auteurs, qui par décence ou par crainte n'osoient se montrer, du moins ouvertement, aux répétitions, en payant se feront moins de scrupule d'y venir & de blâmer ; c'est ouvrir la porte aux jalousies, aux haines, aux cabales ; c'est décourager les talens ; c'est nuire aux progrès de l'art, bien loin d'y contribuer.

On attend avec impatience l'issue de ces représentations respectueuses, mais énergiques & pleines de justesse.

10 *Janvier* 1787. Outre le Parlement de Besançon, deux autres Parlemens occupent encore l'attention du gouvernement & du public. Celui de Dijon continue à s'opposer à des impôts qu'il prétend illégalement perçus ; on assure qu'il a même décrété l'Intendant. Celui de Grenoble ne veut point passer l'impôt substitué à la Corvée, parce qu'il excede le cinquieme de la Taille ; quoiqu'aux termes de l'Arrêt du Conseil, il ne dût monter tout au plus qu'au sixieme.

10 *Janvier*. Extrait d'une Lettre de Rennes du 3 Janvier.... Hier 2, Messieurs les Députés des Etats pour cette Session ; savoir, M. l'Evêque de Dôle pour le Clergé ; M. *le Provost, Chevalier de la Voltais*, pour la Noblesse ; M. *de la Motte Fablet*, Maire de cette Ville, pour le Tiers ; ont fait part à l'assem-

blée de la Lettre du Roi qu'ils avoient reçue, afin qu'ils euffent à fe trouver à Verfailles le lundi 29 Janvier dans une affemblée de Notables convoquée, dont l'objet fera de délibérer fur des chofes importantes, intéreffant le foulagement du Peuple, la réforme des Abus & le meilleur ordre des Finances.

En conféquence les Etats ont nommé trois Députés de chaque Ordre, qui feront les recherches néceffaires & drefferont des Mémoires concernant les inftructions à donner à ces Députés.

11 *Janvier* 1787. Hier on a appellé la caufe de Me. *Linguet*, mife fur le rôle pour ce jour-là: fon Procureur a demandé la remife, fous prétexte de maladie de fon client & pour juftifier cette excufe, il a rapporté des certificats des Médecins & autres piéces convenables & néceffaires.

Me. *de Laulne*, l'Avocat du Duc *d'Aiguillon*, s'eft levé en conféquence & a gémi fur les lenteurs d'une affaire qui fembloit devoir ne pas occuper l'attention de la Cour auffi longtems: il a déclaré que fa Partie ne s'oppofoit point à la remife; mais fupplioit que le délai ne fût pas long, afin de ne point perdre en M. le Préfident *d'Ormeffon* un Juge qu'il defiroit avoir & conferver.

Sur quoi la caufe a été remife au famedi 3 Février pour dernier délai: Me. Linguet tenu de venir plaider fa caufe, ou de fe faire remplacer par un Avocat, ſi ſa ſanté s'oppoſe à ſon voyage.

Il faut obſerver à l'occaſion de la crainte qu'a témoignée Me. de Laulne, au nom du Duc d'Aiguillon, de perdre M. le Préſident d'Ormeſſon pour Juge ; que depuis la liſte donnée des Notables, la Cour s'eſt raviſée & a jugé à propos d'y joindre trois Préſidens à mortier du Parlement de Paris; ſavoir, Meſſieurs *d'Ormeſſon*, *Saron*, & *Lamoignon*.

M. d'Ormeſſon étant de cette aſſemblée, ne pourra ſe trouver aux audiences.

11 *Janvier* 1787. Les Paſquinades commencent à l'occaſion de l'aſſemblée des Notables: dernieremet on a trouvé affiché à la porte du Contrôleur général le placard ſuivant, que des témoins dignes de foi aſſurent avoir lu.

„ Vous êtes averti que M. le Contrôleur
„ général a levé une nouvelle troupe de Co-
„ médiens, qui commenceront à jouer à Ver-
„ ſailles devant la Cour le lundi 29 de ce
„ mois. Ils donneront pour grande piece *les*
„ *fauſſes Confidences*, & pour petite *le Con-*
„ *ſentement forcé*. Elles ſeront ſuivies d'un
„ Ballet Pantomime allégorique de la com-
„ poſition de M. *de Calonne*, intitulé *le Ton-*
„ *neau des Danaïdes.*"

11 *Janvier*. Le jeudi 4 Meſſieurs les Receveurs Généraux des finances s'étant rendus chez M. le Contrôleur général pour lui pré-
ſenter

fenter leurs hommages, ce Miniftre les a accueillis de la maniere la plus diftinguée; il les a remerciés affectueufement du dernier Emprunt de dix millions qu'ils venoient de faire au Roi: il leur a ajouté que Sa Majefté l'avoit chargé fpécialement de leur en témoigner fa fatisfaction, de les affurer de fa protection, de leur dire qu'elle les comptoit au rang de fes plus affectionnés fujets, comme une des meilleures reffources, comme *une des Colonnes de l'Etat*: il les a raffurés fur les craintes qu'ils pourroient avoir dans la circonftance où l'on fait courir mille bruits fâcheux.

Alors M. *d'Aucour*, l'un de la Compagnie, a pris la parole & a répondu: *Monfeigneur, on ne guérit pas de la peur & nous ne pouvons vous diffimuler que nous en avons une grande.*
,, Vous avez tort, a repliqué M. *de Calonne*:
,, vous favez que je ne fuis pas deftructeur;
,, je vous réponds que fi dans l'affemblée
,, des Notables quelqu'un parloit de détruire
,, quelque Corps, il ne feroit pas écouté: le
,, Roi n'y confentira jamais."

12 *Janvier* 1787. *Hiftoire des Voyages des Popes, depuis Innocent I, en 409, jufques à Pie VI, en 1782.* Tel eft le titre du livre compofé au fujet du fingulier événement dont nous avons été témoins. Ce livre eft toujours peu répandu. Ce n'eft en général qu'un extrait fuccint de différens paragraphes de l'Hiftoire Eccléfiaftique & des divers auteurs qui ont écrit fur ces matieres. Mais

cet Extrait eſt fait avec goût, d'une façon piquante & aſſez maligne, à la maniere de Voltaire. On juge facilemet que l'auteur n'eſt rien moins qu'*Ultramontain*; le ridicule qu'il verſe en abondance ſur les divers chefs de l'Egliſe, dont pluſieurs y prêtent beaucoup, le feroit même ſoupçonner de n'être pas fort croyant.

Outre le Texte, on lit dans cet ouvrage des Notes encore plus critiques & plus dangereuſes pour les lecteurs, dont la foi n'eſt pas extrêmement robuſte.

Du reſte, dans la deſcription du Voyage de *Pie* VI à Vienne, que l'hiſtorien regarde comme la démarche la plus fauſſe qu'ait pu faire le Souverain Pontife, on rencontre pluſieurs anecdotes ignorées: la plus curieuſe eſt celle d'une Eſtampe allégorique, auſſi ingénieuſe que plaiſante, dont voici la comparaiſon.

Un Aigle Impérial détache la triple couronne; des Enfans jouent à la raquette avec la Mule papale & les Clefs du Ciel: le Fanatiſme grinçant les dents de rage eſt dans le fond; les Moines y paroiſſent accablés de douleur & le Chef de l'Egliſe ne ſemble plus avoir d'autre appui que ſon bâton paſtoral.

12 *Janvier* 1787. Le Libraire *Pankouke* eſt tout glorieux de voir les Turcs rechercher les planches de la nouvelle Edition qu'il a entrepriſe de l'Encyclopédie. Le Divan a

résolu de faire traduire cet ouvrage dans la langue nationale d'après cette édition, & des Correspondans ont reçu l'ordre de faire l'acquisition desirée. Cette résolution fait juger que, malgré les plaintes du Muphti, on poursuit dans cet Empire avec vigueur le projet de civiliser & d'éclairer la Nation.

12 *Janvier* 1787. On parle de deux Manuscrits de 50 pages chacun, tracés par la main de Jean Jaques Rousseau, tantôt avec un crayon noir, tantôt avec de la mine de plomb, & quelquefois avec une plume trempée dans l'encre, souvent noire, mais encore plus souvent blanche. Ils ressemblent, dit-on, assez à de petits Journaux de Compte; ils sont intitulés: *Nouvel Extrait* qu'il faudroit ajouter à la *Nouvelle Héloïse*. Cet opuscule est de 1757. Tout y décèle, ajoute-t-on, l'ame pure & l'énergie brûlante de l'auteur. Reste à savoir, ce qu'on ne nous apprend pas, pourquoi ces Manuscrits ne sont pas imprimés.

12. *Janvier*. La Députation du Parlement de Besançon arrivée depuis quelques jours à Versailles, sans avoir la permission de passer par Paris ou d'y venir, a eu hier son audience du Roi. Sa Majesté a, suivant l'usage, fait biffer tout ce que cette Compagnie s'étoit permis dans les trois affaires, objets de son *Mandat*. Le Roi a ajouté: ,, re-,, tournez promptement à vos fonctions &
,, conformez-vous entierement à mes or-

„ dres, à peine d'encourir toute mon indi-
„ gnation."

13 *Janvier* 1787. M^r. *de Calonne*, empreſſé de prévenir les Eſprits en faveur de la Convocation qu'il a ſuggérée, fait diſtribuer dans le public la *Note ſuivante*, qu'il a, dit-on, compoſée lui-même & fait paſſer au *Sieur Boyer*, le Correſpondant de la Gazette de Leyde, pour y être inſérée:

„ L'Aſſemblée des Notables du Royaume,
„ qui n'avoient pas été convoqués depuis un
„ ſiecle & demi, ſera un événement bien
„ intéreſſant pour la France: ce n'eſt pas
„ pour en obtenir des ſecours ni en argent,
„ ni en impôts, que le Roi vient de les
„ mander pour le 29 de ce mois: c'eſt, au
„ contraire, un Pere bienfaiſant qui veut
„ conſulter la Nation ſur un plan vaſte &
„ ſage qui doit faire le bonheur général.

„ Dans le nombre des réſultats on en peut compter quatre principaux.

„ 1°. Suppreſſion de plus de cinquante
„ millions d'Impôts ſur la Claſſe la plus pau-
„ vre des Peuples.

„ 2°. Plus d'égalité dans la Contribution
„ des charges publiques.

„ 3°. Une grande diminution dans les frais
„ de perception.

„ 4°. L'Abolition des entraves, des gênes,
„ des Droits ſans nombre dont les citoyens
„ gémiſſent; ainſi qu'une grande améliora-
„ tion dans les Gabelles.

„ Il résultera aussi de cette assemblée une
„ sanction nationale de la dette publique.
„ Le tableau consolant qui en sera présenté,
„ offrira une égalité parfaite entre la Recette
„ & la Dépense, quoique dans cette der-
„ niere soient portés environ soixante mil-
„ lions de remboursemens annuels, qui dans
„ vingt-cinq ans ne subsisteront plus, & de
„ Rentes viageres dont l'extinction procure-
„ ra pour le moins une somme pareille dans
„ le même laps de tems.
„ Cet événement sera par conséquent un des
„ plus beaux du Regne de notre Monarque;
„ il fera connoître sa Sagesse & *la Supériorité*
„ *de son Ministre des Finances.*"

13 *Janvier* 1787. Mr. *de Boullogne*, Chevalier, Comte de Nogent-sur-Seine, Baron de Marigny le Châtel, Seigneur de Montereau-faut-Yonne, la Chapelle, Godefroi, Murnai, Macon, Saint Fleury, Prunay, Echemines, Saint Loup, Ocei, Faulx, Bassou, Saint Germain, Laval & autres lieux, Conseiller d'Etat & aux Conseils royaux des Finances & du Commerce, Commissaire du Roi de la Compagnie des Indes, vient de mourir presque insolvable: on assure que Madame de Boullogne aura tout au plus quatre mille livres de rentes.

13 *Janvier* 1787. Extrait d'une Lettre de Clermont, du 9 Janvier..... L'assemblée des Notables est arrivée fort à propos pour tirer d'embarras notre Cour des Aides & même

la Province entiere; on est convenu que l'affaire seroit discutée & réglée dans cette assemblée. Elle étoit cependant en bon train, & si l'on peut compter sur la parole du Roi, nos représentations mal accueillies du Ministre qui avoit répondu qu'il falloit que Sa Majesté fût obéie, avoient eu plus d'effet auprès du Monarque même. Lorsqu'elles lui furent présentées par notre Commandant, il s'écria: ,, *mais ces gens-là ont raison*..... & depuis ce tems la contestation étoit restée *in statu quo*.

13 *Janvier* 1787. Le bruit court que l'assemblée du 29 Janvier n'aura lieu qu'au commencement de Février; ce qui fait dire un calembour: ,, vous êtes avertis que la ,, séance est remise, attendu qu'à la place de ,, *Notables* on ne trouve encore que des ,, *Notés*."

13 *Janvier*. On ne cesse de faire des calembours sur l'assemblée des Notables; on dit qu'elle commencera bien à Versailles, mais finira sûrement à Bagatelle.

14 *Janvier*. Extrait d'une Lettre de Liege du 1 Janvier..... Le 28 Décembre M. *Blanchard* a fait sa vingt-deuxieme expérience. Il s'est élevé dans le même aérostat qui l'a passé de Douvres dans la forêt de Guignes, avec toute la majesté possible: du reste, je n'ai rien vu de nouveau, ni rien de ce qu'il avoit promis; il a suivi, comme à l'ordinaire, l'impulsion du vent... il n'a rien fait, en un mot,

qui ait prouvé l'excellence & la facilité du gaz inflammable qu'il prétend avoir inventé : mais ce spectacle étoit toujours très beau pour ceux qui n'en avoient point joui encore & l'on a très fêté le glorieux aëronaute. Il doit partir de cette ville pour Strasbourg, où il fera sa vingt-troisieme expérience.

Nulle autre nouvelle du dernier Ballon de M. Blanchard, parti sans la permission de son maître, retrouvé depuis dans la forêt des Ardennes & reparti une seconde fois à l'improviste avec une nichée d'écureuils, qui, suivant les craintes de l'auteur, pourroit rester six mois en l'air avec ces animaux, qui n'en seroient pas plus contens.

14 *Janvier* 1787. Si l'on en croit le bruit public, le Parlement de Dijon va venir aussi recevoir la correction ; on assure que le Roi sur la nouvelle que cette Cour avoit décrété l'Intendant, avoit dit plaisamment au Garde des Sceaux, en lui donnant ordre de mander les Magistrats & promptement.... *Coupons bien vite la corde, car ils le pendroient.*

14 *Janvier*. Extrait d'une lettre d'Orléans du 10 Janvier. Le Docteur *Petit*, notre compatriote, grand égoïste, grand plaisant, riant de tout, & sans la moindre sensibilité, qui se perdroit pas un verre de vin pour aller au secours de ses malades, vient de faire par vanité, ce que vraisemblablement son cœur ne lui eût jamais dicté. Il a consacré une somme de 65,000 livres pour être placée en

rentes perpétuelles & entretenir constamment dans Orléans quatre Médecins & quatre Chirurgiens, entre lesquels la ville sera partagée & qui, au moyen de modiques honoraires, seront obligés de voir sans rétribution & de soigner respectivement les malades de leur département. Cette institution de la part du Docteur est d'autant plus singuliere, qu'il ne croit pas lui-même à la Médecine..... Quoiqu'il en soit, chaque Médecin touchera par an cinq cens livres, & chaque Professeur en Chirurgie deux cens cinquante livres. Le Médecin & le Chirurgien qui auront dans leur Département le quartier de la Paroisse Saint Marc, plus peuplé, toucheront, le premier cent livres de plus, & le second cinquante livres. Le Corps Municipal est chargé de placer cette somme, d'en recevoir le revenu & de le distribuer ; mais après la mort du Docteur seulement : il s'ensuit qu'il ne se dépouille pas encore & ne fait pas un grand sacrifice. Il y met cependant du *Pathos :* dans sa Lettre aux Maire & Echevins pour leur faire part de son projet, il écrit : ,, que n'étant pas né de parens riches, il se trouve hors d'état d'étendre sa bienfaisance aussi loin qu'il le voudroit, & que, forcé de se restreindre, il croit devoir écouter la voix du sentiment qui l'a toujours tenu sincerement & tendrement attaché à sa patrie & à ses compatriotes....."

M^r. *Petit* a lui-même dicté les dispositions

nécessaires pour assurer à perpétuité le succès de son Etablissement.

L'excédent du produit des 66,000 livres, sera économisé par les Officiers municipaux, pour être de nouveau placé au profit des pauvres.

14 *Janvier* 1787. Le Recteur de l'Université a, dit-on, écrit au nom de son Corps à M. le Baron *de Breteuil* pour se plaindre de n'avoir pas été compris dans la Liste des Notables convoqués pour le 29 de ce mois.

On ajoute que le Ministre lui a répondu qu'il auroit raison si c'étoit l'assemblée *des* Notables ; mais que ce n'est qu'une assemblée *de* Notables ; c'est-à-dire, de personnes choisies entre tous, dont Sa Majesté espere tirer le plus de lumieres sur les objets pour lesquels elle veut les consulter.

15 *Janvier*. Lorsque M. *de Calonne* a fait agréer au Roi son projet d'une Assemblée de Notables, il passa sur le champ chez la Reine pour en faire part à Sa Majesté. Tout le cercle applaudit beaucoup à cette magnifique imagination & surtout M. l'Archevêque de Toulouse qui étoit présent : le Ministre flatté du suffrage de ce Prélat, lui dit qu'il comptoit faire entrer dans cette assemblée quatorze ou quinze de ses confreres, qu'il espéroit que Monseigneur voudroit bien en être & que, comme il connoissoit mieux que lui son Ordre, il trouveroit bon d'être chargé de choisir les membres les plus propres à entrer

dans les vues du Roi par leur zèle pour sa gloire & le bien de l'Etat: il ajouta qu'il excluoit seulement de ce choix les Archevêque de Tours & Evêque d'Arras, avec lesquels il avoit eu des démêlés durant son Intendance de Flandres; l'Archevêque de Lyon, homme de parti, chef de Secte, personnage peu liant, entêté, austere; enfin tous les Evêques Bretons, comme imbus des préjugés de cette Province contre lui. L'Archevêque de Toulouse lui répondit, qu'on pouvoit se passer de tous ces Prélats & en trouver encore beaucoup dignes de la confiance du Monarque: en conséquence il indiqua ceux qu'on voit aujourd'hui dans la liste générale des Notables & les lettres partirent pour les divers membres du Clergé désignés. On sait que depuis l'Archevêque de Toulouse a dit confidemment à quelqu'un: „ je croyois M. de „ Calonne homme d'esprit, mais je vois „ que ce n'est qu'un sot, du moins qu'il n'a „ pas de jugement ni de connoissance des „ hommes; il s'est jetté lui-même dans nos „ filets; nous le tenons." En effet, tous les Archevêques & Evêques nommés sont des Prélats Administrateurs, dévoués à l'Archevêque de Toulouse, *Neckristes* & se disposant à donner du fil à retordre au Contrôleur général.

15 *Janvier* 1787. Il faut ajouter à ce qu'a dit le Procureur de Me. *Linguet*, qu'il a désavoué de la part de son client un Mémoire en

forme de *Lettre au Roi*, imprimé & répandu dans le monde. Nouvelle singularité de conduite à joindre à toutes les autres de cet orateur, à qui les dénégations ne coûtent rien.

16 *Janvier* 1787. Depuis que le palais royal est devenu une foire continuelle, où toutes les sortes de talens, d'industrie & de métier viennent briller, un certain *Benoît* y attiroit la foule pour les marrons grillés : elle a tellement grossi, qu'il a été obligé de se donner des suppôts qu'il a revêtus d'un uniforme pareil au sien, qui est une robe noirâtre dans le costume de celle des Franciscains : dans cet accoutrement ils sont occupés sans relâche à entretenir trois brasiers ardens pour la manipulation de leur denrée : au commencement de la saison des marrons, le Supérieur des *Marronistes*, (c'est ainsi qu'on appelle aujourd'hui ces sortes d'officiers de dessert) piqué d'une belle émulation s'est avisé de haranguer le public ; il s'est levé sur son trône d'ébène avec sa face enfumée, & a prononcé le discours suivant, que les curieux ont conservé :

Messieurs,

J'ai pris la liberté de vous rassembler pour vous rendre mes hommages, vous demander la continuation de vos bontés & vous avertir que j'ai perfectionné encore mon talent dont vous avez bien voulu faire quelque cas.

Si l'on me taxoit de témérité d'oser ouvrir

la bouche parmi tous ces orateurs dont je suis entouré, qui occupent les chaires du Lycée, des Musées, des Clubs formés dans les diverses parties de ce Palais, centre des sciences, des arts, des prodiges & du goût, je répondrois que, inférieur du côté de l'éloquence, je ne le leur cede point du côté du zele: ils parlent & j'agis; *ils frappent l'air de vains sons*, & je donne des réalités; ils caressent l'oreille par des périodes harmonieusement arrondies, & je flatte le palais par la faveur d'un fruit exquis; enfin ils ornent l'esprit, & je fortifie le corps: je donne aux auditeurs des oreilles: *jejunus venter non habet aures*; & aux maîtres mêmes je délie la langue & je les rends diserts: *Castaneæ molles quem non fecere disertum*!

Oui, Messieurs, je vous présente une nourriture saine, substantielle, succulente, agréable & point dispendieuse. Si, comme la manne du désert, elle ne prend pas tous les goûts, elle en a du moins un dont on ne se lasse pas: équivalent de cette qualité précieuse, elle suffit à la subsistance de peuples entiers, qui s'en repaissent toute l'année; elle se transforme en cet aliment journalier, essence de tous les repas, qui se trouve également sur la table du riche & sur celle du pauvre.

Pour contenter tous les goûts, Messieurs, & pouvoir fournir plus longtems à vos desirs, j'ai multiplié, étendu mes correspondances. Outre les châtaignes du Limousin & de la Marche, j'ai des marrons de Lucienne, de Lyon & du Luc: j'ai encore acquis de nouvelles connoissances sur la maniere de conserver la denrée, sur le degré de torréfaction qui lui est nécessaire; opération chymique, dans laquelle je défie pour la pratique les *Condorcet* & les *Fourcroy*, (*) si profonds dans la théorie. Je me flatte, Messieurs, de saisir imperturbablement au coup d'œil le point milieu où cette substance farineuse, assez fermentée pour n'être point nuisible, conserve encore toutes ses molécules succulentes; où la cosse se dépouille toute entiere, où la premiere superficie offre ce blond roux, & l'intérieur cette blancheur éblouissante, qui invitent successivement les yeux & le palais; où enfin le marron se broye facilement sous la dent, se fond comme une pâte douce dans la bouche, sans laisser à la langue aucune pellicule, aucune impureté à rejeter.

Mais, pendant que je parle, Messieurs, les voilà qui pétillent dans leurs poêles; ils en sont à leur degré d'excellence: approchez, goûtez, ouvrez vos poches & vos bourses.

16 *Janvier* 1787. M. *de Rulhieres*, qui l'emporte aujourd'hui, suivant le bruit généralement accrédité, sur son concurrent le Docteur *Vicq d'Azir*, passe pour un méchant, pour un faiseur d'épigrammes, qui n'épargne

---

(*) Professeurs de Mathématiques, de Physique & de Chymie au Lycée.

personne, qui a même tiré sur plus d'un Académicien ; c'est ce qui a donné lieu à l'épigramme suivante, répandue contre le futur Académicien :

Pour remplacer *Boismont*, *Vicq d'Azir* Médecin,
Est, dit-on, supplanté par un autre assassin:
C'est au mordant Rulhiere à qui la compagnie,
En faveur d'un grand Prince, accordera son choix:
 Plaignons la pauvre Académie,
 Elle ne sera plus qu'un bois.

17 Janvier 1787. Les adversaires de M. *de Juigné* ne le laissent point tranquille, ils le suivent de près & sans relâche: ils publient déjà une troisième partie de la *Critique de son Rituel*. Dans les deux premieres on avoit relevé quelques erreurs, quelques inepties; aujourd'hui ce sont des *Réflexions préliminaires*, où l'on démontre que ce *Rituel* est rédigé & présenté au Diocese de Paris, contre toutes les regles, toutes les formes canoniques; que c'est le Prélat qui, de sa seule autorité, sans concert, sans le secours de son clergé, prétend charger les rits de son clergé, les usages de son diocese.

Pour faire voir combien une telle conduite est irréguliere l'auteur définit d'abord la nature & la forme du gouvernement ecclésiastique; établi par Jesus-Christ, suivi par les Apôtres; pratiqué constamment; le même partout; surtout à Rome; consacré par l'utorité temporelle ; & il prouve que ce gouvernement a toujours été fondé sur la réunion de l'Evêque, comme Chef, avec ses Conseillers nés les Chapitres & les Pasteurs du second ordre, & qu'il n'a jamais été rien décidé ou innové d'important dans le Rit ou la Discipline sans le concours de ceux ci.

Ensuite, de tous les actes du gouvernement ecclésiastique il n'en est certainement point où le concours des Pasteurs inférieurs réunis au premier Pasteur soit plus nécessaire que pour la confection d'un Rituel, dans lequel il s'agit de régler le culte extérieur, de prescrire la forme de célébrer les offices Divins, d'administrer les Sacremens, de déterminer le nombre, le tems, l'ordre des Prieres publiques : sur quels principes M. *de Juigné* a-t il donc pu se fonder pour s'attribuer le droit de faire seul un acte aussi important que celui d'un changement de Rituel ? De quels exemples même a-t-il pu s'étayer pour une innovation aussi étonnante ? Comment l'a-t-il osé sous les yeux du Parlement de Paris qui, tout récemment, par Arrêt du 22 Juin 1781, avoit déclaré abusif un Mandement rendu par l'Evêque de Noyon en 1780, pour changer des rits de son Eglise, sans en conférer avec le Chapitre ? Tel est le résumé de ce troisieme pamphlet vraiment sans réplique ; car l'auteur prévient jusques aux objections & les résout de la façon la plus victorieuse.

17 Janvier 1787. On écrit d'Aix que le Maire de cette ville doit en partir le onze de ce mois pour se rendre à l'assemblée du 29 Janvier, & que le Premier Président & le Procureur général du Parlement partiront le 13. L'Archevêque ne doit pas tarder à les suivre.

18 Janvier 1787. L'on écrit de Cherbourg que jamais les travaux n'y ont été poussés avec plus d'activité, que les préparatifs pour cette année sont immenses & qu'on se dispose à lancer quatre cônes dès le mois d'Avril.

18 Janvier. Depuis la distribution du Bulletin du Contrôle général dont on a parlé & qu'on a rapporté, il s'en est donné un autre qui contient les objets à traiter dans l'assemblée des Notables.

1°. Réforme de plusieurs Loix.
2°. Forme de la promulgation des Edits.
3°. Administration de la Justice Criminelle & Civile.
4°. Administration des Finances.
5°. Examen de l'Actif & Passif National.
6°. Régie des Domaines, Aides & Gabelles.
7°. Impôt Territorial.
8°. Douanes & Barrieres.
9°. Assemblées Provinciales.
10°. Abolition universelle des Mains-mortes.
11°. Etat Civil des Protestans.
12. Caisse d'Emprunt perpétuel.

18 Jan.

18 *Janvier* 1787. D'après la Délibération tenue le 6 de ce mois, le Dividende des actions de la Caisse d'Escompte des six derniers mois 1786, se doit payer à raison de deux cens trente livres par action.

18 *Janvier* 1787. On veut aujourd'hui que M. *Rochon*, n'ayant pas trouvé dans ses confreres, les auteurs travaillant pour le théâtre lyrique, la chaleur & le zele qu'il avoit lieu d'en attendre pour le commun intérêt de leur gloire, ait renoncé à donner son Mémoire au Ministre & l'ait remis dans son porte-feuille. En conséquence, personne ne réclamant, l'Ordonnance du Roi, en date du 24 Novembre 1786, aura son exécution, à commencer de son opéra d'*Alcindor*.

Par une bizarrerie fort singuliere, cette Ordonnance, affichée seulement dans l'intérieur de l'Opéra, ne l'est nulle part ailleurs, ni même en dehors du spectacle; aucun Journal n'en a parlé & vraisemblablement ils ont reçu des défenses à cet égard.

Cette Ordonnance contient plusieurs dispositions, soit sur le prix d'entrée aux deux dernieres répétitions, soit sur les places qu'on occupera pour ce prix, soit sur la maniere de louer les loges, soit sur la quantité des billets qu'auront l'auteur du poëme & celui de la musique.

La plus remarquable est la disposition qui

Tome XXXIV. C

admet gratuitement aux répétitions, & le rédacteur des Petites Affiches & celui du Journal de Paris, & celui du Mercure; avec défenses cependant de parler dans leurs feuilles en aucune maniere des ouvrages nouveaux & autres avant la premiere représentation.

18 *Janvier* 1787. Le S^r. *Monvel*, non content de composer pour son propre compte, se mêle aussi de corriger les ouvrages des autres. On assure que la piéce de Boissy, jouée hier au Théâtre françois sous le titre des *deux Niéces*, originairement en cinq Actes, a été réduite en trois par le correcteur, & que c'est lui qui a engagé ses anciens camarades à reproduire cette comédie, dont la remise n'a point eu de succès.

Il est bien singulier que les histrions, qui sont des deux & trois mois sans donner aucune nouveauté, lorsqu'ils ont leur répertoire plein, s'avisent ainsi d'aller chercher dans l'ancien Théâtre, ou d'agréer tout ce qu'il y a de plus médiocre : il faut que la vigilance des supérieurs soit bien endormie à leur égard.

19 *Janvier* 1787. Par un Arrêt du Conseil du 24 Décembre dernier, Sa Majesté ôte au Sieur *Fabre du Bosquet*, un privilege qu'elle lui avoit accordé pour quinze ans par Arrêt du Conseil du 22 Février 1782, pour la fourniture d'un nouveau métal de sa compo-

sition à substituer au cuivre pour le doublage de ses vaisseaux ; ainsi que d'un vernis, aussi de sa composition, pour en enduire les clous : ordonné en outre que le tableau au-dessus de sa porte portant le titre de *Manufacture Royale* &c. sera arraché.

Son grief est d'avoir cédé son Privilege en 1785 au Sieur *Dufour de Ringuet*, qui en a abusé pour tromper le public de la maniere la plus répréhensible.

19 *Janvier* 1787. Il paroît un Mémoire de Mᵉ. *Tronçon du Coudray* contre l'agiotage & les agioteurs, qui fait grand bruit & mérite d'être connu ; mais comme il est fort couru, on a peine à se le procurer.

19 *Janvier*. Extrait d'une Lettre de Troyes du 7 Janvier...... Il y a eu une grande négociation de la part de notre corps municipal, avec le Secrétaire d'Etat ayant le Département de la Province, au sujet de notre Maire, qui n'étoit point nommé dans la premiere liste des Notables.... Il vient de l'être enfin. Je vous adresse cette correspondance, courte & instructive, pour l'étiquette.....

Versailles le 13 Janvier 1787.

Messieurs, j'ai mis sous les yeux du Roi votre Lettre du 10 de ce mois; Sa Majesté a bien voulu accueillir votre zèle, & elle me charge d'expédier un ordre que j'adresse à Mr. *Huez*, pour l'appeler à l'Assemblée convoquée pour le 29 à Versailles.

Je suis, MM., votre très humble & très affectionné Serviteur

S. DE VERGENNES.

A MM. les Maire & Echevins de Troyes à Troyes.

Versailles le 13 *Janvier* 1787.

Je vous envoye, M., un ordre du Roi qui vous appelle à l'Assemblée, convoquée à Versailles pour le 29; je ne doute pas que vous ne remplissiez avec zele les intentions de Sa Majesté.

Je suis, Monsieur,

Votre très humble & très affectionné Serviteur

S. DE VERGENNES.

A M.
M. Huez, Maire de la ville de Troyes à Troyes.

Ordre du Roi au Maire de la ville de Troyes de se rendre à l'Assemblée des Notables.

DE PAR LE ROI.

Cher & bien Amé, ayant résolu de communiquer, à une assemblée de diverses conditions de notre Royaume, les vues que nous avons pour le soulagement de nos Peuples, l'ordre de nos finances, & la réformation de plusieurs abus, notre intention est que vous vous rendiez à Versailles pour le 29 du présent mois de Janvier 1787, jour auquel nous avons fixé l'ouverture de ladite assemblée, pour y assister & y entendre ce qui sera proposé de notre part, & nous sommes assurés que vous nous y donnerez de nouvelles preuves de votre fidélité & de votre zele pour notre service: si n'y faites faute, car tel est notre plaisir. Donné à Versailles le 13 Janvier 1787.

Signé LOUIS.
S. *Gravier de Vergennes.*

Au dos est écrit : à notre cher & bien aimé Maire de notre ville de Troyes.

Monseigneur,

J'ai reçu la Lettre que votre Grandeur m'a fait l'honneur de m'adresser avec la Lettre de Cachet qui y étoit incluse, par laquelle le Roi m'ordonne de me rendre à Versailles pour assister à l'Assemblée qui y sera tenue le 29 de ce mois. Je ne manquerai pas d'exécuter les ordres de Sa Majesté avec le zele & la soumission que je lui dois.

Je suis avec un très profond respect,

Monseigneur,

de votre Grandeur,

Le très humble & très obéissant Serviteur (Signé) *Huez*, Doyen des Conseillers au Bailliage & Siége Présidial & Maire de la ville de Troyes.

16 Janvier 1787.

19 *Janvier* 1787. Extrait d'une Lettre de Montpellier du 15 Janvier..... Nos Etats n'ont pas tenu longtems ; M. l'Archevêque de Narbonne a déclaré à l'affemblée, qu'il étoit obligé de les fermer très promptement pour fe mettre en état de fe rendre à l'affemblée des Notables du 29 de ce mois.

Au furplus, fi nos Etats Généraux du Languedoc tiennent un rang peu diftingué parmi les Corps Politiques, ils afpirent à figurer du moins entre les Corps Savans ; ils ont un fuperbe cabinet de phyfique expérimentale & font travailler à la conftruction de machines propres à y figurer : la Direction en eft confiée à M. l'abbé *Bertolet* qu'ils en ont nommé Profeffeur ; c'eft un favant homme, qui eft membre de quatorze Académies au moins & qui vient d'être couronné par l'Académie de Lyon pour fon ouvrage *de l'Electricité du corps humain*.

19 *Janvier* 1787. Mr. le Baron *de Bréteuil* ne ceffe de s'occuper de tout ce qui concerne l'amélioration du régime de la police & de la manutention de l'Académie royale de mufique.

Par un Réglement du 13 de ce mois il interprete l'article 14 de l'Arrêt du Confeil du 13 Mars 1784, en ce qui concerne les ouvrages nouveaux, & cherche à corriger quelques abus introduits à cet égard.

1º. Il eft expreffement enjoint au Directeur & au Comité de ne recevoir à l'avenir & de n'établir fur le Théâtre aucun opéra en trois actes & plus; à moins qu'il n'ait l'étendue convenable pour remplir feul la durée du fpectacle.

2°. Egalement défendu d'agréer & d'accepter comme opéra nouveau, aucun poëme lyrique qui puiffe être réclamé en tout ou en partie par un autre Théâtre, foit pour le fond de l'intrigue, foit pour les fcènes entieres, ou pour des imitations ferviles de piéces déjà connues & jouées.

3°. Aucun ouvrage ne doit s'admettre à répétition que fini dans toutes les parties de chant, d'orcheftre, de ballets. Sa Majefté défend au Directeur & au Comité de fe prêter en aucune maniere à ce qu'on ne préfente que des plans, & qu'on en faffe des effais aux dépens de l'Adminiftration de l'Académie.

20 *Janvier* 1787. On vient d'imprimer la *Dénonciation du nouveau Rituel de Paris, aux Chambres affemblées*: du mardi 19 Octobre 1786.

On fait que cette Dénonciation très bien faite & refferrée, quoique contenant encore 34 pages d'impreffion, eft de M. *Robert de Saint Vincent*, un des coryphées actuels du parti Janféniste dans la Compagnie. Au mois de Septembre dernier, ce Magiftrat avoit déjà fait quelques obfervations, lorfqu'il fut queftion des portions congrues, fur l'affectation de Mr. l'Archevêque de Paris d'attendre les derniers jours des Séances du Parlement pour faire affichèr dans les rues, la diftribution d'un nouveau Paftoral dont Meſſieurs n'avoient aucune connoiſſance. Il avoit trouvé cette conduite d'autant plus irrégulière, que les Prélats qui defirent que l'autorité du Roi appuye les efforts de leur miniftere, ont foin de mettre fous les yeux de la Cour, le réſultat de leurs travaux dans l'enſeignement public, pour tout ce qui concerne la Difcipline Eccléſiaſtique.

Alors, le Parlement très refroidi fur les objets qui intéreſſent l'ordre & la police publique, dans les matieres dont traite un pareil ouvrage, ne fit point attention au récit de ce Magiſtrat: il crut ne devoir concevoir aucun foupçon contre un Prélat qui s'étoit annoncé dans le Diocefe, comme venant appaifer tous les troubles, que le zele trop amer de fon prédéceſſeur avoit excités. M. *Robert de Saint Vincent* ne s'eft pas rebuté: il a examiné par lui-même le Rituel, il l'a trouvé rempli d'inexactitudes & d'erreurs: il y a remarqué furtout des écarts très répréhenſibles & il a cru devoir engager la Cour à les réprimer. Tel a été le fujet de fon travail, mieux accueilli cette fois.

20 *Janvier* 1787. On ne finiroit pas de rapporter les quolibets auxquels donne lieu l'aſſemblée des Notables. Il fuffira d'en citer quelques-uns pour faire juger que le goût des calembours, des pointes, des jeux de

de mots n'est point ralenti; qu'il augmente même en proportion de la gravité des objets.

Comme le Prévôt des marchands & le premier Echevin de la ville de Paris ont reçu leur lettre d'invitation & que ce dernier se nomme *Gobelet*, on dit que *c'est bien peu d'un gobelet pour tant de cruches.*

Comme tous les Maires électifs des villes sont convoqués & que dans l'ordre de la Noblesse il n'y a que six Ducs & Pairs, on dit, que *c'est bien peu de Peres* (Pairs) *pour tant de Meres* (Maires).

On dit qu'on fera une friture des Maires qui arriveront trop tard & qui ne seront bons qu'à cela, parce que ce seront des Maires lents (des merlans).

La meilleure plaisanterie, sans doute, qu'on ait faite jusques à présent en ce genre, est celle qui a eu lieu à Versailles à la comédie de la ville, un jour que la Reine, qui honore quelquefois ce spectacle de sa présence, y assistoit.

On jouoit ce jour-là *Théodore*, opéra comique imité de l'Italien, d'après la musique de Paesiello, qui a beaucoup de succès: ce *Théodore* est un *Roi* qui voyage, auquel son Ecuyer vient dire qu'il n'a plus d'argent; qu'il ne sait où en prendre: le Prince est aussi embarrassé que lui & tous deux demandent *comment faire?*.... En ce moment une voix s'est élevée du sein du Parterre & a crié: *il n'y a qu'à assembler les Notables.*

C 5

La garde se mettoit déjà en devoir de chercher & d'arrêter ce mauvais railleur ; mais Sa Majesté qui rioit beaucoup elle-même de la saillie, a fait signe de la main qu'on cessât toute poursuite, qu'on ne fît aucune attention au sarcasme & qu'on continuât la piéce.

20 *Janvier* 1787. Il paroît enfin un *Mémoire à consulter & Consultation pour les Sieurs Tourton & Ravel, Banquiers de Paris*, qui jete plus de jour sur le fait dont on parle depuis longtems, sans en avoir des renseignemens bien sûrs.

1°. Dans un espace d'environ trois mois, ces Banquiers ont accepté pour la Maison Simon Bellaucq & Compagnie jusques à la somme de 1,407,200 livres, dont elle leur a successivement remis la valeur, qu'ils ont toujours eue en mains avant leur acceptation.

2°. Aujourd'hui ces acceptations paroissent s'élever à plus de 2,400,000 livres ; ce qui forme une augmentation d'environ un million au-delà de leurs engagemens effectifs.

3°. Ils prétendent qu'il leur est facile de prouver que les traites qu'ils ont acceptées, ne montoient en effet qu'à la somme indiquée ci-dessus ; d'où il suit qu'elles ont été augmentées par une main criminelle.

4°. Il a paru aux Banquiers dans la plus grande partie des Lettres de change qui leur ont été présentées, que l'augmentation s'étoit faite en convertissant le mot *Cent* en celui de *Mille*.

5°. On leur a dit que dans d'autres artificieusement préparées on avoit coupé le mot *Cent*, qui se trouvoit à la fin de la ligne, ainsi que les derniers mots des lignes supérieures & inférieures, & que ces mots qu'on avoit coupés, avoient été rapportés au commencement des lignes, en substituant le mot *Mille* à celui de *Cent*.

6°. La premiere des échéances, toutes comprises dans l'espace du 30 Novembre 1786 au 30 Janvier 1787, étant arrivée, déjà sept de ces traites, montant ensemble à 24,000 livres, avoient été acquittées, lorsque M. *Gallet de Santerre*, autre Banquier, avec lequel on avoit fait semblable opération, vint avertir Messieurs *Tourton & Ravel*, de la falsification & surcharge de plusieurs Lettres de change.

7°. A l'instant ils suspendirent tous leurs payemens de ces Lettres de change, ils déposerent en entier à la Caisse d'Escompte le montant de toutes leurs acceptations qui restoient à payer, & informerent sur le champ M. le Lieutenant général de Police, de cette escroquerie.

8°. Dès que le Roi a été instruit de cet événement, il a de son propre mouvement évoqué à lui toutes les contestations auxquelles l'affaire pouvoit donner lieu, soit au civil, soit au criminel, & les a renvoyées au Châtelet pour y être jugées en dernier ressort: on assuroit ces Banquiers, lorsqu'ils dreſſoient leur Mémoire, que le Procureur du Roi avoit déjà rendu ſa plainte & que l'inſtruction étoit commencée.

9°. Cependant quelques-uns des porteurs des Lettres de change échues, ſe ſont pourvus aux Conſuls de Paris, où ils ont obtenu des Sentences de condamnation par défaut; mais un Jugement de la Commiſſion du Châtelet a fait défenſes de faire des pourſuites & procédures ailleurs que devant elle.

Dans cette poſition des choſes les Banquiers ont conſulté leurs Conſeils, qui par Délibération du 29 Décembre dernier eſtiment que, ſi le faux eſt conſtaté juridiquement, c'eſt aux porteurs des Lettres de change à ſupporter la perte.

Telle eſt la Déciſion de M^e. *Martineau*, auteur du Mémoire, & de pluſieurs Juriſconſultes célebres, qui ont ſouſcrit la Conſultation.

Cependant, & dans les raiſons qu'alleguent les Banquiers en leur faveur, & dans le raiſonnement des Avocats, on ne trouve rien de bien victorieux.

Ce Mémoire court & qui n'a que neuf pages, eſt encore trop diffus, & la Conſultation qui en a preſque autant, n'eſt pas mieux rédigée.

21 *Janvier* 1787. Une des particularités de la ſéance du Parlement de Beſançon à Verſailles, c'eſt que M. *de Grosbois*, le Premier Préſident, ayant demandé au Roi la

permission de rester pour se trouver tout de suite à portée de se rendre à l'assemblée des Notables; Sa Majesté lui a ordonné de partir sur le champ, d'être arrivé le 18 à Besançon, pour faire enregistrer ses volontés le 19 par la Compagnie, & d'être de retour ici le 28.

21 *Janvier* 1787. Au moment où Mr. Augeard, toujours suspendu de ses fonctions de Secrétaire des commandemens de la Reine, désespéroit de les reprendre & craignoit d'être obligé de vendre cette Charge; le Roi est venu chez son auguste Compagne & lui a demandé pourquoi *Augeard* ne paroissoit pas? La Reine s'est approchée de Sa Majesté & lui a dit quelques mots qu'on n'a pas entendus; on suppose qu'elle a objecté le Décret de prise de corps, dont a été atteint ce serviteur...... Le Roi a répondu par d'autres mots, qui n'ont pas été mieux saisis des auditeurs; mais qui, sans doute, vouloient dire que ce n'étoit qu'une misere, une peccadille. Quoiqu'il en soit, le résultat a été que le Baron *de Breteuil* a écrit de la part de la Reine à M. Augeard, qu'il eût à venir continuer son service auprès de sa personne: ce qu'il doit faire aujourd'hui.

On présume que c'est ce même Ministre qui aura profité d'un moment favorable auprès du Roi, pour bien servir M. Augeard & le tirer de la position embarrassante où il se trouvoit.

21 *Janvier* 1787. Le Sieur *Palissot*, dans une Lettre du 15 de ce mois, adressée aux Journalistes de Paris, nous apprend que M. *de Calonne* allant au devant du mérite, a fait donner par le Roi une gratification inattendue au modeste auteur de la comédie de l'*Inconstant*, quoiqu'elle n'ait eu que dix chétives représentations : tandis que depuis près de trois ans le bruyant *Figaro* reste sans interruption sur l'affiche à sa 94eme. représentation.

22 *Janvier*. M. *Robert de Saint Vincent*, dans sa *Dénonciation du nouveau Rituel*, commence par louer M. *de Juigné* d'avoir ouvert la porte du Sanctuaire à des Religieuses que le préjugé de M. *de Beaumont* en avoit écartées depuis longtems ; d'avoir rendu la vie à ces établissemens publics, qui sont le refuge de l'humanité souffrante ; d'avoir fait renaître ces institutions utiles que le Parlement a toujours protégées, que la charité seule peut conserver : pourquoi faut-il qu'au moment où l'on se flattoit qu'un Prélat pacifique alloit rendre à l'Eglise de Paris son lustre ancien par l'appui que donneroit sa vertu à la Doctrine de nos Peres, & son activité vigoureuse pour rétablir la Discipline trop généralement énervée dans presque tout le corps Ecclésiastique de ce Diocese ; ce Rituel imaginé pour l'exécution de son plan salutaire soit devenu un objet de réclamation & de scandale ; contienne

des principes contraires à la tranquillité publique, capables de porter l'inquiétude dans les mariages, qui font la base de toute la société civile, & tendant à renouveller les troubles que la sagesse du Roi a voulu éteindre?

Le Magistrat entre ensuite en matiere & prouve les divers reproches faits au Rituel: comme il rentre dans beaucoup de choses déjà dites à cet égard dans les divers pamphlets du critique dont on a rendu compte; il est inutile de les répéter: il s'éleve surtout contre le Despotisme du Prélat, qui voudroit anéantir le droit des Curés ; Despotisme trop éloigné des principes de la Discipline ancienne & moderne de l'Eglise, pour le tolérer, pour ne pas s'y opposer avec la vigueur que le Parlement a toujours montrée en pareille occasion. On dit bien que M. l'Archevêque, frappé des contradictions que son Pastoral éprouve, a permis aux Curés qui l'ont consulté, de n'en point faire usage; mais cette tolérance est secrete d'un côté, tandis que de l'autre il leur fait dans ce même ouvrage une injonction précise de s'y conformer: ainsi les uns par foiblesse ou par obéissance l'adopteront ; les autres n'auront pas le courage de le contredire ; il en est qui craindront l'autorité & le ressentiment de leur supérieur: c'est au Parlement à prévenir le scandale du trouble & de la division entre les Ministres de l'Eglise.

Au reste, ce qui caractérise bien le zele Janfénien du Magiftrat, c'eft la maniere dont il attaque l'affectation avec laquelle on a relevé une anecdote de la vie du Cardinal de Noailles, dont il auroit été plus prudent de ne pas faire mention; c'eft l'éloge pompeux qu'il fait de celui-ci, depuis la mort duquel la Compagnie n'a ceffé d'employer beaucoup de peines, de foucis & de tems, à réparer, corriger, réformer les torts, les foibleffes, les fautes & les erreurs de fes fucceffeurs.

L'Editeur de ce récit a mis à l'article du mariage une Note, fuivant laquelle *il femble qu'il y auroit beaucoup à s'égayer*, fi l'on vouloit, fur les interrogations fecretes. Attendons & efpérons que le critique qui a fi bien houfpillé le Paftoral à l'occafion des mérites du Saint Sacrifice, ne paffera pas fous filence une matiere qui prête fi fort aux farcafmes & à la gaieté.

22 Janvier 1787. C'eft hier à cinq heures du foir que les membres du Parlement de Dijon, arrivés à Verfailles depuis quelques jours, ont été introduits à l'audience du Roi. La féance a été longue & a duré jufques à plus de dix heures. On s'imagine que Sa Majefté a fait faire une radiation générale fur les Regiftres, comme fur ceux de Befançon, de tout ce qui a mérité fon animadverfion.

Il faut fe rappeler que M. *Amelot*, l'Intendant de Bourgogne, étoit décrété d'ajournement personnel par cette Compagnie.

22 *Janvier* 1787. Mr. le Baron *de Breteuil*, qui s'occupe avec tant de soin des plaisirs du public par l'amélioration du théâtre lyrique, ce que prouvent les Réglemens successifs qu'il forme sur cet objet, ne néglige pas celui plus essentiel de l'hôtel-Dieu, qu'il a infiniment plus à cœur. Comme depuis la publication du Compte rendu par l'Académie des Sciences & l'exposition du tableau effrayant de la situation de toutes les espèces de malades dans cet hôpital, la compassion de plusieurs concitoyens s'est émue & qu'ils ont offert de souscrire & même envoyé des sommes au Journal de Paris; le Ministre a senti qu'il falloit saisir ce moment d'enthousiasme: en conséquence il fait répandre aujourd'hui un *Prospectus de souscription pour l'établissement de quatre nouveaux hôpitaux, capables de suppléer à l'insuffisance de l'hôtel-Dieu de Paris*, imprimé par ordre du Roi.

23 *Janvier* 1787. Le Docteur *Bouvard*, ce praticien si connu & si accrédité dans Paris, vient de mourir. Depuis quelque tems il s'étoit apperçu lui-même de sa décadence, de son défaut de mémoire, & s'étoit condamné à ne plus voir de malades. Il étoit Chevalier de l'ordre du Roi, Docteur Régent de la Faculté de Médecine de cette capitale, & membre de l'Académie Royale

des Sciences depuis 1743 : il étoit devenu aſſocié vétéran.

23 *Janvier* 1787. Il paroît que le gouvernement a ſenti la juſtice de faire quelque acte éclatant en faveur de Mr. *Abbatucci*, cet infortuné militaire dont on a extrait le Mémoire. Le Roi l'a rétabli dans ſon grade de Lieutenant-Colonel du Régiment provincial de l'iſle de Corſe, lui a rendu le traitement & les graces militaires qu'il avoit précédemment obtenus : & ce fait a été conſigné authentiquement dans la Gazette de France d'aujourd'hui.

24 *Janvier* 1787. C'eſt mal à propos qu'on avoit tant prôné le Mémoire de Me. *Tronçon du Coudray* : il eſt pour le Sr. *Regnier*, aſſocié de la maiſon *la Sauſſe & Regnier* de Lyon, intimé & plaignant contre le Sieur *Gaillard*, appellant ; ou plutôt ces plaideurs apparens ne ſont que des prête-noms à l'abri deſquels les joueurs à la hauſſe & les joueurs à la baiſſe en viennent aux mains & vont ſe livrer une bataille déciſive vraiſemblablement. Les chefs ſont d'une part le Comte *de Peſt Senes*, l'Abbé *d'Eſpagnac* ; &c. de l'autre le Comte *de Travanec* & le Sieur *Claviere*, &c. Quoiqu'il en ſoit, voici ce qu'on débrouille dans le cahos de l'hiſtorien.

Le Sieur *Gaillard*, Négociant de Paris, devoit cinquante actions au Sieur *Regnier* & refuſoit de les lui payer : celui-ci a fait aſſigner le premier aux Consuls, où il s'est laissé condamner par défaut & il a ensuite interjeté appel au Parlement; il a objecté qu'il lui étoit impossible de livrer ces actions, attendu le monopole : en conséquence les deux parties, divisées en apparence, réunies pour le fait principal, il a été pris la voie criminelle & porté plainte le 9 Décembre dernier par le Sieur Regnier contre les monopoleurs.

On sait à quels excès on a porté la fureur de l'agiotage à l'égard des actions des Eaux de Paris & de la Banque de Saint Charles. M. le Comte *de Mirabeau* s'est élevé avec éloquence contre ce jeu & l'a fait tomber : les joueurs se sont retournés vers les Actions de la nouvelle Compagnie des Indes. Les joueurs à la hausse, c'est-à-dire, ceux qui ont parié qu'à telle époque l'action auroit monté, se sont emparés de la plus grande partie de ces actions & ont mis de la sorte les joueurs à la baisse, c'est-à-dire ceux qui avoient parié que ces actions seroient à un prix plus bas & en conséquence s'étoient fait fort de fournir aux autres à ce haut prix qu'ils vouloient y mettre un nombre donné considérable d'actions, se sont trouvés forcés d'avoir recours à leurs rivaux mêmes pour les acheter, qui les leur ont vendues le prix qu'ils ont voulu.

Les joueurs à la baisse reviennent aujourd'hui contre ce jeu & prétendent que c'est une friponnerie, puisque les joueurs à la hausse par leur accaparement se sont constitués maîtres & juges de l'inégalité.

Me. Tronçon du Coudray, par une Consultation du 31 Décembre, est de leur avis & l'appuye d'autorités; il décide qu'il y a ici des manœuvres vraiment odieuses & du plus dangereux exemple, & que les loix contre la fraude & l'usure n'auront jamais été mieux appliquées. Cette Consultation trop écourtée est vague, & ne décide pas cathégoriquement la marche que doit tenir le consultant, ainsi qu'il le desire.

Quant au Mémoire, il est, au contraire, trop diffus; la question générale y est trop discutée & son application au cas particulier point assez développée, assez précise; en sorte qu'après avoir lu & le Mémoire à consulter & la Consultation, il reste encore beaucoup de choses à éclaircir pour le lecteur.

Me. Tronçon du Coudray jugeant que ce Mémoire qui attaque une des maniers du jour, produiroit de l'éclat, s'est trop attaché à traiter son sujet en grand & pour tout le public, & à force de vouloir faire mieux que de coutume & se surpasser lui-même, il a mal fait & est resté au dessous de son sujet.

Au reste, l'on assure que le Ministere sentant le danger de laisser cette affaire à la discussion des tribunaux réguliers qu'on avoit saisis en la traitant au Criminel, où elle alloit s'éclaircir infenfiblement & faire peut-être condamner au carcan des perfonnages connus, a pris le parti de la ramener au Confeil, où l'on préfume qu'elle fera étouffée.

24 *Janvier* 1787. Il paroît décidé que l'affemblée des Notables fera retardée, fans qu'on ait encore affigné le jour véritable de leur réunion. C'eft dans la Salle des Menus à Verfailles qu'elle doit fe tenir & les préparatifs pour *la former dans tous les détails* convenables font la caufe de la remife. On dit que ces jours-ci le Roi eft allé la vifiter: il a demandé *ce que fignifioient des lanternes, des tribunes, des galeries* qu'on y pratiquoit ? On a répondu que c'étoit pour la Reine & fa fuite, pour fa cour & pour tous les curieux qui defireroient affifter à l'ouverture des féances & à celles qui feroient publiques. Le Roi a répondu que ce n'étoit point un fpectacle; que la Reine, fi elle le defiroit, feroit bien la maîtreffe de venir à l'affemblée des Notables, mais feule: que lui-même ne feroit accompagné que du cortege néceffaire à la Majefté Royale. Ce qui foulage beaucoup M. le Duc *d'Ayen*, Capitaine des Gardes de fervice, déjà follicité & importuné pour les billets dont la diftribution auroit roulé fur lui.

Au furplus, on peint de plus en plus en beau l'affemblée & ce qui doit en réfulter; on fait dire à M. *de Vergennes*, qu'il avoit été frappé de la sublimité du plan de M. *de Calonne*: on ajoute que le Roi avoit dit à son Contrôleur général, *mais vous m'offrez-là du Necker* „ *tout pur.* — *Sire*, *l'on ne peut rien donner de* „ *mieux.*" Depuis ce tems on ajoute que le Roi travaille beaucoup & lit surtout le livre de M. Necker, le bréviaire des Administrateurs. On conçoit d'où viennent toutes ces insinuations, dont le but est de dissiper les premieres impressions de terreur de l'annonce d'une assemblée qui ne peut gueres avoir lieu sous un Monarque absolu & des Ministres despotiques, que dans une crise désastreuse, à laquelle ils ne savent quel remede apporter.

Ces terreurs des gens réfléchissans sont surtout augmentées par ce qui se passe aujourd'hui, où l'on parle de ranimer l'esprit patriotique & l'on flagelle trois ou quatre Parlemens pour avoir défendu les foibles droits de la Nation; où l'on exalte un nouveau régime de Liberté, la suppression des entraves, des Barrieres dans les routes, & l'on éleve cependant autour de Paris des murs, monument du plus dur & du plus honteux esclavage.

Mais les plaisans qui ne réfléchissent pas tant, continuent les calembours; ils disent que l'assemblée se tenant dans la salle des Menus, les deux troupes de comédiens ont fait des représentations pour demander à y avoir des Députés.

Le premier Echevin, le Sieur *Gobelet*, est marchand bonnetier; ils disent que, lorsqu'on l'interrogera, il opinera du bonnet ou du moins parlera très bas, & s'en tiendra surtout à la forme.

24 *Janvier* 1787. M. le Comte *de Vergennes* n'a pu assister ces jours-ci au Conseil; il est très malade & l'on craint qu'il n'y ait pas de remede. On parle de son état comme d'une dissolution du sang: ce qu'on remarque à des taches noires. Et pour donner le dernier coup à ce Ministre, il paroît un *second Mémoire au Roi par le Comte de Miaczinski*, où il est traité de la maniere la plus outrageante.

24 *Janvier*. Le *Prospectus* des souscriptions pour les nouveaux hôpitaux est, dit-on, de la composition de M. *de Rulhieres*; mais Sa Majesté l'a corrigé. Il est pathétique, rempli de mouvement, de chaleur & d'onction. On est seulement fâché qu'aux grands principes d'ordre, de bienfaisance, d'humanité, de philosophie pour exciter la compassion des riches, l'auteur ait mêlé un motif puérile de vanité, en déclarant que les donateurs au dessous de 10,000 livres ne seront inscrits que sur une liste publique, mais fugitive; & qu'au contraire les noms des souscripteurs pour une somme de 10,000 & au dessus feront gravés sur quatre tables de bronze, à l'entrée de chacun des quatre nouveaux hôpitaux.

25 *Janvier* 1787. *Mémoire au Roi par M^e. Linguet, concernant ses réclamations actuellement pendantes au Parlement de Paris, in* 8°. *de* 241 *pages*. Tel est le vrai titre de cet ouvrage volumineux, annoncé depuis quelque tems. Quant à son objet, il paroît être d'entretenir la fermentation occasionnée dans Paris & surtout au Palais par le retour de cet Avocat, & après avoir diffamé, traîné dans la boue le Duc *d'Aiguillon* en plaidant, de consigner par écrit les mêmes injures qu'il lui a dites verbalement: en un mot, de suppléer à la défense que M^e. Linguet a trouvée dans ce pays chez tous les imprimeurs de rien imprimer pour lui sans permission.

Ce Mémoire est d'abord précédé d'un *Avertissement* de 42 pages, enrichi de Notes, où M^e. Linguet établit un parallele entre sa position actuelle & celle où il étoit lors de sa radiation; & alors, comme aujourd'hui, au Conseil, comme au Parlement, M. le Garde des Sceaux, à l'instigation de M. le Duc d'Aiguillon, lui a enlevé le droit de rien imprimer.

Le 8 Octobre 1786, où M^e. Linguet composoit son *Avertissement*, à midi il y avoit précisément onze ans, jour pour jour, heure pour heure, qu'il avoit présenté au Roi, sur la terrasse de Choisy, une Requête qu'il rapporte en entier, où il représentoit à Sa Majesté qu'on violoit toutes les Loix, toutes les Formes, pour le perdre; qu'on lui

lui défendoit d'imprimer sa Requête au Conseil.

Cette démarche avoit été précédée de Lettres très soumises & au Garde des Sceaux & au Comte *de Maurepas*, des 29 Août, 16 Septembre & 9 Octobre 1775, qu'il copie aussi.

Mais ce qui n'est point arrivé dans ce tems-là, c'est qu'on ait comploté de l'assassiner dans le Temple de Thémis, sous les yeux mêmes des Magistrats: c'est ici qu'il place l'historique de l'événement, arrivé le 6 Septembre, du coup de crosse de fusil qu'il reçut sur la tête, dont on rendit compte alors & qu'il travestit aujourd'hui en guet-à-pens.

Me. Linguet veut que ce soit M. *de Châteaubriant*, qu'il ne nomme pas, qu'il désigne seulement sous la qualification d'un jeune Maître des Requêtes, qui ait été l'instigateur de ce coup. Comme cet épisode est le plus neuf & le plus curieux morceau de l'ouvrage, il est bon de s'y arrêter & de le développer.

M. de Châteaubriant, le dernier des Maîtres des Requêtes, étoit Conseiller au Parlement de Rennes; il est Breton & d'une famille attachée au Duc d'Aiguillon: en qualité de Membre du Conseil, il avoit droit d'assister au Parlement & il en profitoit pour venir entendre Me. Linguet: il se trouvoit précisément à la porte, lorsqu'elle s'ouvrit & que les gardes ne pouvant contenir la

Tome XXXIV. D

foule, furent obligés d'ufer de leurs armes. Le bruit du coup que venoit de recevoir, par mégarde, Me. Linguet confondu dans cette foule, alarma les Magiftrats, qui voulurent favoir comment le fait s'étoit paffé. M. de Châteaubriant leur dit qu'il étoit préfent ; il le leur raconta & les recherches n'allerent pas plus loin. On ne s'imaginoit pas que Me. Linguet, pour rendre fon roman plus touchant, feroit entendre qu'on auroit eu le deffein formé de l'affaffiner & auroit repréfenté le jeune Magiftrat comme le chef du complot fous les ordres du Duc d'Aiguillon. M. de Châteaubriant étoit fi outré de cette imputation atroce, qu'il vouloit en rendre plainte au criminel ; mais on lui a repréfenté que ce feroit donner de la confiftance à une chimere & fervir à fouhait Me. Linguet, qui ne demandoit pas mieux que de voir naître un nouveau procès : qu'il feroit plus fage de méprifer une calomnie qui tomberoit d'elle-même.

Quoi qu'il en foit, cette étrange cataftrophe, à ce que dit Me. Linguet, a interrompu les plaidoieries, quoiqu'il ait plaidé fur le champ même ; il ignore quel parti prendront & le Garde des Sceaux & le Duc d'Aiguillon ; s'ils cefferont enfin de s'oppofer à ce qu'il imprime dans fon affaire : en attendant il va toujours inftruire le public pour fe concilier fon opinion, dont fon honneur dépend.

Heureusement cet honneur, malgré tant d'efforts combinés & multipliés pour le compromettre, est encore intact, & si la patrie de Me. Linguet a été ingrate envers lui, il nous apprend que l'Empereur s'est empressé d'en réparer les torts, en lui donnant une décoration fondée sur ses services rendus à cette même patrie.

Bien plus, en France à son retour Me. Linguet a reçu des preuves éclatantes d'une considération qui n'est pas suspecte, & d'une estime qui ne peut être que vraie, puisqu'elle venoit du public: voilà encore de l'*égoïsme*, mais il est nécessité pour sa défense: & quand il y aura eu, sans violer les formes ni les regles, un jugement rendu, fût-il contre lui, il se taira.

Dans ce compte qu'il doit au public, en laissant à l'écart les objets de la compétence des Juges, il ne parlera que de ceux exclusivement de la sienne: il faut qu'il justifie la confiance de l'Empereur qui l'a protégé, pour que ses droits soient vérifiés: qu'il rassure les gens de qualité qui craindroient de se trouver dans le même cas que le Duc d'Aiguillon: qu'il fasse voir comment il est presque impossible qu'il se rencontre une seconde fois & un client & un défenseur pareils.

Enfin commence le Mémoire au Roi, occupant le reste du volume; après un long exorde Me. Linguet divise ce Mémoire par paragraphes. Il établit:

1°. Que son exclusion du Barreau a été opérée à la sollicitation, par le concours & pour la satisfaction de M. le Duc d'Aiguillon.

2°. Quelle influence a eue M. le Duc d'Aiguillon sur l'injustice avec laquelle il a été dépouillé du Journal de Littérature?

3°. Il raconte sa premiere retraite en Angleterre; sa conduite tant qu'il y a demeuré; pourquoi & comment il en est sorti?

4°. Défense d'adresser de Bruxelles au Roi, une Epitre à la tête de chaque volume des Annales.

5°. De sa détention à la Bastille; quelle part y a eue M. le Duc d'Aiguillon?

6°. De ses répétitions contre M. le Duc d'Aiguillon: que la défense d'imprimer dans le procès contre lui est aussi dangereuse pour Me. Linguet qu'injuste.

On juge par l'énoncé des titres de ces paragraphes; de la *Lettre au Roi* d'une longueur telle que Monarque françois n'en a jamais lue; qu'ils rentrent dans cette multitude d'écrits de l'auteur sur la même matiere, dont depuis quinze ans il entretient ses Lecteurs jusques au dégoût: il les a grossis en outre d'une foule de Lettres sur le même sujet, qu'il seroit aussi fastidieux d'analyser. On trouve toutes fois de tems en tems quelques anecdotes propres à piquer l'attention & qu'on pourra extraire dans un autre moment.

On observera seulement ici une bizarrerie dans l'amour-propre de Me. Linguet; c'est qu'il a coté ce Mémoire comme une suite de ses *Annales* qui, commencées, dit-il, par une Epitre à Sa Majesté, finiront de même. Conduite qui prouve bien ce que nous avons dit, que ces Annales ne sont ni celles de l'univers, ni celles de l'Europe, ni celles de la France; mais bien véritablement *les Annales de M. Linguet*.

Par un *Post-Scriptum* Me. Linguet annonce que son dessein avoit été d'abord de joindre à *son Mémoire au Roi ses Lettres au Duc d'Aiguillon*, que ce Ministre lit par extrait infidellement durant ses visites & ses sollicitations fréquentes aux Magistrats: Lettres dont quelques-uns ont dit *qu'elles étoient trop fortes*; mais, comme il est dans l'intention de demander que M. le Duc d'Aiguillon soit obligé de les consigner au Greffe, il croit devoir attendre pour les publier que cette formalité soit remplie.

25 Janvier 1787. La Caisse d'Escompte, qui ne s'étoit pas bien rassise depuis les inquiétudes qu'elle avoit eues durant le voyage de Fontainebleau, est dans une crise nouvelle & plus pressante. On assure que M. *de Calonne* a déclaré aux Administrateurs que le Roi comptoit sur leur zele & qu'après avoir bénéficié énormément aux dépens de l'Etat, la Caisse viendroit à son secours. On ne sait pas au juste ce que le Ministre leur demande. Ces Meſſieurs ne s'expliquent point : on parle de quatre-vingts millions par Emprunt modique, ſans doute, & vraiſemblablement ils s'y ſont refuſés. On ajoute que le Miniſtre leur a déclaré qu'il ſe préſentoit une Compagnie avec des offres très avantageuſes pour les remplacer. Quoiqu'il en ſoit, depuis quelques jours les actions ont baiſſé & baiſſent conſidérablement.

Heureuſement il ne regne pas la même inquiétude pour les billets rouges ou noirs.

25 Janvier. On veut que le Parlement de Dijon & celui de Beſançon ſoient ſortis auſſi heureuſement que celui de Bordeaux de la fuſtigation à laquelle ils s'attendoient ; que le Roi les réprimandant beaucoup ſur la forme, leur ait donné *gain de cauſe* au fond.

26 Janvier 1787. Dans le premier article de ſa Lettre au Roi, Me. *Linguet* ſe plaint qu'ayant été *injuſtement* exclus de l'Ordre par les Avocats, enſuite rétabli par Arrêt du Parlement, puis rayé en définitif ; il préſenta une Requête en Caſſation par le miniſtere de Me. *de Mirbeck*, requête qui devoit être rapportée au Conſeil des Dépêches par M. *de Maleſherbes* ; mais que, pour éviter cet integre, ce digne & vertueux Miniſtre, le Garde des Sceaux, à la priere du Duc *d'Aiguillon*, la fit renvoyer au Conſeil privé, au rapport de M. *de la Milliere*, Maître des Requêtes : il s'éleve à ce ſujet contre le Bureau des Cassations où il faut passer, avant d'aller au Conseil, & prétend que ce Comité qui, d'après l'usage, décide si une requête est admissible ou non, n'a pas ce droit, & ne pouvoit conséquemment rejeter la sienne: il va plus loin & veut que ce Comité, qui doit être composé de sept Conseillers d'Etat, n'ait été que de quatre lorsqu'il fut question de lui, & d'ailleurs que cette décision n'étant point écrite ne soit pas un jugement légal: il se plaint enfin que les membres de ce Bureau se fussent donné parole de garder un profond silence sur ce qui s'étoit passé entre eux. A l'appui de tous ces griefs, il cite sa Lettre à M. le Garde des Sceaux & une autre à M. d'Aguesseau, toutes deux du 8 Mai 1776; une à M. de la Milliere du 15 Mai; une seconde à M. le Garde des Sceaux du 19 Mai; enfin une supplique au Roi, où il combat cet usage préparatoire & demande que sa requête soit rapportée en plein Conseil, comme l'exige le Réglement de 1737.

Dans le second article, celui concernant son acte fait double avec le Libraire *Pankouke* le 17 Février 1775, pour la rédaction d'un ouvrage périodique pendant trente ans, moyennant 10,000 livres par an; comme il fut évincé par une défense du Garde des Sceaux au Libraire de plus employer Me. Linguet à la rédaction de la partie littéraire de son Journal, & une de M. de Vergennes, à l'égard de la partie politique, il prétend que ces défenses ne pouvoient délier le Sieur Pankouke: il le fit sommer par exploit; le Libraire répondit qu'il étoit enchaîné par des ordres supérieurs, & ayant voulu l'attaquer en justice, M^e. Linguet ne trouva ni Procureur ni Juges; tous répondirent verbalement qu'on ne pouvoit aller contre des ordres supérieurs.

Tout cela venoit du Duc d'Aiguillon: la preuve c'est qu'il avoit refusé à M^e. Linguet le Privilege d'un Journal qu'il accorda deux mois après au S^r. Pankouke, sous le titre de *Journal de Geneve*. Celui-ci avoit pour copropriétaires avec le Libraire un Sieur *Buffon*, Médecin mort aujourd'hui; le Chevalier *d'Abrieu*, l'agent du Duc d'Aiguillon, dont il est question dans les plaidoieries de M^e. Linguet: enfin un nommé *Rousseau*, Précepteur du fils du Duc d'Aiguillon, tenoit la plume. Depuis ceux-ci expulserent de leur privilege le Sieur Pankouke, qui obtint alors du Comte de Vergennes le privilege du *Journal de Bruxelles*.

Dans le troisieme paragraphe M^e. Linguet motive sa retraite en Angleterre sur la nécessité de se procurer une existence qu'on lui ôtoit en France. Digression à ce sujet sur sa radiation du Tableau. L'Avocat général *Barentin*, les Avocats dans une Consultation du 15 Mai 1775, déciderent qu'elle n'étoit point diffamante, qu'elle ne rendoit point inhabile.

inhabile à remplir d'autres places, & depuis Me. *Target* dans son pamphlet intitulé *la Censure*, a soutenu le même paradoxe. Quoi qu'il en soit, Me. Linguet n'en a pas pensé de même, & il a cru devoir sortir de sa patrie, où sa liberté d'ailleurs commençoit à être menacée.

Autre digression dans ce même article sur *la Théorie des Loix*, ouvrage que Me. Linguet avoit fait imprimer avec approbation en 1767: on est parvenu à le proscrire, à le faire regarder comme l'école du Despotisme. Cependant ses principes ont été depuis adoptés, développés, sans le nommer, dans vingt ouvrages reçus avec applaudissement: M. *de Voltaire* l'a copié presque mot pour mot dans ses *Questions Encyclopédiques* relativement à ce que Me. Linguet a dit concernant les administrations orientales: M. *Anquetil Duperron*, dans son ouvrage intitulé *Législation Orientale*, en a fait autant, quoiqu'il certifiât traiter l'ouvrage d'une maniere absolument neuve. Eh bien! ce même ouvrage, son auteur voulut le faire réimprimer en 1776; il avoit reçu l'approbation du Sieur *Bouchard*, Avocat & Agrégé en Droit: l'Imprimeur *Pierre* alloit livrer au public cette Edition; suivant son devoir il fait hommage du premier exemplaire au Garde des Sceaux, qui, instruit par ce Libraire que M. Linguet en est l'auteur, ce qu'il ignoroit jusques-là, lui donne sur le champ une défense précife de rien publier de cette Edition. Me. Linguet n'a jamais pu faire révoquer cette défenfe, & l'édition exifte encore en entier dans le magafin du Libraire.

Me. Linguet obligé donc de s'expatrier commença en Angleterre fes fameufes *Annales*: il eût bien de la peine à les faire pénétrer en France; *il fallut une longue négociation par l'entremife de l'Ambaffadeur du Roi à Londres, qui fit paffer au Comte de Vergennes & au Comte de Maurepas les Lettres de l'auteur.* Obligé bientôt par la guerre ou plutôt par fon attachement pour fa patrie, de fortir d'Angleterre, Me. Linguet fe réfugia à Geneve, où le Réfident, alors chargé des affaires de France, le reçut avec froideur, & même l'infulta; il s'en plaignit au Miniftre, qui non feulement ne desapprouva pas le Subftitut injurieux, mais prévint Me. Linguet de prendre bien garde de fe mêler des troubles qui agitoient alors cette République, de quelque maniere que ce fût; fans quoi ces querelles ne feroient pas fans inconvénient pour lui.

Dans le quatrieme paragraphe fur le féjour de Me. Linguet à Bruxelles, il s'agit d'une longue Négociation entre M. le Comte de Vergennes & lui: le Miniftre exige qu'il fupprime de fes Annales l'Epitre dédicatoire au Roi, par laquelle il recommençoit chaque volume. Sa Majefté en recevoit exactement les numéro par le Baron *d'Oguy* qui les lui remettoit: son silence sembloit approuver l'hommage du Journaliste; le Ministre qui avoit désiré se rendre souscripteur de l'ouvrage, s'oppose formellement à cette Epitre périodique, il lui en défend le renouvellement de la part de son Maître & l'Epitre dédicatoire cesse.

Quoique le cinquieme paragraphe sur la détention de Me. Linguet à la Bastille parût ne devoir contenir rien de nouveau d'après les Mémoires diffus qu'il a publiés à ce sujet, on y trouve quelques particularités qu'on ignoroit. D'abord il assure qu'on ne lui a jamais montré qu'une copie de sa Lettre au Maréchal Duc *de Duras*; il n'a point nié cette Lettre, parce qu'il ne sait pas mentir: mais enfin pour motiver un châtiment aussi terrible, il falloit une piece originale & le Maréchal atteste qu'il ne s'est jamais plaint.

Me. Linguet dans ses Mémoires s'étoit plaint que pour rendre son séjour plus horrible, on eût peint sur les murs les instrumens du supplice de la Passion, & qu'en général on eût choisi la chambre la plus affreuse de la Bastille. Il veut que depuis ce tems le Gouverneur ait fait blanchir ces murs, y ait fait construire une cheminée moderne, ait fait plafonner, recarreler, remeubler cette chambre, & la montre maintenant aux curieux, pour démentir la description que le prisonnier en a faite: il ajoute que M. de

Launay en a imposé même à cet égard au Baron de Breteuil.

Au mois d'Octobre 1781, à la naissance de M. le Dauphin, Me. Linguet rédigea pour le Roi le plus court des placets; il l'adressa au Comte *de Maurepas*, avec une Lettre aussi courte, & avec des vers. M. de Maurepas en fut touché: le Lieutenant de Police vint de sa part annoncer au prisonnier qu'il alloit sortir. M. de Maurepas mourut & toutes ces promesses s'évanouirent.

On voit encore dans ce paragraphe deux Lettres; l'une, du 22 Décembre 1781, à M. *Robinet*, premier Commis du Département de Paris, chargé du Détail de la Bastille; l'autre du 28 à M. *Thierry de Ville-d'Avray*, premier Valet de chambre du Roi, qu'on ignoroit & qu'il faut lire.

Enfin Me. Linguet qui voit du d'Aiguillon partout, ne doute pas que le Sieur *la Greze*, qui s'est donné tant de mouvemens pour ravoir & saisir les papiers du prisonnier, ne fût remué de la premiere, ou seconde, ou troisieme main par cet Ex-Ministre, qui dans sa retraite, dans sa disgrace, dans son impuissance apparente, étoit encore plus intriguant, plus actif, plus adroit & plus absolu que tous les Ministres ensemble, dont deux, Messieurs de Maurepas & de Vergennes, avoient donné à Me. Linguet des paroles verbales & par écrit de ne rien entreprendre contre lui; dont l'un (M. de Mont-

Barrey) ne le connoiſſoit pas ; dont un autre (M. de Sartines) lui avoit les plus grandes obligations ; dont un dernier (M. de Segur) le chériſſoit & lui a enfin procuré la liberté.

Du reſte, il aime ſi fort la paix, qu'il avoit propoſé au Comte de Vergennes par une Lettre du 8 Avril 1784, de ſe rendre arbitre entre le Sieur *le Queſne* & lui. Ce Miniſtre ne voulut pas l'accepter : longtems avant il avoit demandé la médiation du Comte de Maurepas entre le Duc d'Aiguillon & lui, auſſi infructueuſement.

26 *Janvier* 1787. On juge par une Lettre de Meſſieurs les *Duc de Charoſt* & *Comte de Thelis*, adreſſée aux Journaliſtes de Paris, en date du 15 de ce mois, pour ſervir de *Supplément au onzieme Mémoire, concernant les Ecoles Nationales Militaires*, que leur projet en faveur duquel ils luttent avec tant de zele depuis pluſieurs années eſt à peu près échoué. Il embraſſoit trois objets : 1º. Eſſai ſur l'Education de la Nobleſſe pauvre ; 2º. ſur celle des Enfans du Peuple ; 3º. ſur la confection des chemins. Ils ne ſe découragent pourtant pas encore, mais le reſtreignent aujourd'hui. Dans tous les cas on ne peut que louer & plaindre ces illuſtres amis de l'humanité.

27 *Janvier* 1787. Dans ſon *ſecond Mémoire au Roi*, M. le Comte *de Miaczinski* refute d'abord les objections faites contre le premier au nombre de dix, dont quelques

unes de très intéressantes, en ce qu'elles tiennent à l'histoire en général & à la politique actuelle. Ce qu'on jugera facilement par leur seul énoncé.

1º. Que les Confédérés avoient quatre Maréchaux, commandans chacun un Corps de troupes & qui avoient tous un pouvoir égal.

2º. Que si l'on indemnisoit le Comte de Miaczinski, il faudroit que le Gouvernement indemnisât également les autres Maréchaux.

3º. Que c'est le délire d'une tête exaltée par les idées de Patriotisme & de Gloire qui a entraîné le réclamant.

4º. Que le Subside qu'il réclame a été payé.

5º. Qu'en écoutant ses réclamations, ce seroit avouer que la France prenoit intérêt à la Confédération.

6º. Que M. *Dumourier* n'étoit point avoué par la Cour de France.

7º. Que M. Dumourier n'avoit aucune instruction pour traiter des intérêts politiques de la France ; & qu'il n'avoit été envoyé vers les Confédérés, que pour leur donner les projets de campagne & pour faire la guerre.

8º. Que la guerre des Confédérés a été nuisible aux dispositions qui ont amené la révolution de Suede.

9º. Que le sort de la Pologne ne pouvoit

que toucher la bonté du Roi; mais qu'il étoit abſolument étranger à l'intérêt politique de la France.

10°. Mémoire intitulé: *Obſervations de M. le Chevalier de Boiſſimene de Campoigne.*

Enſuite dans un *Supplément*, il eſt rendu compte d'une anecdote qui mérite d'être rapportée.

Vers le 16 ou le 17 Septembre dernier, le Comte de Vergennes inſtruit que ce Mémoire étoit ſous preſſe, envoya ſur le champ un Commiſſaire, deux Inſpecteurs de Police & leur ſuite, pour ſaiſir ce que l'on pourroit trouver de relatif au Comte de Miaczinski chez M. le Marquis *de Beaupoil Saint-Aulaire*, qui lui avoit rendu le ſervice de rédiger ſes écrits. On ne rencontra chez lui qu'une minute du Mémoire.

Le lendemain le Sieur *Henry*, Inſpecteur de la Librairie, vint porter à M. de Beaupoil une Lettre du Lieutenant de Police, qui lui demandoit une entrevue. Il ſe rendit chez le Magiſtrat: l'objet de l'entretien étoit de lui communiquer une Lettre du Comte de Vergennes, dans laquelle ce Miniſtre ſe défendoit d'avoir été l'inſtigateur du libelle de M. de Boiſſimene, comme le croyoient le public & ces Meſſieurs ſurtout; & en effet, ſuivant ce Mémoire, non-ſeulement il avoit été le Cenſeur du Mémoire, mais il l'avoit revu, corrigé, compoſé: en conſéquence M. de Vergennes déſiroit que M.

de Beaupoil & le Comte de Miaczinski lui écriviſſent une Lettre, où ils reconnoîtroient leur erreur : ils ſe rendirent au déſir du Miniſtre.

Deux jours après le Sieur Henry revint chercher M. de Beaupoil, à qui M. *de Croſne* dit que M. le Comte de Vergennes avoit été fort ſatisfait de leur Lettre & de la loyauté avec laquelle ces Meſſieurs s'étoient comportés. Enſuite il voulut ſavoir ſi ce Mémoire étoit réellement imprimé, & dans ce cas il déſira en retirer tous les exemplaires pour le Comte de Vergennes. On ne voulut point compromettre l'imprimeur; mais M. de Beaupoil rapporta lui-même chez le Lieutenant de Police tous les exemplaires & la minute du Mémoire imprimé.

En conſéquence M. de Croſne témoigna de la part de M. de Vergennes la joie de ce Miniſtre & ſon deſſein de remettre ſous les yeux du Roi & de faire exaucer les demandes du Seigneur Polonois. Elles conſiſtoient en une ſomme de 600,000 livres, en une terre d'environ 30,000 livres de rentes, en un corps de troupes comme Colonel propriétaire, & le Grade de Maréchal de Camp.

Après quinze jours d'attente, M. de Beaupoil fut prié de paſſer au Bureau de M. *Cauchy*, Secrétaire général de la Police, pour retirer une pièce importante; c'étoit le premier Mémoire du Comte de Miaczinski imprimé, dont les marges étoient chargées de notes bien négatives, bien insultantes, écrites de la main de M. *Dumourier*.

Suit une Lettre du Comte de Miaczinski, datée de Paris le 22 Novembre 1786, au Comte de Vergennes, où il détruit en gros les notes de M. Dumourier, & enfin des Pieces justificatives, des extraits de Lettres de ce M. Dumourier, qui se trouve en contradiction avec lui-même.

Tel est le résumé de ce Mémoire, écrit avec une fierté, une énergie peu commune, qui doit désoler en effet M. le Comte de Vergennes, dont la droiture, la sincérité & la politique se trouvent également en défaut, si tous les faits du Mémoire sont exacts.

27 *Janvier* 1787. Depuis longtems il n'étoit plus question des troubles qui agitoient la Congrégation de Saint Maur; on les croyoit éteints ou du moins assoupis: un pamphlet qui, quoique ancien, ne perce dans le monde que depuis peu, atteste malheureusement le contraire; c'est une Lettre d'un ancien Supérieur de ces Religieux, en réponse à une *Lettre circulaire de Dom Chevreux*, du 22 Juillet 1786: avec cette Lettre le Général adressoit à ses confreres l'Arrêt du Conseil d'Etat, par lequel Sa Majesté évoque l'appel comme d'abus interjetté des délibérations de la derniere Diete dont il confirme les opérations.

Dans cette réponse on fait voir à Dom Chevreux, en le prenant par ses propres paroles, qu'il eſt continuellement en contradiction avec lui-même & que ſa conduite ne répond nullement à ſes diſcours: on lui déclare que ſon autorité n'eſt fondée ni ſur les principes de la religion, ni ſur les loix de l'égliſe, ni ſur la regle qu'il a embraſſée; que l'eſprit de charité dont il ſe dit animé, ne s'accorde point avec ſon deſpotiſme & que ce n'eſt pas par trente-cinq à quarante Arrêts d'évocation & peut-être ſoixante Lettres de cachet dont il s'eſt armé depuis ſon Généralat, qu'on gouverne des Religieux. Tel eſt l'objet de cet écrit in 4º. d'environ onze pages, où l'on perſiſſle continuellement & très bien & ſans réplique Dom Chevreux. Il ne mérite pas plus de détails ſur un Schiſme qui n'intéreſſe pas autant en ce moment, où l'on s'occupe d'autres objets plus eſſentiels.

27 *Janvier* 1787. Extrait d'une Lettre de Vienne du 9 Janvier.... Il paſſe pour conſtant en effet que M. *Blanchard* avoit écrit à notre Auguſte Souverain pour lui demander la permiſſion de faire dans cette capitale une expérience aëroſtatique. On ajoute que Sa Majeſté Impériale lui a répondu, qu'auſſitôt qu'on lui démontreroit que ces expériences pouvoient être de quelque utilité, il s'empreſſoit de l'accueillir, de le récompenſer, & chercheroit même à le fixer auprès de lui.

Le navigateur aërien s'étant enſuite adreſſé

au nouveau Roi de Prusse, il en a reçu, à ce qu'on prétend, la réponse suivante:

„ Je vous suis obligé, Monsieur *Blanchard*,
„ de l'offre que vous me faites dans votre
„ lettre du 23 Octobre; & si je refuse de
„ l'agréer, c'est plutôt par l'intérêt que je
„ prends à votre conservation que par tout
„ autre motif. Malgré la grande confiance
„ que j'ai dans votre habileté & dans votre
„ expérience, les essais que vous faites sont
„ si périlleux, que rien ne peut me rassurer
„ absolument contre la crainte d'un désastre
„ possible. Je serois très sensiblement af-
„ fecté, si un malheur arrivoit dans mes
„ Etats; & la forte appréhension que j'en ai
„ suffiroit pour détruire tout le plaisir que
„ j'aurois en voyant une expérience aërosta-
„ tique, conduite par un esprit aussi éclairé
„ que vous. Ces raisons m'engagent à refu-
„ ser l'offre que vous me faites, &, en
„ même tems, à prier sincerement Dieu
„ qu'il vous prenne en sa sainte garde."

27 *Janvier* 1787. On peut se rappeller que M. *Houdon*, célébre Sculpteur, a été chargé de faire le Buste du Général Washington. Cet ouvrage est achevé, ou le sera du moins pour le Sallon prochain. Quoi qu'il en soit, il s'agit d'une inscription convenable en Latin, comme la Langue la plus favorable pour le style lapidaire: M. *Marron*, Aumônier de Leurs Hautes Puis-

sances à Paris, en a fourni deux, dont voici la meilleure:

Hic Cincinati, Brutique in marmore Virtus,
Spirat in hoc Fabii provida cura simul,
Exprimis Heroas tres Washingtonius unus:
Civica fer meritis serta, America, comis.

On peut la rendre ainsi librement en françois:

Citoyens, accourez, entourez cette image,
De trois héros en un couronnez les vertus:
C'est l'austere Brutus, & Fabius le sage,
Et le simple Cincinnatus.

28 *Janvier* 1787. Quoique le *Tableau de Paris* de M. *Mercier* soit déjà ancien, il ne paroît que depuis peu une Epigramme & peut-être la seule qu'on ait faite au sujet de ce bizarre & ridicule ouvrage. Encore la suppose-t-on traduite du Persan de *Zenderouth-Chusistan* & traduite, ajoute-t-on, par une Demoiselle Emilie âgée de treize ans: quoiqu'il en soit, comme elle est bonne, malgré sa longueur, on va la rapporter ici, en y restituant les vrais noms pour la rendre plus intelligible aux Etrangers:

Qu'ils étoient fous les auteurs du vieux tems;
Nous savons mieux dépenser notre vie,

Pour moi je trouve à nos anciens Savans
Un très grand tort; ils avoient du génie,
Ils inventoient & cela n'eſt pas bien.
J'en crois *Mercier*; avec lui je ſoutiens
Qu'un grand ouvrage embarraſſe, incommode...
Mais un Chapitre.... Oh! la bonne méthode!
En voulez-vous? liſez, mes bons amis.
Liſez un peu le *Tableau de Paris:*
Vous y verrez *Chapitre des Maris*,
Et puis encore *Chapitre ſur les Femmes*,
Un peu plus loin *Chapitre ſur les Drames.*
Tournez la feuille & *Chapitres nouveaux*
Sur les Commis, ſur l'Or, ſur les Bureaux.
Eh! juſte Ciel! que de noms! que de titres!
En vérité, voilà bien des Chapitres......
Quand le bon ſens aura-t-il donc le ſien?

28 *Janvier* 1787. Il paroît enfin *Second Mémoire du Comte de Sanois, en réponſe aux Mémoires de Madame de Sanois & du Comte de Courcy.* Ce volumineux *Factum* attendu depuis la Sᵗᵉ. Catherine, eſt diviſé en trois parties: le Mémoire en lui-même qui contient 138 pages; les Pieces juſtificatives de 84 pages, & *Réponſe particuliere du Défenſeur du Comte de Sanois aux inculpations perſonnelles qui lui ſont faites dans la Réponſe de M. le Comte de Courcy, dans la Lettre prétendue d'un Avocat & dans le Mémoire de Mad. la Comteſſe de Sanois,* de 66 pages. Il faut

du tems pour lire & analyſer ces importans écrits.

28 *Janvier*. Extrait d'une Lettre de Belleville du 25 Janvier. Il faut que le Gouvernement mette une grande importance à l'impreſſion abſolue des pages fatales qui le bleſſent dans l'*Almanach des Etrennes Nationales* : on a ſu qu'un particulier de ce lieu en avoit un exemplaire. Le Procureur Fiſcal ou le Bailly a reçu ordre de s'en rendre maître, mais par aſtuce & ſans éclat. En conſéquence il eſt allé avec un compere chez le propriétaire de l'Almanach : ils ont élevé entre eux une diſpute ſur un fait hiſtorique, ils ont demandé au maître de la maiſon s'il n'auroit pas un almanach ? Celui-ci leur a préſenté les *Etrennes Nationales*. Le juge les a priſes, a cherché l'endroit crouſtilleux, a déchiré les feuillets & les a jetés au feu, en lui diſant que c'étoit *par ordre ſupérieur*.

28 *Janvier* 1787. Mercredi dernier, M. le Doyen a lu au Chapitre de l'Egliſe de Paris une Lettre de M^r. l'Archevêque, s'excuſant de ne pas donner encore la réponſe cathégorique qu'il avoit promiſe ſous un certain délai au ſujet de ſon *Rituel* : il allegue les affaires que lui cauſe le choix du Roi en ſa perſonne pour l'aſſemblée des Notables, & prie le Chapitre de différer encore ſa délibération définitive juſques après cette

assemblée ; il faut espérer, au surplus, que tout se conciliera.

Le Chapitre en conséquence a renvoyé sa délibération à cette époque, en renouvellant les défenses de se servir de ce Rituel.

28 *Janvier* 1787. On voit imprimé plusieurs Listes des Notables, dont il y en a de différentes espèces & de fautives conséquemment. Dans certaines on trouve *le premier Avocat Général du Parlement de Paris*. Quelqu'un surpris demandoit à M. *Seguier* ce qui en étoit ?.... „ Rien de plus faux,
„ répondit-il : dans cette assemblée il ne
„ sera pas besoin de langue ; il ne faudra
„ que des oreilles."

Cette réponse cadre assez avec le texte de l'ouverture qu'un Caustique a tiré de l'*in exitu* : *simulacra gentium argentum & aurum : opera manuum hominum*.

On raconte à la même occasion qu'une femme qui vendoit de ces Pagodes de fayence dont s'amusent les enfans en leur faisant branler la tête, se plaignoit de ne point trouver de débit. Un passant l'entend, lui donne un écu de six livres & lui dit :
„ bonne femme, criez *Notables à vendre* ! &
„ vous verrez tout le monde accourir."
Elle suit ce conseil, chacun s'empresse ; mais un Exempt de police passe, qui trouve la plaisanterie mauvaise & veut l'arrêter. Heureusement par ses interrogations il reconnoît la bonhommie de la marchande &

lui enjoint seulement de ne plus se servir d'un pareil cri.

29 *Janvier* 1787. Dans la liste des Maires on n'en compte que vingt-trois, quoi qu'on eût parlé de 24. On assure que celui de Cognac, qui est un Négociant, devoit en être & s'est excusé de la maniere suivante par une Lettre au Roi fort singuliere & dont on prend copie :

„ SIRE,

„ J'ai reçu la Lettre dont vous m'avez
„ honoré pour me trouver à l'assemblée du
„ 29 Janvier. Je suis flatté de son choix,
„ mais je ne puis le remplir, attendu que
„ j'ai des payemens considérables à faire le
„ 30. Je vous envoye pour me remplacer
„ mon Commis, homme de sens & qui a la
„ signature. J'espere, au surplus, que
„ tout se passera bien & que nos Eaux de
„ vie & nos Farines n'en souffriront pas... "
Cette Lettre étoit incluse dans une au Baron de Breteuil, non moins originale.

29 *Janvier* 1787. Depuis huit jours on parle beaucoup de l'évasion subite d'un Mr. *Harvoin*, pere, Receveur général des finances de Tours & Trésorier de Mesdames: la Chambre des Comptes a mis le Scellé chez lui & cela ressemble beaucoup à une banqueroute : cet événement surprend d'autant plus qu'il avoit 75 ans, qu'il étoit dévôt, qu'il n'affichoit aucun faste & étoit un grand travailleur ; il avoit été employé par plu-

sieurs

sieurs Ministres & envoyé chez l'étranger pour y prendre des renseignemens sur le cadastre.

30 *Janvier* 1787. Les Notables, n'ayant point reçu de contr'ordre par écrit, quoique certains que l'assemblée ne commenceroit pas hier, jour auquel elle étoit indiquée, ne s'en sont pas moins rendus à Versailles. Ils ont été voir leur Ministre respectif & prendre langue ; ils y ont dîné, & ils ont appris décidemment que l'assemblée n'auroit lieu que le 7, tant à raison du local qui n'étoit pas disposé encore, que de la maladie de plusieurs Ministres.

Mr. *de Calonne* surtout pourroit succomber sous la fatigue & les inquiétudes d'esprit que lui cause l'approche de ce grand jour. On assure que la *lecture* seule de son Plan & des diverses parties qu'il embrasse, doit occuper quarante-huit heures de séance ; ce qui, à quatre heures de lecture par jour, remplit déjà l'espace de douze. Il est dans une agitation qui, jointe à sa vivacité naturelle, lui a occasionné la fievre. Il a fallu le rafraîchir, le baigner ; on parle même de le saigner : au reste, comme il est à Versailles, peu de gens savent son état au juste ; mais on craint qu'il n'empire par les circonstances : d'autres plus fins veulent que ce soit une maladie feinte, parce qu'il n'est pas prêt.

Cependant ses flatteurs font tout ce qu'ils

peuvent pour bien difpofer le public & peindre l'avenir en beau. C'eft ainfi que le poëte *le Brun*, l'un de ceux mis par ce Miniftre fur la lifte des bienfaits du Roi pour une fomme annuelle de 2000 livres, vient de faire imprimer *Difcours en vers à l'occafion de l'affemblée des Notables*: quoique la matiere prête peu à la poéfie; cependant M. le Brun en a tiré parti, quant à la verfification & aux images: il y a de beaux morceaux, mais des idées fauffes & une adulation exceffive; c'eft ce qui a fait dire que, quoique l'auteur fût forti depuis longtems du College, cela fentoit furieufement la penfion.

30 *Janvier* 1787. Les nouveaux Mémoires pour le Comte *de Sanois* & Me. *de la Cretelle*, produifent une nouvelle fenfation d'attendriffement fur le fort de ce malheureux époux & pere, & au contraire redoublent l'horreur pour fes perfécuteurs: on les trouve foudroyans contre eux. Tous les Bureaux Littéraires en ont été inondés & Madame *Necker* feule en a vendu quatre-vingts exemplaires à fix livres, quoique chez les Libraires ils ne foient qu'à 4 liv. 4 fols; mais elle en prévenoit les acheteurs, & leur difoit *il faut payer notre imprimeur*.

Voilà comme le dernier Reglement de M. le Garde des Sceaux eft éludé; il eft même déjà nul, car toutes les boutiques de Libraires font de nouveau chargées de Mémoires & de Requêtes.

31 *Janvier*. L'affaire du Comte *de Cagliostro* revient sur le tapis. Me. *Thilorier* a eu beaucoup de peine à trouver un Avocat aux Conseils qui voulût s'en charger ; cependant Me. *Joly*, un jeune, a signé la *Requête au Roi*, mais singulierement mutilée, au point que Me. *Thilorier* se propose de la faire imprimer chez l'étranger dans son état naturel. Celle de Me. Joly doit paroître incessamment.

31 *Janvier* 1787. L'affaire des Lettres de Change en suspens sera décidemment jugée par une Commission du Châtelet en dernier ressort, mais sous une nouvelle forme ; elle sera composée du Lieutenant Général de Police, des deux Lieutenans particuliers & des seize plus anciens Conseillers au Châtelet ; il est porté dans les Lettres patentes que ces derniers ne seront point dispensés de remplir leur service ordinaire aux différentes Colonnes dont ils seront.

Les Sieurs *Bechade* & *la Roche* sont arrivés ici le 9 de ce mois de la Haye, où ils avoient été arrêtés ; & après avoir été interrogés par le Commissaire *Chesnon*, ils ont été conduits en prison. L'instruction est commencée au Châtelet pour le Criminel ; quant au Civil, on espere que l'affaire s'accommodera avec les sacrifices que font les parens des accusés ; on a calculé que la perte ne seroit que de 22 pour cent en tout: les Porteurs ont offert aux Banquiers de partager moitié de la perte; mais ils s'y sont refusés jusques à présent.

31 *Janvier* 1787. Le Marquis *du Crest*, le nouveau Chancelier de M. le Duc d'Orléans, jaloux de rétablir la réputation de son maître, effroyablement noircie depuis quelques années, a imaginé d'engager Son Altesse à suivre l'exemple de M. *de Calonne* & à pensionner douze trompettes, dont voici les noms : Messieurs *Marmontel*, *Gaillard*, l'Abbé *de Lille*, & *de la Harpe*, de l'Académie Françoise: Messieurs *Bertholet*, *Lavoisier*, *de la Place* & *Vandermonde*, de l'Académie des Sciences: l'Abbé *de la Chaux*, de l'Académie des Inscriptions & Bibliothécaire du Prince : enfin M. M. *Bernadin de St. Pierre*, *Palissot* & *Menageot* ; ce dernier est un Peintre.

Au reste, les Pensions ne sont que de huit cens livres.

31 *Janvier*. On a joué ce soir à la comédie françoise *la fausse Inconstance*, comédie en cinq actes & en prose de Madame la Comtesse *de Beauharnois*. Quoique le public fût prévenu que la piéce étoit de cette Dame, la galanterie françoise s'est étrangement oubliée; dès le premier acte, les murmures ont commencé, & ont tellement augmenté vers le milieu du troisieme, que le Sieur *Vanhove*, qui étoit en scene avec sa

fille, s'est avancé sur le bord du théâtre & a dit: „ Messieurs, souhaitez-vous que la „ toile tombe, ou que l'on continue?" Les gens honnêtes ont crié: continuez; mais le bruit a bientôt recommencé si étrangement que les acteurs se sont retirés. Il faut convenir que ce qu'on a entendu de la piéce ne pouvoit faire regretter ce qu'on n'en a pas entendu: les acteurs eux-mêmes en avoient fort mauvaise opinion & si mauvaise qu'ils s'étoient préparés à jouer une autre piéce pour remplir la durée ordinaire du spectacle; ils ont offert *Nanine*, qui a été acceptée avec transport.

Cette catastrophe fait renouveller le bruit fâcheux que cette piéce étoit un rebut du Porte feuille de Dorat, que celui-ci avoit abandonnée à la Comtesse de Beauharnois pour satisfaire sa manie d'auteur; ce qui a donné lieu aussi à rajeunir le quolibet que cette Dame avoit perdu l'esprit à la mort de Dorat.

Le premier Février 1787. Hier l'essai du goût du public payant pour les répétitions à l'opéra n'a pas été heureux; on faisoit celle d'*Oedipe à Colonne*, tragédie lyrique en trois actes qu'on exécute aujourd'hui, & la recette est restée au dessous de 400 liv.: il n'y avoit personne. Au surplus, cette répétition n'a pas donné une haute idée de l'ouvrage; les deux premiers actes ont été reçus très froidement; le troisieme a produit plus d'effet.

Les Directeurs sembleroient craindre eux-mêmes le mécontentement du public, car ils ont affecté de joindre à cet opéra *le Premier Navigateur*, ou *le pouvoir de l'Amour*, Ballet pantomime en trois actes & fort long.

Quoique par l'Ordonnance du Roi, il dût y avoir deux répétitions payantes, il n'y en a eu qu'une, & comme elle n'a rendu que très peu, il est à présumer qu'on y renoncera.

Il est vrai que peu de gens en étoient instruits, que cette répétition n'étoit annoncée dans aucun Journal, & seulement à la porte de l'Opéra par une affiche manuscrite.

1er. *Février* 1787. Il paroît une *premiere Lettre sur l'Assemblée des Notables*. Elle est imprimée & datée du premier Janvier, mais ne se vend point & ne s'envoye que furtivement aux amis; elle est de M. l'Abbé *Brisard*, qui du moins a fait lecture du manuscrit dans la société de Madame la Comtesse *de Beauharnois* : il la désavoue aujourd'hui, l'on ne sait pourquoi, car elle ne sauroit déplaire au Gouvernement ; elle est sage, adroite, simple dans sa marche, bien déduite & remplie de détails agréables : on n'y trahit point les intérêts de la nation ; mais ils n'y sont ni défendus, ni même exposés avec l'énergie qu'exigeroit une circonstance aussi critique. L'auteur annonce devoir donner une suite, à mesure que les événemens y fourniront.

1 *Février* 1787. On parle depuis plus de quinze jours d'un crime atroce dont on attend vainement les éclaircissemens & les détails. Voici les faits en gros.

M. *de Bardy*, Auditeur de la Chambre des Comptes de Montpellier, étoit venu ici par ordre de sa mere, pour retirer de son dérangement un frere Abbé; il avoit même obtenu une Lettre de cachet pour le faire renfermer dans le cas où il ne réussiroit pas par la voye de la douceur. L'Abbé semble disposé à la résipiscence; mais il déclare avoir besoin de quelque argent pour acquitter des dettes criardes, montantes à la somme d'environ mille écus. Son frere les lui porte chez une femme avec laquelle il vivoit: celle-ci, atroce, sans doute, avoit comploté avec lui d'assassiner M. *de Bardy* l'aîné: on ne sait pas comment le crime s'est exécuté; mais tous deux ayant pris la fuite, au bout de quelques jours, on a ouvert la porte de l'appartement & l'on a trouvé le cadavre avec la tête coupée; on a remarqué quelque projet de vouloir l'enfermer dans une malle, où il n'avoit pu entrer. On est à la poursuite des coupables; mais comme l'Abbé se trouve parent proche de M. *Seguier*, on présume qu'il ne sera jamais puni légalement, & qu'après l'avoir arrêté, on le conduira dans quelque maison de force; ce qui sauvera la vie aussi à la Megere, qu'on dit la femme d'un Procureur de Lyon qu'il avoit enlevée.

Quoiqu'il en foit, l'Abbé donnoit dans le bel efprit ; il faifoit des chanfons & lifoit quelquefois des pieces de vers chez M. *Begon*, Intendant de la Marine, qui tient une petite affemblée littéraire fort ridicule, & où il va beaucoup de monde pour s'en moquer.

2 *Février* 1787. La Reine ayant honoré hier le fpectacle de fa préfence, qu'elle prend beaucoup d'intérêt à la gloire de *Sacchini*, & qu'elle a affecté d'applaudir l'opéra d'un bout à l'autre, ce qui entraînoit le public adulateur ; on ne peut encore rien ftatuer fur cet ouvrage très prôné en ce moment.

2 *Février* 1787. Depuis longtems il couroit un bruit de la déroute de M. *de Sainte James*, Tréforier général de la Marine, dont le luxe infolent préfageoit tôt ou tard fa ruine. On dit que fa Banqueroute eft déclarée d'hier, que ce n'eft pourtant qu'un embarras ; que fon actif excede de cinq millions fon paffif. On ajoute qu'il eft à la Baftille.

2 *Février*. Le Miniftre des Modes, Mlle. *Bertin*, vient auffi, dit-on, de donner fon Bilan. On le porte à près de deux millions. Dimanche dernier, étant allée à Verfailles pour travailler avec la Reine concernant fon Département, fuivant fes expreffions, Sa Majefté n'a pas voulu la voir & lui a fait

refuser l'entrée de son appartement; ce qui met le comble à sa déroute.

2 *Février*. Le bruit court depuis quelques jours que Madame la Duchesse *de Polignac* a donné sa démission de la place de Gouvernante des Enfans de France. On varie sur le motif, qu'on voudroit faire remonter jusques à une anecdote de Fontainebleau, dont on n'a fait aucune mention, parce qu'on l'avoit jugée peu importante. Il faut attendre des éclaircissemens ultérieurs.

2 *Février* 1787. Hier premier Février l'Académie françoise a procédé à l'élection du successeur de *l'Abbé de Boismont*, & comme on le savoit depuis un mois, c'est M. *de Rulhieres* qui a été nommé.

3 *Février*. D'après la lecture de la *Requête* derniere de *M^e. Linguet au Roi*, ceux qui ne connoissoient pas son impudence, s'imaginoient qu'ayant si cruellement outragé le Chef de la justice, il n'oseroit profaner encore son temple & même revenir en France. Ils ont été bien surpris, sans doute, d'apprendre qu'il étoit à Paris, & l'ont été bien davantage de le voir reparoître aujourd'hui à l'audience.

Comme les juges qui doivent par les Lettres patentes continuer de suivre l'affaire, ont changé & sont aujourd'hui de Tournelle, ils n'ont pu revenir à la Grand' Chambre qu'après les audiences, & il en a été tenu une extraordinaire à onze heures. Les Magistrats craignant l'affluence ordinaire ou plutôt extraordinaire que l'orateur avoit attirée jusques ici & devoit encore mieux attirer à cette heure, plus commode pour les femmes, les petits-maîtres, les gens de la cour &c. avoient imaginé de nouvelles précautions, afin de prévenir le désordre; il n'en a pas été besoin : soit qu'on ne sût ou ne crût pas que M⁰. Linguet dût plaider, soit qu'on se lassât de l'entendre ressasser les mêmes choses, soit que le François aime à changer de spectacle, l'assemblée n'a pas été même si nombreuse qu'aux affaires d'éclat en général.

On se flattoit que l'orateur finiroit aujourd'hui son plaidoyer & que peut-être le procès seroit jugé. Ce n'étoit pas son intention & afin d'allonger il lui a donné une nouvelle tournure & lui a fait changer de face. Il a prétendu avoir des conclusions subsidiaires à prendre contre le Duc *d'Aiguillon*, & laissant de côté le procès pécuniaire, dont il a bien senti que l'aspect ne pouvoit être favorable pour lui à un certain point, il a cherché à se rendre plus intéressant, en accusant le Duc d'Aiguillon de lui avoir fait perdre son état & son honneur par ses dépositions calomnieuses & outrageantes auprès des Députés de l'Ordre, qui ont amené sa radiation absolue. Il a prétendu que pour parvenir à la conviction, il falloit que le Duc d'Aiguillon fût de nouveau interrogé sur d'autres faits & articles qu'il a développés ; mais que son Procureur, n'osant lui prêter son ministere dans une circonstance aussi délicate, il falloit que la Cour l'y autorisât.

Le Président *d'Ormesson* s'étoit déjà levé & alloit aux voix, lorsque M^e. *de Laulne*, l'Avocat du Duc d'Aiguillon, a pris la parole & fait une remontrance.

Il a, l'Ordonnance à la main, lu l'Article concernant les interrogatoires de cette nature & a établi :

1°. Que l'Ordonnance n'autorisoit qu'une seule fois ces interrogatoires, odieux de leur nature, & qu'elle envisage même comme tels.

2°. Que cet interrogatoire ne peut même avoir lieu que lorsque les faits sont pertinens & admissibles.

3°. Qu'il ne doit retarder en rien la marche & le jugement du procès.

L'Avocat a développé assez clairement & assez solidement ces divers points : cependant ayant trop allongé sa discussion, il a donné prise quelquefois sur lui, & les partisans de M^e. Linguet en ont saisi ces instans pour le huer vigoureusement, surtout en deux circonstances ; l'une, lorsqu'il a prétendu devoir venger son Ordre des diffamations de M^e. Linguet ; l'autre, lorsque faute de s'être expliqué avec assez de netteté, il a donné à entendre que son client ne pouvoit être obligé de se deshonorer lui-même en répondant sur certains faits.

Me. Linguet s'est levé à son tour & a dit que son adversaire venoit de plaider pour lui & qu'il en adoptoit presque toutes les articulations. Cependant, comme Me. de Laulne lui objectoit une fin de non recevoir de l'Arrêt de la Cour de 1775, qui avoit prononcé contradictoirement sa radiation, il a demandé acte comme quoi il vouloit se pourvoir contre cet Arrêt par Requête civile. Au surplus, il a déclaré que si la Cour ne lui accordoit pas l'interrogatoire qu'il desiroit, il auroit recours à la voye de la plainte & de l'information.

Au bout de ces débats l'on est allé aux opinions & les Magistrats eux-mêmes ont été longtems à s'accorder; le Délibéré a duré trois quarts-d'heure: enfin il a été rendu Arrêt qui ordonne que le Procureur de Linguet sera autorisé à faire tous les actes nécessaires pour procéder à l'interrogatoire de la partie de de Laulne. Préliminaire qui a semblé d'abord le présage du triomphe de Me. Linguet; mais, à ce que prétendent les gens plus au fait des formes, n'est que la marche lente & irréguliere de la Justice. Du reste, la continuation des plaidoieries est remise à la huitaine.

3 *Février* 1787. M. de Sainte James ayant dressé son Bilan, a demandé quatre choses: 1°. d'être mis à la Bastille: 2°. des

Lettres de surséance: 3°. qu'on nommât une Commission pour la suite de ses affaires: 4°. que la Chambre des Comptes ne mît pas les scellés chez lui. Ayant obtenu tous ces Préliminaires, il est entré en prison jeudi.

On prétend toujours que son passif n'est que de vingt millions, & son actif de vingt-cinq.

3 *Février.* La querelle de M. *de Juigné* avec le Clergé du second Ordre de son Diocese & avec les Magistrats, trahit absolument son ineptie pour le Siége éminent qu'il occupe. Elle met à nud la petitesse de son génie, & la foiblesse de son caractere. A Châlons il avoit déjà donné ce Rituel en deux volumes, qui avoit excité de vives réclamations de la part des Curés; il avoit été obligé de le retirer, ou du moins d'y faire beaucoup de changemens. Il y a depuis ajouté un troisieme volume & il auroit dû se défier des nouvelles contradictions qu'il éprouve.

On attribue principalement cet ouvrage écrit en latin très pur & très élégant, au Sieur *Revers*, son Aumônier, son Bibliothécaire & son Commensal. Cependant comme tout n'est pas du même style, on juge que plusieurs mains y ont été employées.

Ce qui a trompé M. de Juigné & lui fait répugner singulierement à revenir sur ses pas, c'est que ce *Rituel* est aussi un *Pastoral*; c'est-à-dire, qu'on y traite non seulement des rites & des cérémonies, mais encore de la Doctrine: or sur celle-ci les Evêques ont seul le droit d'enseignement; ils la professent *ex cathedrâ*; ce que personne leur conteste. Mais pourquoi cette affectation, ce mélange insidieux qui n'a point été fait sans dessein?

4 *Février* 1787. En attendant que M. *de Condorcet* prononce à l'Académie des Sciences devant le public l'Eloge du Docteur *Bouvart*, on s'en entretient & l'on en raconte diverses particularités. Une qui lui fait infiniment d'honneur, c'est que, les dernieres années de sa vie, s'appercevant que la mémoire lui manquoit, il s'étoit abstenu de lui-même de pratiquer: quoiqu'il ne fût pas très vieux & qu'il parût vigoureusement constitué, le travail avoit tellement usé ses organes, qu'il étoit tombé en enfance. Il tâtoit machinalement le bras de ses fauteuils, comme le pouls d'un malade, & il composoit des consultations en conséquence. De tems en tems il demandoit à ses gens pourquoi l'on ne venoit plus le chercher? ,, Monsieur, il ,, n'y a plus de malades; vous avez guéri ,, tout le monde," lui répondoit-on, & cela le satisfaisoit.

4 *Février* 1787. *La Requête au Roi pour le Comte de Cagliostro contre le Sieur Chesnon fils, Commissaire au Châtelet, & le Sieur de Launay, Gouverneur de la Bastille*, paroit enfin imprimée & se vend même publique-

ment, malgré les défenses reçues à ce sujet. Elle se divise en différens paragraphes, qui la rendent très méthodique & très claire.

1º. Une introduction détaillée, où l'on reprend tout l'historique du procès depuis son origine jusques à ce moment. On y voit que le Parlement ayant reçu la dénonciation du Comte de Cagliostro contre ses deux adversaires, cette Cour n'a pas voulu en connoître en premiere instance; a mis, à cet égard, les parties hors de Cour, sauf au suppliant à se pourvoir contre & ainsi qu'il aviseroit bon être: de-là l'assignation donnée au Châtelet dont on a fait mention dans le tems.

Le 10 Juillet, Arrêt par lequel Sa Majesté évoque à elle & à son Conseil, de son propre mouvement, les assignations données le 21 Juin précédent: en conséquence dès le onze Août, le Comte de Cagliostro présenta sa Requête au Conseil des Dépêches, ès mains de M. *de Boisgibaut*, Maître des Requêtes, Rapporteur. Les adversaires déciderent entre eux qu'ils ne feroient rien imprimer pour leur justification; mais on leur impute de n'en avoir pas moins cherché à travailler l'opinion publique par des nouvelles à la main, des libelles anonymes & des pamphlets de toute espece. Cependant le 5 Septembre le Gouverneur de la Bastille présenta sa Requête par le ministere de Mᵉ.

Jolas; le Commissaire la sienne le 25 du même mois, par le ministere de M^e. *Badin*.

2°. *Examen de la Défense du Sieur de Launay*. M^e. *Joly*, le défenseur du Comte de Cagliostro, suit pied à pied les diverses assertions de cet adversaire; il discute ses moyens de justification & par son résumé il prétend démontré que le Gouverneur de la Bastille, dans le point de fait, a abusé de son autorité & manqué aux devoirs les plus essentiels de sa place en dix-neuf chefs qu'il articule successivement.

3°. *Examen de la Défense du Sieur Chesnon*, dans lequel l'Avocat lui adresse sept reproches différens, d'où résultent dix-neuf autres chefs d'inculpation dirigés spécialement contre ce Commissaire. Du reste, il pulvérise les conclusions fulminantes de la Requête & fait voir qu'elles n'ont pu être suggérées à M^e. Badin que par la passion trop aveugle de son client.

4°. *Développement des principes sur lesquels est fondée l'action intentée contre les Sieurs Chesnon & de Launay*. L'Avocat compare le premier à un voiturier & le second à un aubergiste, & par l'analogie de leurs fonctions il en induit qu'ils doivent être soumis aux mêmes peines prononcées par la Loi contre ces dépositaires infideles ou négligens, surtout lorsque le dépôt dont ils sont devenus responsables, est forcé.

5°. Enfin le suppliant met sous les yeux du Conseil, 1°. un Exemplaire du libelle intitulé *Derniere piéce du Collier:* 2°. un Exemplaire du libelle intitulé *ma correspondance avec Cagliostro:* 3°. un Exemplaire intitulé *Suite de ma correspondance:* 4°. le Numéro du *Courier de l'Europe,* où le Rédacteur de cette gazette convient d'avoir été sollicité par un parent du Sieur de Launay d'écrire contre le Comte de Cagliostro; & sur ces piéces, témoignage des voies indécentes, malhonnêtes & punissables qu'ont pris ses adversaires pour le diffamer & le calomnier, il s'en rapporte pleinement & entierement à la sagesse & à la justice du Roi.

5 Février 1787. Pendant le voyage de Fontainebleau dernier, le bruit courut que Madame *de Polignac* ayant instruit le Roi, avant la Reine, d'une incommodité survenue à M. le Duc *de Normandie*; la derniere en fit de vifs reproches à la Gouvernante, qui les calma en s'excusant sur ce qu'elle avoit voulu ménager la sensibilité maternelle. On fut cependant jusques à dire que Madame de Polignac, prévoyant les suites de ce mécontentement, avoit dès-lors offert sa démission, que leurs Majestés ne voulurent pas accepter. On prétend que depuis cette Dame s'étant apperçue qu'elle n'avoit pas recouvré les bonnes graces de la Reine aussi entierement qu'auparavant, a cru devoir prévenir une disgrace complette & a pris le prétexte d'aller aux eaux pour demander une seconde fois sa démission. Il paroît qu'elle n'a point été encore acceptée définitivement, & que le Roi lui a déclaré que d'un an il ne nommeroit à cette place.

Dans le fait on a peine à croire que la Reine, qui depuis nombre d'années honoroit cette Dame de sa plus grande intimité, eût pu lui retirer si promptement & si légerement sa confiance. On sait que tous les jours Sa Majesté alloit dîner & souper chez cette favorite; que par forme seulement elle se mettoit à table à côté du Roi, sans déployer même sa serviette: on se souftrait difficilement à une habitude de cette espece. Au surplus le tems, ce grand maître, nous en apprendra davantage.

5 *Février* 1787. Outre les calembours & quolibets en prose sur l'assemblée des Notables, un plaisant a fait l'espece d'épigramme suivante, qui indique l'inutilité de tous les Conseils sans un préalable nécessaire dont personne ne s'occupe.

Par ordre du Monarque au Conseil appellés
Les Notables de France étant tous assemblés,
  Quand en si noble compagnie
  Parut la sage Economie
  En disant, Messieurs, me voici!
Les Prud'hommes remplis de joye & de surprise,
S'écrierent: partons, sitôt qu'elle est admise,
  Nous n'avons plus que faire ici.

6 *Février.* Le second Mémoire du Comte *de Sanois*, destiné, comme le premier, plutôt à disposer favorablement les esprits qu'à les convaincre, est aussi moins judiciaire qu'oratoire. La partie du raisonnement n'y est pourtant pas négligée, & l'auteur prouve assez bien les deux divisions de son plan: 1°. Que tous les faits posés pour son client sont vrais: 2°. Que tous ceux avancés contre lui sont faux; mais il puise sa logique dans le cœur, plutôt que dans les oracles du barreau; ce qui faisoit dire à un homme du métier, que Me *de la Cretelle* étoit bon pour plaider à l'Académie & non au Palais. Il laisse aux autres Conseils du Comte *de Sanois* le soin de traiter la matière en Jurisconsultes, de développer dans leur Consultation les grands principes, de la hérisser de citations de loix & d'autorités capables d'en imposer aux Magistrats: pour lui, son but est de toucher le public sur le sort de son malheureux client & il réussit; car plusieurs endroits de cet écrit pathétique tirent les larmes des yeux. Ceux d'élite sont l'exorde, quelques morceaux de la discussion & la prosopopée de la fin: tous sont remplis d'onction & de mouvement.

Dans le premier, se trouve un apologue d'autant plus frappant qu'il est fondé sur une anecdote vraie: beaucoup d'Avocats & des plus fameux soupoient chez M^e. *Target*, qui tous avoient refusé de se charger de la cause de la Comtesse *de Sanois*, &c. Me *Tronçon du Coudray* seul déclare qu'il ne la trouve point malhonnête & qu'il va la prendre; on l'accable de reproches & de sarcasmes: l'un d'eux fait approcher une petite fille qu'il avoit à table : „ ma fille, lui dit-il, tu as déjà „ donné bien des chagrins à ton pere, tu lui „ en donneras peut-être davantage: dans son „ désespoir, il t'écrira une lettre sans raison: „ tu iras trouver le Lieutenant de Police „ pour l'envoyer comme fol à Charenton & „ le faire enfermer,.... Non, non, Papa, „ s'écrie l'enfant en pleurs: si l'on t'enfer- „ moit ; au contraire, j'irois en prison & „ voudrois y mourir avec toi.".... Alors se retournant vers Me *Tronçon du Coudray*: „ voilà, lui dit le pere, une condamnation „ sans replique."

Dans la discussion, Me *de la Cretelle* entre au Conseil de la Dame de Sanois, où dut se déterminer cette œuvre d'iniquité; il fait parler l'un des personnages comme auroit pu le faire tout homme désintéressé, sage & judicieux ; il fait voir qu'avec un peu de réflexion & d'induction en induction, l'énigme de la fatale lettre se feroit développée & l'on auroit trouvé la solution de l'inexplicable conduite du Comte de Sanois; on auroit du moins senti la nécessité de recourir à lui pour la recevoir pleine & entiere; enfin l'on auroit écarté avec horreur l'idée d'attenter à sa liberté & à son honneur.

Généralisant la Cause dans la péroraison, l'orateur s'éleve de nouveau contre les Lettres de cachet; il fait voir que tous les ordres de citoyens sont intéressés à la proscription de ces actes du pouvoir arbitraire; il profite de la circonstance de l'assemblée des Notables pour les inviter à se joindre aux Magistrats & à solliciter cette proscription; il apostrophe enfin le Monarque lui-même, il le conjure de se dépouiller de cette autorité despotique, trop contraire à la Constitution & aux dispositions de son propre cœur; il lui fait voir que son pouvoir, fondé uniquement sur les loix & l'amour de ses peuples, n'en sera que plus solide & plus durable. Peut-être en cet endroit auroit-il fallu une vigueur, une énergie, une sainte véhémence que l'Orateur ne pousse pas assez loin. En général, il est plus touchant que nerveux.

Entre les *Piéces Justificatives* nécessaires au soutien du Mémoire, plusieurs sont bonnes à lire, même intéressantes pour toutes sortes de lecteurs. Les plus curieuses sont celles concernant le régime de Charenton; c'est la troisieme maison de force qu'on nous fait connoître: à l'appui de son récit le Comte de Sanois joint une lettre en date du onze Janvier dernier, de M. *de Latude*, ce prisonnier d'Etat, si fameux par sa longue & horrible détention, & qui avoit fini par passer deux ans dans la prison dont il s'agit.

Me *de la Cretelle*, qui est naturellement diffus, l'est surtout en parlant de lui-même dans la troisiéme partie de ce *Factum*, où il répond aux inculpations personnelles dont on le charge; elles sont 1°. d'avoir cherché l'effet dans le récit des malheurs du Comte de Sanois, aux dépens de la vérité qui lui étoit connue : 2°. d'avoir refusé sous un faux prétexte du bien public, & pour le frivole intérêt de sa renommée, d'être l'arbitre d'une conciliation dans une famille divisée: il se défend très bien, quoique longuement, sur ces deux chefs & seme sa discussion d'anecdotes curieuses, qui la rendent moins aride & l'empêchent d'être moins ennuyeuse: il termine par jeter le gant au Comte *de Courcy*, devenu son adversaire direct; il déclare que deux voies lui sont ouvertes contre un Avocat malhonnête; prendre des conclusions personnelles contre lui, ou le déférer à ses confreres. Quant à lui *la Cretelle*, il demande justice aux Magistrats du Mémoire du Comte *de Courcy*; il s'y déclare insulté dans les fonctions de son état, par l'insulte la plus grave; il requiert en conséquence qu'il soit déclaré attentatoire à la liberté de l'Avocat, & calomnieux contre sa personne.

Il passe ensuite à une légère escarmouche contre Me Tronçon du Coudray, qu'il regarde avec raison comme le véritable auteur du Mémoire; auquel d'ailleurs il doit un coup de patte contre son agression signée dans le Mémoire de la Comtesse *de Sanois* : il n'oublie pas en dernier lieu l'Avocat *Moreau*, qui sous le voile de l'anonyme s'est mêlé dans la querelle..... Mais il faut avouer que ce n'est pas ici que brille l'orateur; il n'entend pas la plaisanterie & ne manie le sarcasme ni finement, ni adroitement. Heureusement cela ne touche pas au fond de l'affaire, qui n'en reste pas moins une des plus odieuses, des plus révoltantes, des plus punissables persécutions contre son client, dont les fastes de Thémis fassent mention ; persécution qui, pour l'exemple du public, mériteroit une vengeance éclatante.

6 Février 1787. Avant-hier tous les Notables rendus à Versailles, ainsi qu'ils en avoient reçu l'invitation, ont été présentés au Roi ; savoir : les Premiers Présidens & les Procureurs généraux des Parlemens & Cours Souveraines, ainsi que les Premiers Présidens & Procureurs généraux des Conseils Souverains de Colmar & de Perpignan, ont été présentés & nommés au Roi par le Garde des Sceaux.

Les Elus généraux, des Etats de Bourgogne, des Etats de Bretagne & de Languedoc, par le Baron de Breteuil, Ministre & Secrétaire d'Etat ayant le Département de la maison du Roi.

Les Députés des Etats d'Artois, par le Maréchal de Segur.

Les Maires des villes enſuite par le Baron de Breteuil, ainſi que les deux Secrétaires de l'aſſemblée (*Henin* & *Dupont*) par le Garde des Sceaux.

Cette Cérémonie avoit attiré un monde étonnant, tel qu'on n'en avoit pas encore vu dans le château.

Du reſte, les Miniſtres malades allant mieux, on croit que l'ouverture de l'aſſemblée pourra ſe faire la ſemaine prochaine, ſans qu'il y ait encore de jour bien fixé.

6 *Février* 1787. *Saint Preux & Julie d'Etange*, drame en trois actes & en vers, joué aujourd'hui ſur le théâtre de la comédie Italienne, eſt déjà relégué ſur le nombreux répertoire des pieces tombées. C'étoit une trop grande audace de vouloir tranſporter ſur la ſcene des perſonnages ſi bien peints & mis en action par *Rouſſeau*. Le ſtyle & la verſification non-ſeulement ne ſe reſſentent point de la chaleur de la plume de cet écrivain qui, ſuivant l'expreſſion de Voltaire, brûle le papier; mais ſont déteſtables. L'auteur garde *l'incognito* avec raiſon.

7 *Février.* On deſire avec impatience les Oeuvres Poſthumes du Roi de Pruſſe, ſurtout celles ſur la Politique & l'Hiſtoire. En attendant il nous eſt parvenu imprimé des vers de ce Monarque, compoſés peu d'années avant ſa mort & qu'on ne connoiſſoit abſolument point: ils ſont ſinguliers & pour la forme & pour le fond. L'auteur y verſifie

&

& raisonne en Roi. Comme la piece n'est pas longue, on va la rapporter en entier. C'est *sur l'existence de Dieu.*

Undè ? Ubi ? Quo ?

D'où viens-je ? où suis-je ? où vais-je ?
Je n'en sais rien. Montagne dit : que sais-je ?
Et sur ce point, tout Docteur consulté,
En peut bien dire autant sans vanité.
Mais, après tout, pourquoi donc le sçaurois-je,
Moi, qui d'hier, dans l'Univers jetté,
Ne suis rien moins qu'un être nécessaire :
Cet être existe, a toujours existé.
Il en faut un, soit esprit, soit matiere,
Et ce point-là par nul n'est contesté.
Or moi chétif être très limité,
Que tout étonne & convainc d'ignorance,
Malgré cela, je sens, je veux, je pense,
Je me propose un but en agissant.

Voudriez-vous que l'Etre Tout-puissant,
Auteur de tout & de mon existence,
N'eût aucun but, aucune volonté,
Tandis qu'il m'a donné l'intelligence ?
Qu'il n'eût eu point, lui qui m'en a doté ?
Mais, dites-vous, & la peste & la guerre,
Les maux divers, physiques & moraux,
La faim, la soif, & la goutte & la pierre,
Du genre humain sont souvent les bourreaux :
Les ouragans, la grêle, le tonnerre,

Mille poisons, les affreux tremblemens,
Les tourbillons, les typhons, les volcans,
Tous ces fléaux qui défolent la terre,
Sont-ce les dons d'un pere à ses enfans?

Loin d'accuser la Divine Sagesse,
De ton esprit reconnois la foiblesse,
Homme superbe, atome révolté!
Le Tout-puissant posa cette barriere
Pour contenir ta curiosité.
Peut-être il veut par cette obscurité,
Humilier cette raison trop fiere
D'avoir suivi quelque trait de lumiere,
Qui lui montra par fois la vérité.
Mais il manquoit à ta félicité
Qu'il dévoilât à ta foible paupiere
De l'univers la théorie entiere,
Et pour te faire approuver ses decrets,
Dieu t'auroit dû révéler ses secrets!

D'où vient le mal? Eh! plus je l'examine,
Et moins je vois quelle est son origine;
Que s'ensuit-il? sinon que mon esprit
Est dans sa sphere, étroit & circonscrit.
Mais supposer qu'une aveugle matiere
De tout effet est la cause premiere,
A ma raison repugne & contredit:
Ici l'absurde, & là l'inexplicable;
Par deux écueils je me vois arrêté;
Il faut opter: l'absurde est incroyable,
Je m'en tiens donc à la difficulté
En vous laissant à vous l'absurdité.

7 Février 1787. Tandis que l'affaire des trois Roués & celle de M. *Dupaty* font en fufpens au Confeil qui cependant doit bientôt les juger, il fe gliffe de tems en tems dans le public des pamphlets piquans fur cette matiere, très propres à entretenir la fermentation. Tel eft celui dont l'objet, le genre & la maniere s'annoncent dès le titre: *Effai fur quelques changemens qu'on pourroit faire dès à préfent dans les Loix Criminelles de France; par un honnête homme qui, depuis qu'il connoît ces Loix, n'eft pas bien fûr de n'être pas pendu un jour.*

7 Février. En attendant les grandes réformes qu'on efpere voir fe faire à la Cour fur les repréfentations & l'examen des Notables, la Reine s'eft exécutée elle-même fur l'article du jeu; elle a renvoyé les *Chalabre*, les *Travanecs*, les *Dudreneucs* & tous ces vampires qui fuçoient perpétuellement la fortune des courtifans & même celle des Princes. Sa Majefté ne joue plus qu'aux douze francs au trictrac, & aux quatre louis le tableau au *lotto*.

Meffieurs *de Belzunce*, *Vaudreuil* & *de Talmont*, ayant contrevenu à l'exemple de la Souveraine à cet égard, & le dernier ayant perdu une fomme énorme contre les deux premiers, malgré les défenfes, à un des Bals de la Reine, ont été tous trois renvoyés & exilés par le Roi à leurs régimens.

7 Février 1787. Les calembours fe multi-

plient à mesure que les Séances de l'assemblée des Notables se retardent. On parle du Maire d'Orléans qui se nomme *Bonvalet*; on dit qu'ayant témoigné à l'Evêque de cette ville son embarras du rôle qu'il joueroit en ce lieu….. „ Bon! bon! lui répond le Pré-
„ lat: vous y serez fort à votre aise, en
„ famille, parmi tous les bons valets de
„ Versailles."

On dit qu'il n'y aura bientôt plus d'opéra à Paris, ou plutôt que l'opéra va se transporter à Versailles, parce que toutes les machines y seront.

8 *Février*. Le nouveau pamphlet qu'on répand dans ce moment-ci, non sans dessein, est très court & ne contient que quelques Paragraphes: *sur les changemens à faire dans la procédure, sur d'autres changemens à faire dans la procédure, sur les changemens à faire dans le Code Pénal, sur les changemens dans la forme & dans l'exécution des Jugemens*, &c. Malgré la bizarrerie des idées de l'auteur, elles pourroient être utiles: malheureusement le ton qu'il employe doit le faire tenir en garde contre ses intentions. Ses réflexions sont imprégnées d'un mordant philosophique qui caractérise moins un ardent ami de l'humanité qu'un violent détracteur de la magistrature. C'est ce qu'on juge encore mieux aux notes virulentes dont il a chargé son ouvrage, notes où il vomit à pleine bouche le fiel dont il est gorgé. En un mot, il est

clair que ce pamphlet vient du parti de M. *Dupaty* & le style est dans le genre de celui du Marquis *de Condorcet*, aujourd'hui son neveu.

La bassesse avec laquelle l'écrivain adule le Conseil & les Ministres est un autre reproche qu'on lui doit faire. Ces louanges intéressées décelent trop ouvertement son dessein de rendre ce tribunal favorable à la cause qu'il a embrassée.

Son fanatisme dans son genre se manifeste enfin par l'*affectation de reprocher* au Parlement l'indulgence dont il a usé envers M. *le Maître*: cet homme si impartial, si juste, si humain, lui donne ici de son autorité une qualification atroce ; il le déclare libelliste de profession ; il s'embarrasse peu, si les juges ont trouvé des preuves suffisantes contre cet accusé ; il voudroit qu'à bon compte & provisoirement on l'eût toujours condamné : enfin, comptant pour rien sa détention, les vexations arbitraires exercées envers M. le Maître & sa famille, il ne le trouve pas suffisamment puni ; & lui, qui voudroit sauver la peine de mort aux voleurs avec effraction, aux homicides volontaires, s'indigne, ce semble, qu'on ne l'ait pas infligée à un Ecrivain qui a osé critiquer l'administration des Ministres. Mais si M. le Maître, en le supposant auteur des pamphlets qu'il a désavoués, est un libelliste & mérite une punition exemplaire ; qu'est-ce qu'est le Marquis de Condorcet, qui outrage auſſi cruellement, auſſi volontairement, auſſi perſévéramment les Juges & le Parlement?

En vérité à la lecture de tous ces ouvrages de parti, on ne peut que s'écrier avec Juvenal: *O cœcas hominum mentes! ô pectora cœca!*

8 *Février* 1787. On parle d'un ſecond Greffier ou Secrétaire pour tenir la plume dans l'aſſemblée des Notables: c'eſt M. *Dupont*, appellé vulgairement *l'ami Dupont*. Il eſt aujourd'hui, ainſi qu'on l'a dit dans le tems, attaché au Contrôleur Général, & M. *de Calonne* eſt bien aiſe de placer-là un homme à lui; comme a fait le Comte *de Vergennes*, en la perſonne de M. *Henin*.

8 *Février* 1787. Le Comte *de Sanois*, dont l'activité infatigable n'abandonne aucune partie de ſa défenſe, répand encore *Supplément aux Pieces Juſtificatives pour le Comte de Sanois*. Mᵉ. *de la Cretelle* ayant refuſé, on ne ſait pourquoi, d'inſérer ces piéces dans les premieres, elles ont eu beſoin de la ſignature d'un autre Avocat pour paſſe-port: celui-ci eſt Mᵉ. *Panis*.

L'objet de ces nouvelles pieces eſt de répondre invinciblement aux reproches faits par ſes adverſaires au Comte de Sanois, d'avoir eu de mauvais procédés envers ſon frere *de Ponhy*, de l'avoir vexé dans les tribunaux, d'avoir obtenu contre lui une Lettre de cachet & de le retenir en exil depuis nombre d'années.

Sans entrer dans les détails de cette discussion, le résultat est que le Comte de Sanois, loin d'avoir envahi le bien de son frere, l'a secouru du sien propre; qu'il a gagné contre lui dans tous les Tribunaux les procès que ce chicaneur lui a suscités; que ce frere faisant dans Paris le métier de mendiant & de vagabond, toute sa famille a jugé nécessaire de prévenir la détention dont il étoit susceptible d'après la Déclaration du Roi rendue nouvellement à cet effet, & de le renvoyer en Bretagne, sa patrie, où il seroit alimenté aux dépens de son frere qui consentoit à lui faire une pension à cette condition; lui offrant au surplus d'aller se défendre devant les tribunaux naturels de l'un & de l'autre, si M. *de Ponhy*, après avoir succombé devant les autres, vouloit lui intenter une autre action.

L'autre piéce essentielle est une Consultation de six Avocats de Beauvais, en date du 25 Novembre 1786, qui s'accordent à convenir que si la Dame de Sanois est également reconnue coupable, d'avoir porté le mépris de l'autorité maritale, & même l'inhumanité aussi loin qu'on lui impute de l'avoir fait, le Comte de Sanois est fondé sans contredit à demander qu'elle soit punie par la peine de la *Reclusion*.

Ces Avocats déclarent aussi que le Comte & la Comtesse de Courcy, s'ils ont participé aux excès imputés à la Comtesse de

Sanois, ont pareillement encouru une peine, sur laquelle ils ont délibéré dans une Consultation séparée, qui n'est point jointe à celle-ci, on ne sait encore pourquoi.

9 *Février* 1787. *Le Comte d'Albert*, comédie nouvelle en deux actes, en prose & en ariettes, & la Suite en un acte & ariettes, ont été joués hier aux Italiens, où ils avoient attiré beaucoup de monde. Le succès de cet ouvrage bizarre & mal accueilli à Fontainebleau, a été fort équivoque.

9 *Février* 1787. Pour derniere piece, quant à présent, le Comte *de Sanois* distribue une *Consultation* en date du 4 Février, souscrite de plusieurs Jurisconsultes, dont l'objet est de conclure à différentes demandes contre sa femme & surtout à sa *Reclusion*.

Cette Consultation de M^e. *Fournel* est un chef-d'œuvre pour la force & la clarté de la dialectique, pour la précision des idées, pour la briéveté du résumé, pour l'énergie du style : sans doute elle n'auroit pu avoir lieu sans les deux énormes *Factums* de M^e. *de la Cretelle*, dont elle n'est que la quintessence; mais elle leur est infiniment supérieure, & en 26 pages en dit plus que ces deux *in folio*.

9 *Février* 1787. Une courtisanne nommée Mad^e. *de Bonneuil* est celle qui fixe aujourd'hui le plus l'attention du public à raison d'une espiéglerie qu'elle vient de faire à Mlle. *Renard*, à qui elle a enlevé son amant, M. *de Sartines*, le fils du Ministre, aujourd'hui

d'hui un des plus riches entreteneurs de Paris. Le détail des manœuvres peu honnêtes qu'elle a employées pour réuſſir eſt inutile. Ce qui fixe l'attention, c'eſt la maniere dont elle a conſigné ſon triomphe ſur une voiture magnifique deſtinée pour ſa rivale & qu'elle s'eſt appropriée : elle y a fait mettre des armes parlantes. Elle a voulu qu'on repréſentât ſur l'écuſſon un Renard éventré, ſurmonté d'un œil couronné. On eſpere que le public jouira de la vue de ce blaſon allégorique à la promenade de Longchamp, pour laquelle elle réſerve ſans doute ce char élégant.

10 *Février* 1787. Comme tout eſt important dans les formules employées pour l'Aſſemblée des Notables qui ſe prépare, voici les propres termes de la Lettre de Cachet adreſſée à chacun des Membres, non Maires.

M. Ayant réſolu d'aſſembler des perſonnes de diverſes conditions & des plus qualifiées de mon Etat, afin de leur communiquer mes vues pour le ſoulagement de mes peuples, l'ordre de mes finances & la réformation de pluſieurs abus, j'ai jugé à propos de vous y appeller.

Je vous fais cette Lettre pour vous dire que j'ai fixé ladite aſſemblée au 29 du mois de Janvier 1787 à Verſailles, & que mon intention eſt que vous vous y trouviez ledit jour de ſon ouverture, pour y aſſiſter & entendre ce qui ſera propoſé de ma part.

Je suis assuré que je trouverai en vous le secours que je dois en attendre pour le bien de mon Royaume, qui en est l'objet. Sur ce je prie Dieu qu'il vous ait en sa Sainte Garde. A Versailles ce 29 Décembre 1786.

10 *Février* 1787. *Etrennes à M. S.* (Seguier) ou *Pensées d'un homme sur un Ouvrage nouveau.* Ce pamphlet est une espece de réfutation amere & mordante du Requisitoire de M. *Seguier* contre le Mémoire de M. *Dupaty.* On conçoit qu'en ce genre d'escrime il est fort aisé d'avoir raison, quand on parle seul; qu'on décompose, qu'on mutile, qu'on isole, comme l'on veut, les passages de son adversaire. On reconnoît dans cet écrit le même acharnement, le même fanatisme philosophique, la même horreur de la Magistrature & des Loix, qui regnent dans tous ceux répandus en profusion depuis la trop célebre querelle élevée au sujet des trois malheureux condamnés à la roue.

10 *Février* 1787. Messieurs du Parlement qui prévoient que l'Etat Civil à rendre aux Protestans, question agitée depuis longtems, pourroit être un des points de discussion de l'assemblée des Notables, dont la conclusion ne peut que tourner favorablement pour les persécutés d'après les préliminaires de Fontainebleau; pour n'avoir pas l'air d'être tout-à-fait inutiles, ont jugé à propos de prévenir l'événement & de porter au Monarque leur vœu sur cet objet. En conséquence, hier,

les Chambres assemblées, M. *Robert de Saint Vincent* a lu un excellent Mémoire à ce sujet, & son avis a passé sans difficulté unanimement. On n'a varié que sur la forme à donner à l'Arrêté, & sur la maniere de le porter au Roi. Enfin, l'on est convenu de charger M. le Premier Président de rappeler à Sa Majesté que son Parlement en 1778 avoit déjà eu l'honneur de lui faire des instances à cette occasion, qu'elle avoit bien voulu recevoir avec bonté; mais qu'elle avoit décidé que le moment n'étoit pas encore venu: d'ajouter que son Parlement n'en voyoit point de plus heureux que celui-ci, & qu'il supplioit le Roi de peser dans sa sagesse les raisons qui militent aujourd'hui pour un retour aussi désiré.

Ensuite un de Messieurs a dénoncé deux nouveaux pamphlets dans l'affaire de M. Dupaty; l'*Essai sur quelques changemens*, &c. dont on a rendu compte précédemment, & les *Etrennes de M. S***. On a dit assez généralement dans l'assemblée que ces productions infernales sous les grands mots de patriotisme, de tolérance, d'humanité, étoient de M. le Marquis *de Condorcet*, qu'il les avouoit dans les sociétés & s'en faisoit gloire.

Quoi qu'il en soit, arrêté que les deux écrits seroient remis aux mains des Gens du Roi pour les examiner & en dire leur avis.

Les Gens du Roi mandés & instruits de l'objet de la délibération & de leur mission,

M. Seguier a supplié la Cour de le dispenser de cet examen auquel il étoit intéressé. En conséquence ce sera M. *de Fleury* probablement qui portera la parole, lorsqu'il s'agira de rendre compte de ces pamphlets.

11 *Février* 1787. A mesure que l'ouverture de l'assemblée des Notables se prolonge, les plaisanteries redoublent & les pamphlets éclosent. En voici un dont l'objet est de persiffler un grand nombre de personnages sous prétexte de les mettre à la tête des différentes parties de l'administration. C'est l'auteur qui va parler sur le ton d'un Journaliste.

,, De tous les projets que la prochaine assemblée des Notables fait éclore, nous en distinguerons un seul, à cause de sa bizarrerie. Les copies en étant extrêmement rares & trop volumineuses pour trouver ici place, nous en donnerons un Extrait qui tiendra lieu de l'ouvrage même. Nous croyons devoir prévenir que nous n'avons regardé ce projet que comme une plaisanterie.

L'Auteur, après avoir démontré la nécessité d'un changement dans l'amélioration de la chose publique, invite Sa Majesté à appeller à la place de premier Ministre, M. le Comte *de Mirabeau* (1); au Département des Affaires Etrangeres, M. *Linguet* (2); au

---

(1) Voyez ses nouveaux écrits sur l'administration.
(2) Lisez son Ouvrage sur la Liberté de l'Escaut.

Département de Paris, M. le Vicomte *de Choiseul-Meuze* (3) ; à celui de la Marine, avec la charge d'Inspecteur & d'Interprete des Signaux, M. le Comte *de Genlis* (4) ; au gouvernement & à la police intérieure du jardin des Tuilleries, M. le Marquis *de Villette* (5).

L'auteur propose en outre de donner les Sceaux à M. *Dupaty*, (6) qui aura pour adjoint M. *Duval d'Espremenil* (7) & pour Chef du Conseil, M. le Marquis *de Condorcet* (8).

L'auteur propose de faire revivre la Charge de Surintendant des finances pour le Prince *de Guemené* (9), qui prendroit le Baron *de Clugny* (10) pour adjoint.

De donner à M. le Cardinal *de Rohan* (11) la feuille des Bénéfices, la Caisse des Economats, celle des Quinze-Vingts & toutes les Caisses possibles.

De confier l'Education des Enfans de

―――――――――――――――――――――
(3) Se mêle beaucoup du Tripot de l'Opéra.
(4) Cruelle Anecdote relative au combat d'Ouessant.
(5) Fameux B..... Les Tuilleries sont le théâtre de ces Messieurs.
(6) Voyez ses *Factums* contre notre Code Criminel.
(7) Il se mêle beaucoup de Législation aussi.
(8) Voyez ses brochures contre le Parlement.
(9) Fameux banqueroutier.
(10) Il est aussi fort dérangé.
(11) Chacun connoît l'inconduite de cette Eminence dévergondée.

France à Madame la Comtesse *de Genlis* (12); la Surintendance des bâtimens au Duc *Jules* (13); la direction générale de toutes les constructions navales au Marquis *du Crest* (14); celle de l'agiotage des petits Spectacles, avec le gouvernement général de toutes les maisons de correction & le gouvernement spécial de Saint Lazare, à M. *de Beaumarchais* (15); & enfin de créer une Charge de *Grand-Pillulier* de France pour le Docteur *Scheffer* (16).

L'auteur assure Sa Majesté que si elle daigne agréer ce plan, son Royaume sera changé dans quinze jours au point qu'elle n'y reconnoîtra plus rien.

11 *Février* 1787. On peut se rappeler un volumineux *Factum* que Me. *Linguet* publia, il y a près de trois ans, contre le Sieur *le Quesne* son Correspondant. Par ce Mémoire adressé seulement aux Magistrats du Châtelet, il annonçoit sa répétition de cent mille francs & plus à la charge de ce Correspondant qu'il maltraitoit fort. C'est cette ancienne action intentée que Me. Linguet parle de renouveller aujourd'hui.

―――――――――――――――

(12) Pédante qui a pris le titre de Gouverneur des Enfans de M. le Duc d'Orléans.

(13) Qui auroit grande envie de supplanter M. *d'Angiviller.*

(14) Se mêle de constructions, mais sans succès.

(15) Tout le monde connoît ce personnage.

(16) Médecin *Arcaniste*, à secrets.

Le Sieur le Quesne, dont le silence, depuis l'apparition de ce *Factum*, faisoit présumer à beaucoup de gens que sa conduite n'étoit pas nette en effet, a pris enfin le parti de se justifier d'abord devant le public, & l'on annonce un Mémoire de sa part en réponse à celui de son adversaire, très bien fait au gré de ceux qui l'ont lu & où il s'explique en détail d'une maniere claire & satisfaisante sur sa gestion.

Du reste, il en promet un second plus intéressant, puisqu'il doit concerner les reproches de trahison, d'espionnage, de délation, de surprise & autres plus infâmes que lui adresse Me. Linguet depuis sa sortie de la Bastille.

11 *Février* 1787. Hier Me. *Linguet* a plaidé pour la cinquieme fois: le public qui, la derniere avoit semblé se refroidir à son égard; celle-ci est revenu plus en foule, surtout les femmes; des chapeaux, des redingotes, des pierrots: mais le personnage le plus remarquable étoit le Sieur *de Beaumarchais*, qui avoit déjà paru à l'audience précédente. Il étoit dans une lanterne, où il se pavanoit & par sa présence sembloit exciter son collegue en méchanceté & en impudence; car on assure que ces deux rivaux se sont réunis aujourd'hui.

Me. Linguet a commencé par se targuer de l'Arrêt rendu en sa faveur. Il a déclaré que le Duc *d'Aiguillon* avoit subi son interrogatoire & que la force de la vérité avoit arraché de fa bouche deux aveux bien précieux; 1º. que deux Avocats, fe difant Députés de l'Ordre, étoient en effet venus chez lui pour en tirer des réponfes qui puffent fervir de griefs contre l'accufé & de prétexte à fa radiation : 2º. qu'il avoit en effet produit des Lettres de Mª. Linguet, Lettres fecrettes & qui ne devoient jamais être publiques; mais fans intention de nuire à cet Avocat. Après s'être félicité de cette découverte dûe à la bienveillance des Magiftrats devenus enfin acceffibles pour lui, il a dit que la procédure diffiperoit bientôt quelques nuages qui reftoient encore fur cette partie de fa défenfe, & il eft revenu fur la premiere qu'on croyoit terminée.

Mᵉ. Linguet s'eft attaché principalement à prévenir la fin de non recevoir que pourroit lui oppofer fon client. En réfumant tout ce qu'il avoit dit là-deffus, il a prétendu: 1º. que n'étant plus Avocat par l'inftigation du Duc d'Aiguillon, il n'étoit plus obligé de fe foumettre à la difcipline de l'Ordre & ce feroit une inconféquence révoltante de la part du Duc de vouloir l'y ramener.

2º. Que fût-il encore Avocat, ce feroit à l'Ordre à le réprimander, à le punir de ne s'être pas conformé à la difcipline; mais qu'elle ne fourniffoit aucun titre au client.

3º. Que cette discipline d'ailleurs étoit attribuée uniquement à l'Ordre des Avocats de Paris ; que partout ailleurs ils repétoient sans scrupule leurs honoraires devant les tribunaux, & que ceux-ci étoient obligés de leur rendre justice en vertu d'une loi spéciale à cet égard.

4º. Que cette loi n'étoit pas inconnue même au Parlement de Paris, & M^e. Linguet a cité deux Arrêts de cette Cour que, malgré la différence des espèces, il a, par le prestige de son éloquence, plus que de sa logique, cherché à rapprocher de la sienne & à l'y assimiler.

Ce moderne *Catilina*, toujours furieux contre l'Ordre & ayant le projet constant de le renverser, s'il est possible, a révélé, à cette occasion, le secret prétendu de l'Ordre ; les deux principes lui servant de base, dont l'un tend à en imposer au public par une honnêteté, une pureté, une délicatesse qui ne sont qu'une charlatanerie ; & l'autre est, au contraire, une violation de toute honnêteté, de toute regle, de tout ordre, de toute sûreté publique : il consiste à ne donner jamais aux parties des reçus de leurs piéces, même les plus importantes, les plus essentielles ; correctif du premier suivant lequel un Avocat se soumet à ne répéter jamais d'honoraires devant les Juges ; bien sûr de se faire justice lui-même, en ne rendant un dépôt aussi précieux qu'après avoir été satisfait à son gré. Il faut regarder cette partie du plaidoyer de l'Orateur, la plus travaillée, la plus malignement combinée, comme une diffamation véritable du Corps capable d'adopter une pareille morale; & l'Ordre est d'une lâcheté digne des outrages qu'il reçoit, s'il ne demande pas vengeance à la justice d'une imputation aussi gratuite & aussi atroce.

Me. Linguet donc bien certain de la justice de son action, n'avoit plus qu'à établir son Compte de travaux & de recette. Quant à celle-ci, il prétend toujours n'avoir reçu que quatre cens Louis du Duc d'Aiguillon, qui offre d'affirmer de lui en avoir envoyé 500; & ce serment, son adversaire exige au contraire qu'il soit déféré à lui seul, (*Linguet*). Du reste, au sujet de cette différence, il a raconté une anecdote, autre diffamation contre un Sieur *Renaud*, Intendant du Duc, qui étoit également en droit d'en demander réparation à Me. Linguet, s'il ne peut prouver les faits articulés; dont l'essentiel consiste en une convention tacite entre les Conseils du Duc d'Aiguillon & cet Intendant, de lui rendre la moitié des honoraires qu'ils reçoivent.

Ici s'est arrêté l'Orateur qui a été peu applaudi, quelquefois sifflé & a ennuyé beaucoup de ses auditeurs regoûtés de tout ce bavardage absolument intolérable, sans la méchanceté qui en fait l'ame.

L'Audience est remise à la huitaine.

On n'a point dit si les Poissardes étoient venues, comme le samedi précédent, accueillir, féliciter & embrasser M^e. Linguet.

12 *Février* 1787. Extrait d'une Lettre de l'Isle de France du 3 Septembre 1786.... Nous sommes enfin débarrassés de l'avanturier *Beniowski* qui, comme vous l'avez appris par mes derniers Lettres, nous donnoit ici beaucoup d'inquiétudes & de craintes pour notre commerce à Madagascar : il s'y étoit fait Roi & nous avoit aliéné la plus grande partie des Noirs. — On avoit pris le parti d'envoyer à cette Isle, dans la saison favorable, un bâtiment chargé d'un piquet de vingt-cinq hommes de troupes. Beniowski, quand il a vu cette goëlette, s'est flatté de s'en emparer, & c'est ce qu'il desiroit depuis longtems : il l'a donc laissé aborder ; mais son étonnement a été grand de trouver des soldats, au lieu de matelots ; il y a eu un petit combat, dans lequel il a été tué. Sa royale dépouille consistoit en un exemplaire de l'Encyclopédie d'Yverdun, une fort bonne longue vue, & quelques armes. Son camp étoit assez bien retranché. La nouvelle de sa mort nous a causé une grande joie.

Une autre nouvelle de cette isle, bien importante aussi, c'est la protection des François que réclame le Roi de la Cochinchine, détrôné par un compétiteur: par le conseil d'un *Ex-Jésuite*, Evêque d'Oran & Gouverneur de son fils, il nous promet les plus grands avantages pour notre commerce, si nous voulons le soutenir & le remettre sur le trône. Il envoye en ôtage ce même fils, encore enfant, & cet ôtage doit partir pour l'Orient avec ma Lettre, sur le même bâtiment..... On a toujours envoyé une garde de vingt-cinq hommes de la garnison de Pondichery au Monarque détrôné......

12 *Février* 1787. Dans un court Avertissement en tête des *Etrennes à M. S***,* il se trouve un Dialogue des plus méchans entre l'Auteur & un Libraire, qui se chargeroit volontiers d'imprimer tout ce qu'on lui apporteroit contre la religion, les mœurs ou le gouvernement même; mais n'ose se charger d'un ouvrage destiné à combattre le Requisitoire de M. *Seguier*, attendu que ses espions sont répandus partout; il ajoute que ce Magistrat se ruine à les soudoyer & que ses *Conclusions vont rencherir d'un tiers*. Quelle horrible accusation!

12 *Février* 1787. On voit enfin dans le public, le *Mémoire pour les porteurs unis des Lettres de Change acceptées,* &c. contre les Sieurs *Tourton & Ravel & Galet de Santerre*. Il est composé par Me. *de Seize*, qui aux études d'un Jurisconsulte joint les connoissances acquises concernant le Commerce, étant né à Bordeaux & y ayant séjourné jusques à présent. Aussi trai-

te-t-il la matiére à fond. Il prouve invinciblement que cette affaire très importante n'en est pas moins très simple & n'auroit pas dû faire une question. Ce Mémoire clair, instructif, méthodique, d'une logique pressante & victorieuse, malgré la séchéresse du sujet, offre pourtant quelques morceaux oratoires, mais dans le genre de la chose & sans aucune affectation d'esprit ou d'éloquence déplacées.

Le résultat est que, d'après les principes, les regles & l'intérêt du Commerce, les accepteurs devroient payer les Lettres de Change, quand même ils n'auroient pas provoqué en quelque sorte la fraude, par leur négligence: à plus forte raison dans le cas présent, où ils ne peuvent se dissimuler d'être susceptibles de beaucoup de reproches.

Ce Mémoire est appuyé d'une Consultation du 7 Février, signée de six Jurisconsultes du même avis.

12 *Février* 1787. La Chambre des Comptes n'a pas manqué de faire des Représentations au Roi, au sujet de l'interdiction qui lui a été faite de mettre le scellé chez M. *de Sainte-James*: vendredi les gens du Roi ont rendu compte aux semestres assemblés que M. le Garde des Sceaux avoit dit qu'il prendroit les ordres du Roi & feroit savoir à la Compagnie le jour, le lieu & l'heure où il plairoit à Sa Majesté de recevoir la Députation de sa Chambre des Comptes.

13 *Février* 1787. Sous la Régence un

Comte *d'Albert* fut condamné à périr fur un échaffaud pour avoir contrevenu aux loix qui défendent le duel; mais il s'échappa de fa prifon par un ftratagême fort ingénieux: paffé au fervice de l'Empereur, il changea de nom & *revint en France* comme Ambaffadeur de ce Prince. Tel eft le fondement du drame de M. *Sedaine*, qui n'a adopté que le fait de la condamnation & de l'évafion du coupable, mais par un moyen beaucoup moins naturel & moins plaifant.

Au premier acte, des huiffiers, leurs records & leurs efpions fe félicitent du retour du Comte & fe promettent bien de l'appréhender. Suivent plufieurs fcenes dolentes de la part des Enfans du Comte, de leur Gouvernante, de la Comteffe; tous ces perfonnages difparoiffent, & un porte-faix vient égayer la fcène, qui fe paffe devant l'hôtel du Comte. Il dépofe fon fardeau & prend du tabac en chantant un Pont-neuf de différens couplets, où il paffe en revue les travers de toute efpèce d'hommes & de femmes & dont le refrein eft qu'il prife ceux qui en font atteints moins qu'une prife de tabac. Il veut continuer fa route & reprend fa charge: dans fa marche il fe trouve embarraffé par un militaire, qui le fait tomber & tombe auffi. L'officier mécontent veut battre le malheureux porte-faix: celui-ci s'excufe & alloit recevoir une volée de coups de bâton, lorfqu'un inconnu, enveloppé d'un manteau, se présente, vient mettre le holà, prêche l'humanité à l'officier peu disposé à l'écouter. Heureusement il en survient un autre qui l'arrête, en lui apprenant que cet inconnu est le Comte d'Albert, son Colonel: le calme renaît entre tous les Personnages le porte-faix est émerveillé de l'intérêt qu'un si grand Seigneur a bien voulu prendre à lui; morale à ce sujet: le Comte, & l'officier qui menaçoit de tuer le pauvre diable, finissent par l'aider à se recharger; *il ne sait comment reconnoître tant de bontés; il ne peut que prier Dieu pour eux:* le Comte lui répond qu'il songe à lui-même qui est assez embarrassé: chacun s'en va; comme le Comte est sur le point d'entrer chez lui, les espions qui le guettent, prennent main forte & l'arrêtent.

Le Comte est en prison, au second acte: il gémit sur son sort; on lui apporte à manger; il refuse toute nourriture; un guichetier qui accompagnoit son chef, reconnoît la voix du Comte, lui fait des signes & s'en retourne. Scenes touchantes entre le prisonnier & son ami, entre lui & sa femme. Elle lui déclare qu'il n'y a plus de grace à espérer; elle n'a qu'un moyen de le soustraire au supplice; elle lui offre de se tuer conjointement avec lui: il juge le parti trop extrême de la part de la Comtesse; il l'exhorte à se conserver pour leurs Enfans: pendant ces débats de tendresse, survient le porte-faix qui se trouve être le garçon guichetier; il dit au Comte qu'il veut le délivrer, il lui fait prendre ſes habits & lui fournit tous les moyens, tous les renſeignemens néceſſaires pour ſa fuite. Il reſte avec la Comteſſe & quand il eſt bien certain que le priſonnier eſt ſauvé; il dit à la Comteſſe de le garotter, de lui mettre le coûteau ſur la gorge, afin de perſuader qu'il a été forcé à ce qu'il a fait: quand cette farce eſt bien préparée, il crie comme un beau diable: il arrive des ſecours; on le délivre lui-même, mais on ne peut le punir.

La Suite d'*Albert* conſiſte en des fêtes de village dans ſes terres en Flandre, où il ſe refugie & fait des mariages, entre autres de la fille de ſon baillif avec ſon guichetier.

13 *Février* 1787. Les colporteurs annoncent une brochure imprimée à Francfort & dont il n'y a que peu d'exemplaires arrivés en cette capitale. Cette brochure jete le plus grand jour ſur la conteſtation qui s'eſt élevée entre les Princes Eccléſiaſtiques d'Allemagne & la Cour de Rome. Elle a pour titre: *Réſultat du Congrès d'Ems*, & contient quatre piéces remarquables.

1º. La Lettre que l'Empereur adreſſa le 12 Octobre 1785 aux Archevêques de *Mayence*, de *Treves*, de *Cologne* & de *Saltzbourg*, pour les exhorter à ſe maintenir en poſſeſſion de leurs droits métropolitains & diocéſains & à ſe prémunir contre toutes les atteintes

que

que le Pape ou ses Nonces voudroient y porter dans la suite.

2°. Le recueil des articles arrêtés à Ems le 25 Août dernier entre les Députés des susdits Archevêques, dans lesquels en énonçant tous les griefs contre les usurpations de la Cour de Rome, ils font connoître les droits primitifs attachés à l'Episcopat, & dans l'exercice desquels ils sont résolus de se maintenir.

3°. La Lettre que les quatre Archevêques ont adressé conjointement à l'Empereur, en lui envoyant ces articles, pour réclamer son intercession & son appui, afin d'être réintégrés dans l'exercice desdits droits, & pour supplier S. M. Impériale de concourir au redressement de leurs griefs, par les voyes qui lui paroîtroient les plus conformes à l'esprit des Concordats & aux Constitutions de l'Empire.

4°. La Réponse de l'Empereur à cette Lettre en date du 16 Novembre dernier. Toutes ces piéces sont authentiques, & leur lecture suffit pour faire connoître la nature de la contestation, dont l'issue ne peut être que très importante pour les Libertés de l'Eglise Germanique, & très funeste pour la Puissance Papale, qui décline visiblement partout, mais surtout dans cette partie du monde chrétien.

13 *Février* 1787. M. le Comte *de Vergennes* dont la santé dépérissoit depuis quelque tems, n'a pu résister au chagrin que lui

a causé le second Mémoire du Polonois; il en a été frappé à mort: il a passé cette nuit. Le Roi est très affecté de la perte de ce second Mentor qu'il s'étoit choisi.

14 *Février* 1787. Depuis le Mémoire dont on a rendu compte en détail des Sieurs *Tastet & Squire*, Négocians à Londres, contre le Prince *de Salm*, celui-ci étoit resté dans un silence qui ne servoit qu'à confirmer l'accusation de ses adversaires. Il entre enfin en cause & s'explique par un *Mémoire signifié* pour le Prince regnant de Salm-Kirbourg en réponse; en présence du Marquis *de Cavalcabo*; du Sieur *Faulconnier*, ancien Conseiller en la Cour des Aides; du Sieur *Coste d'Arnobat*, Lieutenant-Colonel d'Infanterie, & du Sr. *Clapsien*, Négociant à Calais.

C'est Me. *Blondel* qui, avec sa modération, sa sagesse ordinaire, prend la défense du Prince & cherche à pallier ses torts; mais, malgré tous ses efforts, il ne peut parvenir à rendre la conduite de son client extrêmement nette. Il en résulte toujours que le Prince, très dérangé dans ses affaires, cherchoit & adoptoit tous les moyens d'avoir de l'argent, à quelque prix que ce fût; qu'il s'étoit lié en conséquence avec plusieurs avanturiers & escrocs qui n'étoient pas faits pour vivre avec lui, dont il auroit dû se défier & dont il a adopté aveuglément les ressources & les manœuvres.

Suivant ce Mémoire l'affaire a dû être rapportée le lundi 5 Février dernier à la Grand'

Chambre, par l'Abbé *Tandeau*; il faut que le Jugement ait éprouvé quelque retard, puisqu'on n'en parle pas.

14 *Février* 1787. Extrait d'une Lettre de Versailles du 10 Février.... Vous ne croiriez jamais que le Roi dans tout son château ne s'est pas trouvé en état de rassembler les Notables pendant six semaines, & qu'il ait fallu construire un bâtiment exprès; c'est-à-dire, que dans un moment où l'on ne parle que de la détresse de l'Etat & de l'Economie nécessaire pour y remédier, on commence à jetter plusieurs millions par les fenêtres pour un faste vain & momentané. Afin que le gaspillage fût plus grand, il a fallu passer par les Menus; car c'est à leur hôtel que se tiendront les séances & le tems des travaux pour la préparation sera presque aussi long que celui de la tenue: il y a quarante-trois jours qu'elle est indiquée & tout n'est pas encore prêt. La Salle d'opéra actuel aura été bâtie presqu'aussi vîte. Je viens de visiter ce lieu auguste & voici ce que j'ai observé.

Outre la grande piéce de 120 pieds de long sur 100 de large, où les Notables s'assembleront, il y aura environ douze autres piéces, avec une destination particuliere; des anti-chambres pour la livrée, une pour les Suisses, une pour les Gardes du corps, une anti-chambre, une chambre, un cabinet pour le Roi, un cabinet pour la Reine, une

Salle pour la buvette, une pour le Sécrétariat, une ou deux pour les Comités, une où les membres s'habilleront.

Les Notables auront une entrée particuliere, par où ils arriveront de plein-pied dans la partie intérieure de la grande Salle d'assemblée. L'autre partie de la Salle, élevée en forme d'estrade de trois pieds, est destinée au Roi, aux Princes & aux Pairs ; ce sera le théâtre. Dans le milieu sera dressé le trône, surmonté d'un dais, & aux deux côtés du dais, mais hors de son enceinte, seront deux fauteuils à bras pour les deux freres de Sa Majesté; plus loin & en retour, deux banquettes pour les Princes du Sang & ensuite d'autres pour les Pairs.

Le Roi arrivera au Trône de plein-pied par une porte ménagée dans son cabinet adossé à cette partie de la Salle d'assemblée. Des banquettes seront rangées & disposées convenablement dans la partie inférieure de la Salle pour recevoir les autres membres.

La grande Salle est décorée de colonnes, & les entre-colonnemens seront remplis par les plus belles tapisseries de la couronne : de superbes tapis de la Savonnerie couvriront tout le plancher, & les banquettes seront couvertes de tapis fleurdelisés pour les Magistrats & bleus simplement pour les Maires.

Le plafond est peint & orné de figures allégoriques relatives à la circonstance.

On a ménagé dans les quatre angles de la

falle quatre grands poëles qui répandront de la chaleur partout.

14 *Février* 1787. L'affaire de M. *de Sainte James* n'est pas bonne & l'on dit que le Roi est furieux contre lui: lorsque le Maréchal de Castries qui ne l'aime pas, apprit la nouvelle de sa banqueroute à Sa Majesté, elle s'écria: *quoi! l'homme au rocher?*

Pour entendre cette exclamation, il faut savoir qu'un jour le Roi en allant ou revenant de la chasse rencontra un rocher énorme traîné par quarante chevaux: surpris, il demanda ce que c'étoit? On lui répondit que ce rocher étoit destiné pour le jardin anglois que ce financier faisoit arranger à Neuilly.

15 *Février*. Il est aisé de juger par l'exposition du plan du *Comte d'Albert*, que cette pièce est moins une comédie qu'un proverbe, dont le mot est *un bienfait n'est jamais perdu*. Du reste, ce sujet bizarre est traité par M. *Sedaine* avec tous les détails minutieux qu'il a coutume de rassembler & qu'il pense devoir donner plus de naturel à ses personnages: mais à ces vérités accessoires, il ne faut pas sacrifier la vérité fondamentale. Par exemple, le personnage du guichetier-porte-faix une fois introduit en scène, y est, sans doute, montré dans tout son costume, avec toutes ses convenances, son genre de mœurs, sa franchise, sa gaieté, son langage: mais comment est-il amené, comment se

trouve-t-il l'obligé du Comte, comment est-il à portée de lui payer sur le champ son bienfait & de lui sauver la vie ? Tout cela n'est rien moins que vraisemblable & même est, à certains égards, absurde.

La scène de la prison entre le Comte & la Comtesse est, sans doute, pathétique ; mais il n'y a ni invention ni génie. Elle naît de la circonstance nécessaire de l'action. Ce qu'a imaginé l'auteur & ce qui est également contre nos mœurs, contre la raison & la nature, c'est de faire proposer par la femme à son mari, coupable seulement d'une infraction de loi qui n'est point un crime en soi, commandée à peine de deshonneur même par le préjugé, de se tuer & de lui en donner l'exemple, lorsqu'elle a des enfans pour lesquels tout lui prescrit de se conserver.

Enfin l'action, héroïque jusques-là, se dénoue ou finit du moins par une farce ; car on ne peut appeler autrement la comédie que le garçon guichetier propose de jouer à la Comtesse ; la répétition de son rôle qu'il lui fait faire & qu'elle exécute lorsque la garde arrive aux cris simulés de ce malheureux : cette chute devient froide & puérile.

Quant au troisieme acte, intitulé *Suite du Comte d'Albert*; c'est un recueil de *niaiseries sentimentales*, de quolibets, de trivialités, auxquels, dit-on, M. Sedaine est fort attaché, comme à des effets de nature, mais dont les huées fréquentes du Parterre auroient dû le détacher.

Au reste, si le but de M. Sedaine, comme ce doit être la résignation de presque tous les poëtes lyriques, a été de se sacrifier pour le musicien; il a fourni à M. *Gretry* de quoi déployer une musique pittoresque, variée, tendre, énergique tour à tour & surtout riche en savans accompagnemens. Feu M. *d'Helé* auroit cependant dû lui apprendre qu'on peut faire des comédies chantées excellentes, & en se subordonnant l'artiste, lui laisser encore suffisamment de quoi briller.

15 *Février* 1787. On prétend savoir aujourd'hui que M. *Harvoin*, quoique plus que septuagénaire & affichant des mœurs régulieres, n'étoit qu'un hypocrite; qu'il avoit plusieurs petits ménages & une maîtresse en titre, à laquelle il avoit donné le mot; qui a vendu ses meubles de son côté, a pris la fuite, le même jour que lui, & l'est allée rejoindre au rendez-vous donné. On les dit en Hollande.

Ce financier est décrété de prise de corps par la Chambre des Comptes; & la Cour des Aides, on ne sait pourquoi, a jugé à propos de le charger d'un second Décret du même genre.

15 *Février*. Le Gouverneur de la Bastille, qui jusques à présent avoit semblé dédaigner de répondre au Comte *de Cagliostro*,

entre enfin en scene & publie *Piece importante dans l'Affaire du Marquis de Launay*, &c. C'est tout ce qu'il a fait imprimer : elle est signée de Me. *Jolas*, son Avocat aux Conseils. C'est un Etat détaillé de tous les effets contenus dans le carton ; par lequel on apprend que la Dame de Caglioftro avoit beaucoup de bijoux qui ont été rendus : mais cela ne détruit pas la réclamation du surplus & les reproches d'omission & de négligence adressés à ce Gouverneur.

Le Certificat de Me. *Fremin*, Greffier Criminel du Parlement, en date du sept Février 1787, dont est accompagnée cette piéce, ne prouve en outre de la part de cet officier de justice qui se rétracte de ce qu'il avoit autorisé à dire le défenseur du Comte de Caglioftro, qu'une grande ineptie, en ne sachant pas distinguer un procès verbal d'une simple description d'effets, comme il l'avoue, ou une excessive complaisance.

15. *Février* 1787. C'est M. le Comte *de Montmorin*, ci devant Ambassadeur en Espagne, & qui a tenu les Etats de Bretagne depuis ce tems en qualité de Commandant, qui est nommé Ministre des Affaires Etrangeres à la place du Comte *de Vergennes*.

16 *Février*. M. *Dupaty* répand clandestinement par le canal de ses partisans un écrit sans signature, ayant pour titre *Mémoire sur le droit qui appartient à Bradier, Simare & Lardoise, de publier leur Réponse au Réqui-*

quisitoire & à l'Arrêt du 11 Août 1784, après l'avoir soumise à la censure du Gouvernement.

Voici le résumé très court de cet écrit assez spécieux, mais infiniment dangereux dans ses conséquences: il est purement dans le genre contentieux, serré de raisonnemens & dénué de tout mouvement d'éloquence.

„ L'attaque faite aux accusés, par le Re-
„ quisitoire & l'Arrêt, est illégale & terri-
„ ble; la nécessité de la repousser, pres-
„ sante; le droit de répondre, évident; l'im-
„ possibilité de répondre autrement que par
„ l'impression, manifeste; la défense d'im-
„ primer, c'est-à-dire, de répondre, se-
„ roit donc injuste.

„ Les accusés demandent que, puisque le
„ Parlement les a illégalement attaqués, ils
„ puissent se défendre; que, puisque le Roi
„ a permis la publicité de l'attaque, il per-
„ mette la publicité de la réponse; que,
„ comme on a suspendu le jugement de leur
„ demande en cassation pour donner le tems
„ au Réquisitoire de paroître, on suspende
„ encore ce jugement pour donner le tems à
„ la Réponse au Réquisitoire de paroître."

16 *Février* 1787. Au moment où le fameux procès du Prince *de Salm-Kirbourg* étoit prêt à se juger, quoique deux de ses agens se fussent retirés de la lice, il a paru une foule de Mémoires qu'il seroit trop long de détailler. Outre celui du Prince dont on

a rendu compte, il suffira d'indiquer le *Second Mémoire pour les Sieurs Firmin Tastet & Thomas Squire Négocians à Londres*, toujours sur le même ton véhément & de reproche, où Me. *Bonhomme de Comeyras* dévoile de plus en plus le mystere d'iniquité dont il accuse le Prince & ses affidés ; mystere dont le développement a tellement effrayé le Sieur *Faulconnier de la Varenne*, ci-devant Conseiller à la Cour des Aides, & le *soi-disant Lieutenant Colonel Coste d'Arnobat*, qu'ils ont ouvertement déserté la cause, & les *Réflexions impartiales pour le Marquis* de Cavalcabo, *ancien Ministre de l'Empire de Russie près de l'Ordre de Malte, contre les Sieurs Tastet & Squire Négocians*. Ce Factum est dans la maniere de l'auteur, Me. *Duveyrier*, qui escarmouche légerement & avec finesse ; qui, au lieu du style mordant de son adversaire, employe fréquemment le sarcasme & l'ironie : pour juger du fond, il faut attendre la discussion des Magistrats ; car par la seule lecture des Mémoires, où les faits sont réciproquement avoués & démentis, il est difficile de savoir à quoi s'en tenir.

17 *Février* 1787. L'audience qui avoit été fixée pour Me. *Linguet* au samedi, n'a point eu lieu aujourd'hui à cause d'une assemblée de Chambres brusquement demandée par M. *Fretteau*.

Quoiqu'il en soit, ce retard qui ne sert qu'à tenir le public en suspens & à soutenir sa curiosité, ne fâche point Me. Linguet, dont l'objet semble être d'éterniser l'affaire. Ce but que tout le monde apperçoit sensiblement, a donné lieu au mot d'un Breton; sarcasme bien dur contre les deux contendans & rempli d'énergie; il a dit *que c'étoit un chien enragé acharné après une charogne.*

16 *Février* 1787. Un M. *Mallet Dupan*, coopérateur du Mercure, a profité de ce champ de bataille pour décharger sa bile contre les Economistes & vomir contre eux les plus grosses injures. Cette secte presque oubliée n'a pas été fâchée d'une agression aussi malhonnête qui ne lui faisoit point de tort & lui fournissoit une occasion naturelle de réveiller le public sur son compte. Un de ses coryphées qu'on juge être l'Abbé *Baudeau*, a rentré en lice & a fait réimprimer une *Lettre* peu connue autrefois *sur les Economistes*, avec ce premier titre plus piquant : *Procès pendant au Tribunal du Public & dans lequel il se trouve nécessairement juge & partie.*

Il paroît que cette Lettre avoit été dirigée autrefois contre Me. Linguet à l'occasion de ses *Docteurs Modernes*. On y développe la doctrine de la Secte, qui, comme on l'a toujours dit, ne roule que sur des principes très simples, connus & adoptés de tout tems dans la théorie, mais quelquefois méconnus dans la pratique; principes que la charlatanerie des chefs, plus avides de célébrité, que zelés pour le bien public, avoit enveloppé de formules mystérieuses & d'un langage énimagtique, entortillé & diffus.

Un autre motif plus important a vraisemblablement donné lieu à cette réimpression ; on le juge par un *Nota bene*, qui se lit à la fin. L'auteur y parle de l'assemblée des Notables annoncée, dont il n'affiche pas une haute opinion. Il prétend qu'elle doit être absolument insuffisante pour l'objet essentiel de sa convocation, les secours pécuniaires & permanens à la Dépense ; il ajoute en conséquence que c'est le moment d'approfondir, de discuter rigoureusement le système des Economistes, de se détacher de tous intérêts particuliers, d'examiner s'ils n'ont pas résolu le grand problème : *Augmenter les Revenus du Roi, & faire payer beaucoup moins aux Sujets.*

17 *Février*. On regarde comme décidé que l'Assemblée des Notables s'ouvrira enfin le jeudi 22 de ce mois.

On assure que cette Assemblée sera divisée en sept Bureaux ou Comités, à la tête desquels il y aura pour chacun un Prince du Sang : savoir, *Monsieur*, Monseigneur Comte *d'Artois*, M. le Duc *d'Orléans*, M. le Prince *de Condé*, M. le Duc *de Bourbon*, M. le Prince *de Conty* & M. le Duc *de Penthièvre*.

Ce dernier, qui ne se trouve à aucune assemblée publique où sont les autres Princes, à raison de l'étiquette, dans ce moment où il s'agit du bien de l'Etat, vaincra sa répugnance: il tiendra sa maison & aura une table.

Du reste, les Premiers Présidens, les Procureurs généraux, les Maires mêmes, rendus ici depuis le 29 & avant, se plaignent que dans le moment où ils sont le plus essentiels à leur poste, on leur fasse perdre ainsi plus d'un mois de tems inutilement & d'autant plus inutilement qu'on les tient absolument dans l'ignorance de ce qui doit se passer; que conséquemment ils ne pourront donner pertinemment leur avis; d'autant que dans les Comités particuliers le Prince du Sang qui les présidera respectivement, les gênera nécessairement.

D'un autre côté, si le but du Ministre est de leur surprendre leur suffrage, il est manqué encore, parce qu'ils emploient au moins ce tems à s'instruire en général & à recevoir les plaintes des mécontens qui sont en grand nombre.

17 *Février* 1787. Le Sr. *Botot Dangeville*, frère de la fameuse actrice de ce nom, & acteur lui-même, mais retiré du théâtre depuis 1763, vient de mourir; on se rappele qu'il réussissoit dans les rôles de Niais.

17 *Février* 1787. Par le *Mémoire judiciaire pour le Sieur le Quesne, marchand d'étoffes de soie, rue des Bourdonnois à Paris, contre le Sieur Simon Nicolas Henri Linguet, ci-devant Avocat à Paris, demeurant actuellement à*
G 7

Bruxelles, on voit que ce Correspondant a deux procès ; l'un concernant la demande en réparation d'honneur qu'il a formée contre son adversaire le 26 Décembre 1783, par laquelle il conclut à 100,000 liv. de dommages intérêts ; l'autre, intenté contre lui par le Sieur *Linguet* qui, par exploit du 20 Juillet 1786, lui demande un Compte de son administration, sinon qu'il soit condamné à lui payer 98,880 livres.

Quant à ce dernier, il est peu important pour le public & la discussion en seroit fatiguante & ennuyeuse. Il suffira de rapporter le résumé de la justification du Sieur le Quesne. Ses Comptes ont été rendus, ils ont été vérifiés, ils ont été arrêtés, ils ont été soldés. Le Sieur Linguet en a les doubles, comme de ses livres : tout cela est reconnu. Il est donc vrai que cette demande qu'il appelle une *Demande en reddition de Comptes rendus* est souverainement ridicule.

Mais le premier procès est infiniment plus intéressant ; il est rempli d'anecdotes qui jetent un grand jour sur l'histoire du personnage fameux, l'un des contendans, & nous reviendrons sur les détails de cette partie curieuse du *Factum*.

Il est suivi d'une Consultation en date du 27 Janvier 1787, de deux Jurisconsultes pas connus, (*Cahier de Gerville* & *Jehanne*) mais dont les noms sont placés-là vraisemblablement pour servir de passe-port au Mémoire d'une main qui ne se montre pas & n'en frappe que plus cruellement sur M^e. Linguet.

18 *Février* 1787. Entre les diverses épitaphes composées pour le Comte *de Vergennes*, la meilleure & la plus courte est celle-ci, de l'Abbé *Aubert*:

Droit dans la politique & simple dans ses mœurs,
Il soumit les esprits & captiva les cœurs.

Au reste, on rabat un peu sur le compte de ce Ministre, qui tout doucement a amassé une fortune énorme, effrayante encore de la part d'un financier dont le métier seroit d'accumuler.

18 *Février*. Hier M. *Fretteau*, Conseiller de Grand' Chambre, ayant demandé l'assemblée des Chambres, elle a eu lieu sur le champ. Il a commencé par dénoncer à l'assemblée les Lettres patentes qui attribuent en dernier ressort à une portion du Châtelet la connoissance & le jugement de l'affaire des Lettres de change suspectées. Il a fait voir combien ces Commissions fréquentes étoient contraires au droit des parties, de subir deux degrés de jurisdiction. Cette dénonciation, soutenue par les principes généralement reconnus, a eu sur le champ son effet & l'on a arrêté qu'il seroit fait au Roi des représentations à ce sujet.

Ensuite M. *Fretteau*, qui s'étoit réservé le droit de parler encore, s'est élevé contre le Requisitoire de M. *Seguier* au sujet des trois hommes condamnés à la roue, & a prétendu qu'il y avoit des *faits faux*, contre lesquels il vouloit réclamer.

Les amis de ce Magistrat dénonciateur, les gens doux, les ennemis du bruit, étonnés de cet esclandre, dont il n'avoit absolument prévenu personne, ont fait l'impossible pour qu'il ne continuât pas, ont voulu lui faire envisager les suites funestes de sa démarche, le scandale & les troubles qui en devoient résulter, lui ont déclaré qu'il étoit encore tems de rompre la délibération & de la regarder comme non avenue. Toutes les représentations ont été inutiles; il a persisté dans sa dénonciation & a demandé qu'on y statuât.

Alors on a d'abord agité si M. Fretteau se trouvant partie intéressée dans cette dénonciation, il ne falloit pas qu'il commençât par se retirer. Quelques-uns ont prétendu que dans ces cas-là c'étoit à la propre délicatesse des Magistrats qu'il falloit s'en rapporter; d'autres ont insisté & ont dit que cette délicatesse, quand elle ne venoit pas, il falloit la suggérer: plusieurs avis plus désagréables au dénonciateur ayant été ouverts, il s'est piqué enfin & est sorti brusquement en laissant sur le Bureau de M. le Prémier Président son dire écrit sur une grande feuille de papier raturée & qu'il avoit encore changée dans l'assemblée même.

La délibération sur la forme n'ayant plus lieu, il a été question du fond. On a représenté cette agression de M. Fretteau, comme la suite d'un complot formé entre M. *Dupaty*, le Marquis *de Condorcet* & lui, pour bouleverser la Magistrature, pour changer la Législation & y substituer leur système philosophique. On a cité comme une preuve de ce complot le *Mémoire* répandu clandestinement par M. Dupaty *sur le Droit* des trois accusés de répondre au Réquisitoire de M. Seguier, qu'on accuse aussi dans ce pamphlet d'avancer des faits faux. On a représenté M. Fretteau comme d'autant plus coupable, qu'il devoit plus de respect à cet ouvrage sanctionné par un Arrêt du Parlement; qu'après les procès verbaux dressés les 5 Mars & 7 Mai 1786, il avoit paru revenir à résipiscence, il avoit protesté de son attachement à la Compagnie, il avoit juré n'avoir eu aucune connoissance du Mémoire de son beau-frere.

D'autres ensuite ont représenté qu'il falloit se défier de l'affectation avec laquelle il avoit laissé son papier, abandon qui pouvoit avoir quelque chose d'insidieux.

Après ces Réflexions & beaucoup d'autres on est convenu de dresser procès verbal du dire de M. Fretteau, de la piece qu'il avoit laiſſée & de tout ce qui s'en étoit enſuivi; lequel Procès verbal ſeroit conſtaté par deux Commiſſaires que nommeroit dans le jour M. le Premier Préſident, en préſence du Procureur Général & de M. Fretteau lui-même dûment appellé : qu'au ſurplus la Délibération ſeroit renvoyée au jour des Mercuriales de Pâques.

18 *Février* 1787. Le fameux procès du Prince Regnant de *Salm-kirbourg* a été jugé mardi dernier 13, & après avoir ſuccombé au fond, il a encore été condamné à payer ſolidairement avec ſes gens aux Sieurs *Squire* & *Taſtet* 40,000 liv. de dommages intérêts ; ce qui eſt le reconnoître évidemment eſcroc : cependant il a obtenu la ſuppreſſion des termes injurieux des Mémoires de ſes adverſaires.

19 *Février*. M. le Marquis *de Puyſégur*, gendre de *M. de Sainte James*, eſt dans ce moment-ci à voyager. C'eſt un Militaire très inſtruit, grand Mesmériſte, grand phyſicien ; il s'étoit chargé de faire des achats de parties différentes d'hiſtoire naturelle propres à orner, ſoit le cabinet, ſoit le jardin à l'angloiſe de ſon beau-pere ; il avoit des lettres de crédit pour tout cela : mais l'on préſume qu'il aura été arrêté dans ſes demandes, & ſa famille lui a envoyé une injonction de revenir, avec une lettre de change, afin qu'il puiſſe toucher les fonds ſuffiſans pour ſon retour.

19 *Février* 1787. Extrait d'une Lettre de

Valenciennes du 12 Février.... Le Sieur *Blanchard* vient d'ouvrir dans cette ville une Souscription pour une expérience aërostatique qu'il annonce devoir faire les premiers jours de Mars; il se propose d'éviter les inconvéniens auxquels est exposé un ballon trop volumineux, soit au départ, soit à la descente; & d'y substituer cinq ballons, dont quatre auront 900 pieds cubes & le cinquieme 1350. Ce dernier sera garni d'une soupape & d'un parachûte capable de soutenir quatre personnes.

19 Février. Comme on a parlé amplement du poëme d'*Oedipe à Colonne*, exécuté à Versailles au commencement de cette année, il est inutile d'y revenir: quant à la Musique, elle est généralement admirée; elle produit beaucoup d'effet dans chacun des trois actes: il y a pourtant des longueurs, des momens d'ennui; mais on est ensuite réveillé par de grandes beautés. On regarde cet ouvrage comme le meilleur de *Sacchini*, & il y a une double raison pour qu'on en juge ainsi; la premiere, c'est que ses partisans émus de sensibilité de sa perte ont rapporté à l'ouvrage l'effet de la disposition favorable où ils se trouvoient; & ses envieux, ne craignant plus un tel concurrent, ont été facilement déterminés à lui rendre justice.

26 Février 1787. Dans son *Factum* le Sieur *le Quesne* déclare que sa connoissance avec Me. *Linguet* fut formée en 1768 à l'occasion d'un procès important dans lequel il étoit intéressé & pour lequel cet Avocat mis en œuvre fut payé d'une maniere également délicate & généreuse. Dès-lors il s'établit une grande intimité entre eux ; le marchand devint l'infatigable prôneur de Me. Linguet.

En 1773. Me. Linguet fut exilé à Chartres : privé de son Etat, il pouvoit avoir des besoins ; le Sieur le Quesne chargea quelqu'un de lui offrir toutes les consolations, tous les secours dépendans de lui : l'exilé en témoigna sa reconnoissance à son ami par une Lettre datée du 13 Novembre.

La vie de Me. Linguet sorti peu après de son exil, ne fut plus qu'un enchaînement d'orages. Rayé du Tableau, dépouillé du *Journal de Politique & de Littérature*, il courut à Versailles ; on ne sait ce qui s'y passa ; mais, à son retour, il n'eut rien de plus pressé que de demander des chevaux de poste, & de s'enfuir à Bruxelles en Juillet 1776. De Bruxelles, où il ne se crut pas assez en sûreté, il passa à Maestricht & de là à Londres.

A peine Me. Linguet est-il arrivé dans cette ville, que le Quesne apprend qu'il y a fait imprimer une brochure contre ses prétendus persécuteurs, & qu'il se proposoit de la répandre en France : son ami lui écrit pour le détourner de ce dessein funeste & il réussit.

Vers la fin de Mars 1777, le Sieur le

Quesne apprend de nouveau qu'il avoit été expédié des ordres positifs pour enlever secrétement à Londres l'auteur de la *Lettre au Comte de Vergennes*; il part à l'instant pour l'Angleterre &, malgré tous les obstacles qu'il éprouve, il arrive avant l'Exempt *des Bruguieres*, un des suppôts de la police chargé de l'expédition; & par cet éveil le tire du péril qui le menaçoit. Des Lettres de Me. Linguet en date des 11 & 29 Avril suivant attestent ce service & son importance.

Dès Décembre 1776 le Quesne étoit chargé de la procuration de Me. Linguet & de toute ses affaires; il y vaque avec zele & intelligence; il prête même de l'argent au frere à différentes fois & il n'en a été remboursé qu'en Juin 1782. Cette dette se montoit à 3123 livres.

Les *Annales* commencent en Mars 1777 & le Sieur le Quesne en est constitué le Correspondant: celui-ci a beaucoup de peine à obtenir, non pas une *Autorisation expresse*, mais une *Tolérance tacite*, avec le privilege de n'avoir pour Censeur que M. le Lieutenant Général de Police.... Ici le Sieur le Quesne fait une longue énumération des difficultés sans cesse renaissantes, auxquelles le Journaliste opposoit des menaces, de publier deux libelles déjà imprimés, d'en publier de plus terribles encore & de les faire *transpirer par tous les pores du Royaume*..... C'étoit l'expression de ses Lettres au Sieur le Quesne, remplies d'imprécations contre les gens en place.

Cependant les Numéro, à commencer dès le troisième, étoient souvent arrêtés, & le Sieur le Quesne est parvenu à les livrer tous, excepté le 59e & le 60e qui, pour de très fortes raisons, resterent supprimés sans retour; il les a même préservé tous aussi de la funeste atteinte des cartons. Il n'étoit pas moins occupé à réprimer la fougue de son commettant... Ici le Sieur le Quesne lui reproche une infidélité grave.

Au mois d'Avril 1778, Maître Linguet prenant occasion d'une grace qu'on lui avoit accordée, écrivit au Sieur le Quesne que, par égard à ses sollicitations auprès de lui de sacrifier ses deux libelles qui n'avoient pas vu le jour, ou au moins un qui n'avoit été connu que de trois personnes, il le chargeoit d'annoncer qu'il avoit fait remettre l'*Edition entiere de ce Libelle* chez le Ministre du Roi à Londres; tandis qu'il avoit retenu par devers lui un grand nombre des exemplaires de ce libelle.

Au mois d'Octobre 1788 un différend s'éleve entre Me. Linguet & le Sieur le Quesne au sujet des Comptes de celui-ci; le Journaliste en composa un avec une longue lettre pour motiver & ses répétitions & ses reproches, & un Mémoire; il fit imprimer le tout à Bruxelles & accourut à Paris pour publier cette diatribe. Des amis communs accommoderent ce différend, & Me. Linguet, pour essuier l'impression du libelle, publia une réparation. Cet orage fut entierement appaisé, au mois de Mars 1779.

La confiance entre ces deux amis revint au point que Me. Linguet, ayant fait graver son portrait & composé lui-même l'inscription, écrivit le deux Juillet 1780 au Sieur le Quesne pour le prier d'y ajouter que c'étoit un présent des amis du *Sieur Linguet, à son insçu.* Voici cette modeste inscription envoyée par l'auteur & écrite de sa main :

Son nom qui de nos jours fut rayé par la haine,
Aux noms des Orateurs & de Rome & d'Athene
Sera joint par la Gloire & par la Vérité
Sur l'éternel Tableau de la Postérité.

Quatre fois depuis son évasion Me. Linguet étoit revenu à Paris ; en Juillet 1778, en Mars 1779, au mois de Juin suivant, en Février 1780 : enfin revenu pour la cinquieme, il est arrêté le 27 Septembre à côté du Sieur le Quesne & conduit à la Bastille. Depuis ce triste jour jusques au 19 Mai 1782 que ce prisonnier est sorti, le Sieur le Quesne a presque souffert autant que son ami qui, au moment de son élargissement, reconnut tous les services qu'il lui avoit rendus & le plus important de tous, celui de sa Liberté. Depuis lors jusques au départ du Sieur Linguet le 29 Juin suivant, ils ne se séparerent point ; celui-ci présentoit partout le Sieur le Quesne comme un autre Pilade; après avoir réglé définitivement leur situation respective, ils se promirent de reprendre la continuation des *Annales*: un seul obstacle s'y opposoit alors : le Sieur Linguet, on ne sait par quel motif, avoit reçu ordre de partir pour *Rhetel Mazarin*; mais, en lui notifiant cet exil, on lui donna l'espérance d'en voir bientôt la fin : Me. Linguet oublia son exil & se rendit directement à Bruxelles.

Ici commence la diffamation attribuée principalement à Madame *Butté*, cette femme qui depuis quatorze ans s'attache à tous les pas de Me. Linguet & dont le Sieur le Quesne trace le plus effroyable portrait, d'après les Lettres & les expressions même de son amant : cette femme dont il rougissoit dans certains mômens & qu'il a depuis chassée à trois époques différentes, il ne la nomme point & la désigne seulement sous le nom de *Zelie*, nom d'amitié qu'elle a reçu de son amant; elle l'appelle à son tour *Zulmis*: personnages romanesques sous la désignation desquels on ne croiroit pas trouver une femme de cinquante-cinq ans & un homme de cinquante-un an. Quoi qu'il en soit, cette femme ne pouvoit supporter le Sieur le Quesne, qui sans cesse la poursuivoit comme la cause des égaremens de son ami : dès le 10 Avril 1781, elle avoit adressé au Docteur zeur *Schloezer*, journaliste de Gottingue, une Lettre, où elle accusoit ce Correspondant, après avoir énormément volé Me. Linguet dans ses comptes, d'avoir couronné le plus honteux espionnage par la plus lâche des trahisons, en l'enterrant lui-même tout vif à la Bastille, pour s'approprier les derniers lambeaux de sa fortune.

Bientôt le Sieur le Quesne apprit par Me. Linguet Deshalliers, le frere du journaliste, qui l'avoit accompagné à Bruxelles, que Madame Butté avoit repris tout son ascendant sur son amant; que les Annales alloient reparoître, mais avec un autre Correspondant.

Presqu'au même instant parurent de la part de Me. Linguet quatre libelles; les Numéro 72, 73, 74 & 75, & non content de cette diffamation, il surprit la confiance & la commisération d'un journaliste honnête. Le 17 Juin 1783 il écrivit une Lettre au *Courier du Bas Rhin*, publiée le 25 Juin suivant dans le No. 51.

Le Sieur le Quesne dénonce ces cinq pieces & une Lettre diffamatoire de Madame Butté à la Justice; il dénonce encore un septiéme libelle, c'est la *Défense de Me. Linguet aux demandes formées contre lui Sieur le Quesne*: très grand in 4°., très petit caractere, qui se répandit à Paris en 1784, dont on rendit un compte détaillé dans le tems: le 2

Juillet de la même année ce Correspondant en demanda *judiciairement* la suppression.

A tout cela Me. Linguet n'a encore répondu que ces mots : ,, le Sieur le Quesne ,, lui fait de gaieté de cœur un procès qui, ,, après une plaidoierie d'un quart-d'heure, ,, se réduira à rien..... Ce n'est qu'une ,, vieille recherche.... Il aura la confusion ,, d'être declaré non recevable."

Au reste, l'on attend avec impatience le second Mémoire que promet le Sieur le Quesne; Mémoire plus curieux encore que celui-ci, puisqu'il doit servir de défense à l'accusation d'espionnage & de trahison.

20 *Février* 1787. Soit dégoût de ce genre de divertissement, soit l'incommodité du local qui en écarte quantité de gens payans, les bals de l'opéra ne rapportent plus, à beaucoup près, autant qu'autrefois. Celui du jeudi gras, ordinairement le plus beau, qui rendoit de douze à quinze mille francs, cette année n'a pas monté à huit, quoique la Reine y fût : il a été peu amusant; une seule anecdote en a transpiré.

Monsieur accompagne ordinairement Sa Majesté; du moins se trouve au Bal les mêmes jours que la Reine. Il étoit masqué jusques aux dents, suivant l'usage de ces augustes personnages; il s'amuse à lutiner Mlle. *Contat* de la comédie françoise, à lui faire même une déclaration: celle-ci qui le reconnoît très bien, traite la chose cavaliérement: *à d'autres*, lui dit-elle, *nous savons à qui vous en contez, beau masque.* Il fait semblant d'ignorer ce que cela signifie.... *Eh! oui; certaine Comtesse..... Dame d'atours de la plus grande Princesse après la Reine.....* Il insiste..... *Eh bien! éprouvons votre soumission; je veux une orange: ayez m'en une & apportez-la moi vous-même.....* Et le beau masque est allé chercher l'orange & l'a apportée lui-même..... On ne croit pas que cette scene de bal ait eu d'autre suite.

20 *Février* 1787. Le Gouvernement qui cherche tous les moyens d'encourager le commerce de la France & de le porter à son plus haut degré de splendeur, n'a pas vu sans une grande satisfaction se former au sein de cette capitale une *Manufacture d'horlogerie*, dont l'objet est d'enlever à l'étranger la plus grande partie des bénéfices de ce genre.

Dès 1785 par un Arrêt du Conseil en date du 26 Décembre, revêtu de Lettres patentes, il avoit été permis à cette manufacture de prendre le titre de *Royale*, & depuis on l'a ouvertement adoptée par des Lettres patentes du 27 Janvier dernier, enregistrées en la Cour des Monnoyes le 31 du même mois.

Ce sont Messieurs *Bralle*, Ingénieur hydraulique de la Généralité de Paris & Mécanicien, & *Vincent*, Horloger, éleve de M. *François Berthoul*, qui ont fondé & qui dirigent l'établissement.

Cette Manufacture composée des meilleurs artistes dans tous les genres qui la concernent, doit se perpétuer par des éleves & ouvriers qu'elle adoptera & qui recevront une instruction gratuite, non-seulement des meilleurs Praticiens, mais encore de différens Professeurs distingués dans les sciences relatives à l'horlogerie.

Les fonds nécessaires à l'établissement, au soutien & au progrès de la Société, doivent être fournis par des actionnaires.

Le Magasin ne s'ouvrira qu'au mois de Novembre prochain.

Le projet d'humilier la République de Geneve, de l'anéantir, s'il est possible, & de la faire répentir du moins, des tracasseries qu'elle nous a causées depuis quelques années, n'est pas entré pour peu de chose dans l'acquiescement du Ministere, & c'est un des derniers actes de M. *de Vergennes* dans son Département.

21 *Février* 1787. Tous les Notables ont reçu leur Lettre définitive & il paroît qu'après plusieurs remises l'assemblée doit s'ouvrir décidemment le jeudi 22 qui est demain. On assure que le Roi a composé lui-même son Discours ; que *Monsieur* a sollicité son auguste frere de le lui communiquer; mais qu'il s'y est refusé en disant: ,, vous vou-
,, driez me corriger, y mettre du vôtre,
,, des figures de rhétorique: mon discours
,, en deviendroit plus brillant; mais ce n'est

„ pas ce que je desire ; je ne veux parler
„ que d'après moi seul à la Nation & qu'elle
„ sache ma vraie façon de penser & de sen-
„ tir pour elle."

21 *Février* 1787. M. le Comte *de Montmorin* avoit été Menin du Roi, étant Dauphin ; ce Prince l'aimoit beaucoup, il a toujours conservé les mêmes sentimens & l'on convient généralement que c'est de son propre mouvement qu'il l'a nommé Ministre & Secrétaire d'Etat au Département des Affaires Etrangeres. Ainsi ce choix n'étant le résultat d'aucune intrigue devroit être bon. M. de Montmorin s'est fort bien conduit en Espagne ; il a présidé à deux tenues des Etats de Bretagne avec beaucoup de sagesse : malgré cela l'on croit ce Ministere trop lourd pour lui ; il semble l'avoir senti lui-même, puisqu'il a dit au Roi qu'il auroit bien assez des Affaires Etrangeres, surtout dans le commencement, & il a prié Sa Majesté de lui retirer les Provinces qu'avoit le Comte de Vergennes ; elles ont en effet été jointes au Département du Baron *de Breteuil*.

M. de Montmorin est jeune, il n'a gueres plus de 40 ans, il a été longtems sous la direction des prêtres, & c'est même ce genre d'institution qui avoit le plus contribué à le faire goûter en Espagne.

21 *Février* 1787. Dimanche on a exécuté pour la premiere fois sur le théatre de l'Académie Royale de musique un nouveau

Ballet de la composition de M. *Gardel* l'aîné: c'est une pantomime qui a pour titre *le Coq du village*; elle est calquée sur le plan de l'opéra comique du même nom dont M. *Favart* est auteur. C'est une farce de carnaval qui, quoique rendue par les premiers sujets de la danse, n'a pas produit infiniment de sensation.

21 *Février* 1787. Depuis quelque tems on commence à parler de *Tarare*, cet opéra du Sieur *de Beaumarchais* que, sur le titre, on croyoit une bouffonnerie, & qu'on dit aujourd'hui être un sujet héroïque, une tragédie des plus noires; mais que, suivant la nature de son génie, il a entremêlée de plaisanteries. C'est une intrigue de serrail très compliquée, ce dont il résulte un poëme fort long.

Quoi qu'il en soit, l'auteur a eu le crédit de faire venir de Vienne le Sieur *Saliery* pour en achever la musique & de lui faire donner cent pistoles chaque mois par l'académie royale de musique, jusqu'à ce que l'ouvrage se joue: ce qui est le vrai moyen d'exciter les Directeurs à se débarrasser au plutôt de cette charge en mettant en lumiere ce chef-d'œuvre. On dit bien qu'il y a eu chez le Sieur de Beaumarchais quelques essais de répétition qui n'ont pas produit grand effet; mais il ne s'en effraye pas & il compte sur sa bonne renommée.

Afin de la maintenir, il va avec son mu-

sicien, un forté piano & tout l'attirail nécessaire chez les grands Seigneurs, mais
surtout dans les sociétés bourgeoises de
ses amis, où il fait exécuter les meilleurs
morceaux qui sont ainsi trouvés admirables.
Cette parodie des grouppes de Savoyards qui
viennent montrer la lanterne magique chez
les particuliers, est surtout originale & fournit une excellente caricature pour rire.

21 *Février* 1787. Voici enfin une Liste
exacte des Notables, avec les Notes qu'on
a pu ramasser sur leur compte.

*Liste des Notables convoqués pour l'Assemblée
du 29 Janvier 1787.*

SEPT PRINCES DU SANG.	NOTES.
1. *Monsieur*, frere du Roi.	On ne croit point Son Altesse Royale disposée en faveur de M. de Calonne, d'ailleurs elle aime le travail, & pour peu qu'elle y soit excitée, elle saisira l'occasion de se distinguer.
2. Monseigneur Comte *d'Artois*, frere du Roi.	Partisan de M. de Calonne, ne voyant en lui que l'homme aimable, facile, toujours disposé à se prêter à la bienfaisance, à la générosité, à la munificence de Son Altesse Royale.
3. Le Duc *d'Orléans*.	Très mal disposé contre M. de Calonne, parce qu'il n'ignore point que les projets de ce Ministre doivent blesser ses intérêts.

SEPT PRINCES DU SANG. Messieurs.

4. Le Prince de Condé. — La maniere dont Son Altesse s'est conduite durant la révolution de la Magistrature, ne peut permettre d'en avoir une bonne opinion.

5. Le Duc de Bourbon. — Sera de l'avis de son pere.

6. Le Prince de Conti. — A toujours eu un avis à lui: si l'on peut le bien prendre & lui faire sentir le danger des projets de M. de Calonne, il les combattra avec fermeté & se montrera digne de son pere.

7. Le Duc de Penthièvre. — Prince mol, honnête, réservé, qui ne prendra rien sur lui, mais fera le bien, si l'on le lui fait envisager & s'il ne craint pas de déplaire au Roi.

SEPT ARCHEVÊQUES.

De Paris.
8. Le Clerc de Juigné. — Pauvre homme: il vient d'en faire preuve tout récemment dans l'affaire de son Pastoral. La besogne dont il s'agit, est, en tous sens, trop forte pour sa tête.

De Rheims.
9. De Taleyrand-Perigord. — Pauvre homme encore. On en peut juger par son Agent de confiance, un certain Abbé *Arnoud*, qui a enlevé une fille & emporté beaucoup d'argent à ce Prélat.

De Narbonne.
10. De Dillon. — Très attaché à son Ordre, quoiqu'il en soit peu estimé. On se rappelle une phrase bien servile de son discours du 12 Décembre 1786 à l'ouverture des Etats de Languedoc; elle portoit: „su- „jets

SEPT ARCHEVÊQUES. Messieurs.	NOTES.
	,, jets aussi soumis que fideles, ,, nous savons que ce n'est ,, point à nous à interroger ,, la sagesse de notre Souve- ,, rain; que les nécessités de ,, l'Etat, la splendeur du ,, Trône emportent de notre ,, part le sacrifice d'une par- ,, tie de nos biens."
De Toulouse. 11. De Brienne.	Prélat Neckeriste, mais qui a beaucoup perdu de son crédit dans son Ordre.
D'Aix. 12. De Cuffé.	Grand métaphysicien, auteur des Mémoires en faveur du Clergé contre le Domaine, a beaucoup acquis de considération depuis ce tems: du reste, Prélat administrateur.
D'Arles. 13. Dulau.	A été Agent général du Clergé, est instruit & défendra vigoureusement son Ordre.
De Bordeaux. 14. Champion de Cicé.	A été Agent général du Clergé: homme de beaucoup d'esprit, très fin, d'une foible santé, fort lié avec M. l'Evêque d'Autun, logé chez lui à Paris & le dirigeant; homme de cour par conséquent, sur lequel on ne peut beaucoup compter.
SEPT EVEQUES. Du Puy. 15. De Galard Terraube.	Prélat doux, modéré, mais zélé pour son Ordre & ardent à en défendre les droits.
De Langres. 16. De la Luzerne.	A été Agent général du Clergé; Prélat de cour, bel esprit, ayant de grandes pré-

H 5

(178)

SEPT. EVEQUES. | NOTES.
Meſſieurs.

{ tentions à la faveur; ſur lequel par conſéquent il faut peu compter.

De Rhodes.
17. *Seignelay Colbert de Gaſt le Hill.*

{ Ce perſonnage venu d'Ecoſſe n'eſt point parent des Colberts de France; mais ceux-ci flattés d'une pareille alliance qui appuye leur prétention de venir des Colberts d'Ecoſſe, l'ont adopté comme leur parent & l'ont pouſſé. Il s'enſuit que c'eſt un intriguant ſur lequel il faut peu compter.

De Blois.
18. *De Lauzieres Thémines.*

{ Orateur qui a fait des oraiſons funèbres. Il a grande envie de ſe ſignaler; il eſt fort attaché à ſon Ordre; mais trop modeſte pour être chef d'avis, il ſoutiendra chaudement celui qu'il aura adopté.

De Nancy.
19. *De Fontanges.*

{ Ancien Aumônier de la Reine, ce qui lui a valu l'Epiſcopat: du reſte, point intriguant, modeſte, attaché à ſes devoirs & qui n'eſt point ſorti de ſon Dioceſe depuis 1783 qu'il y a été nommé. On ne ſait ce qui a fait ſonger à lui, à moins que ce ne ſoit pour en avoir de toutes eſpèces & dans l'eſpoir de le rendre facilement docile.

D'Alais.
20. *De Beauſſet.*

{ Un des Prélats ayant ſéance aux Etats de Languedoc & qui s'y eſt parfaitement formé aux affaires, quoiqu'il ne

SEPT EVEQUES.	NOTES.
Messieurs.	
	soit Evêque que depuis 1784 : du reste, doué d'une mémoire prodigieuse. Ayant été nommé au mois d'Août dernier après les Etats pour venir complimenter la Cour, il adressa à *Madame Elisabeth* un discours contenant un parallele de cette Princesse avec la Vertu, qui causa beaucoup de sensation & fut recueilli dans les papiers publics.
De Neves. 21.º *De Seguiran*.	Prélat dont il ne faut pas attendre beaucoup d'énergie. On en peut juger par une anecdote relative au Cardinal de Rohan. Cet illustre exilé en se rendant en Auvergne, passa par Nevers & son projet étoit de descendre à l'Evêché, d'y prendre un bouillon & d'y coucher. Il envoye d'avance un valet de chambre pour faire des complimens au Prélat & lui demander l'hospitalité. M. de Seguiran, instruit de l'objet de la mission, sous prétexte d'absence en ce moment donne ordre qu'on retienne le valet de chambre : en même tems il fait préparer un bain ; cependant un nouveau messager annonce l'arrivée prochaine du Cardinal. L'Evêque tout effarouché ne se donne pas le tems de se déshabiller, se jete tout vêtu

SEPT EVEQUES. — NOTES.

Messieurs. — dans le bain; fait introduire le valet-de-chambre, joue le malade, dit qu'il a des coliques affreuses: que son Eminence est bien la maîtresse de venir; mais qu'il est desespéré de ne pouvoir lui faire les honneurs de son palais, ni même le voir à cause de son état. On rend cette réponse au Cardinal qui, se doutant bien que c'est une excuse de politique dans la crainte de déplaire à la Cour, ne s'arrête point & passe outre.

SIX DUCS ET PAIRS DE FRANCE.

22. Duc de Luxembourg. — Gendre du Marquis de Paulmy, donne dans les rêveries du Comte de Cagliostro; ce qui n'annonce pas un esprit bien solide.

23. Bethune-Charost. — N'est pas un génie, mais plein d'honnêteté & de patriotisme, un des instituteurs des écoles nationales; d'ailleurs s'est formé dans les Assemblées Provinciales du Berry à entendre parler des matieres Economiques & à en raisonner.

24. Duc de Harcourt. — Honnête homme, mais âgé, cacochyme, & Gouverneur de M. le Dauphin; ce qui l'oblige à plus de circonspection que tout autre.

25. De Nivernois. — Homme d'esprit, bon patriote, mais foible, petit, minutieux, d'une mauvaise santé: ce qui influe beaucoup sur ses facultés morales.

	NOTES.
SIX DUCS ET PAIRS DE FRANCE. Messieurs.	
26. De la Rochefoucauld.	Plein de nerf & de patriotisme, très instruit, s'est distingué en 1774 à la rentrée du Parlement & a défendu les droits de la Nation avec autant de lumieres que de fermeté.
27. De Clermont-Tonnerre.	Lieutenant Général, Commandant en Dauphiné, a fait la destruction du Parlement de Grenoble en 1771.
SIX DUCS HEREDITAIRES, NON PAIRS OU A BREVET. 28. Duc de Laval.	Fils du Maréchal de ce nom, Duc à brevet, n'est Maréchal de camp que de 1784. Du reste, avec de l'esprit c'est le *Poinsinet* de la cour, on le mistifie comme l'on veut.
29. Du Châtelet.	A été Ambassadeur en Angleterre: il a de l'élévation, de la fermeté, du désintéressement.
30. Le Prince de Croy.	Seigneur Flamand, tenant encore à l'ancien esprit républicain de son pays, laborieux, instruit, ayant l'esprit de calcul; du reste flegmatique, réfléchissant beaucoup & capable de la contention d'esprit nécessaire pour le genre de travail de l'assemblée.
31. Duc de Chabot.	Accusé d'avoir mendié une pension peu de tems avant l'assemblée; ce qui étoit un engagement dangereux & annonce grande disposition à la corruption.

SIX DUCS HEREDI-TAIRES, NON PAIRS OU A BREVET. Messieurs.	NOTES.
32. Le Duc de Guines.	Homme de cour, créature de la Reine, mal famé depuis son procès avec *Tort*, son Secrétaire, quoiqu'il l'ait gagné.
33. Le Prince de Robecq.	Lieutenant-Général : ce Seigneur n'est pas brillant, mais il est plein d'honnêteté & est rempli de connoissances.
HUIT MARECHAUX DE FRANCE.	
34. De Contades.	Nommé comme plus ancien au défaut des Maréchaux *de Richelieu* & *de Biron*; du reste vraie tête à perruque, n'ayant jamais eu un grand jugement & de solides connoissances : lorsqu'il commandoit l'armée, on en faisoit si peu de cas qu'on s'étoit permis contre lui une pasquinade. On fit une brochure intitulée *Correspondance entre le Général & le Major Général*, qui étoit alors M. *de Cornillon*, autre personnage fort borné. Dans cette facétie, à chaque page le Maréchal demandoit au Major *Que ferons-nous?* & le Major répondoit au Maréchal *Que faire?* Tout le reste du livre étoit en blanc.
35. De Broglio.	Dévot, grand Neckeriste, & sous ce double titre Anti-Calonne.
36. de Mouchy.	Borné, foible, mais honnête homme; la démission qu'il a donné de son commandement de Guienne, lors-

HUIT MARECHAUX DE FRANCE. Messieurs.	NOTES.
	des vexations exercées par la Cour contre le Parlement de Bordeaux, a prouvé qu'il étoit incapable de se prêter sciemment à quelque injustice. D'ailleurs on sait que tous les Nouailles se tiennent & celui-ci a le bon esprit de se laisser diriger par son frere, grand partisan de M. Necker.
37. de Mailly.	Commandant en Roussillon, dur, altier, a les qualités du militaire, mais non celles de l'Administrateur.
38. d'Aubeterre.	N'a jamais eu beaucoup de tête, en a encore moins aujourd'hui; d'ailleurs est dirigé par un M. Melon, très propre à se laisser corrompre & qu'on ne manquera pas de séduire.
39. de Beauvau.	Excellent patriote, s'est distingué durant la révolution de la Magistrature en 1771, & l'on doit en espérer beaucoup; d'ailleurs du parti Neckeriste.
40. de Vaux.	Ferme, même dur, passe pour juste, quoique disposé au despotisme, mais incapable de mauvaises manœuvres.
41. de Stainville.	De grand mérite comme militaire, est doué d'un caractere de justice & de force très essentiel dans la circonstance.

SIX MARQUIS.	LA NOBLESSE.	NOTES.
Messieurs.		
42. de Langeron.		Lieutenant Général de 1762. On n'en dit mot.
43. de Bouillé.		N'est pas sans connoissances; mais fort altier, fort impérieux & voué en général au despotisme: ainsi rien de bon à attendre de ce militaire.
44. de Mirepoix.		Seigneur d'un caractère honnête, ferme, plein de franchise; on assure qu'il y a nombre d'années qu'il n'a paru à la Cour; il reste dans ses terres en Larguedoc: ceux qui le connoissent, en donnent la meilleure opinion.
45. de la Fayette.		D'un caractère doux & timide, peu instruit; il n'y a pas grand' chose à en attendre. Soufflé par les Noailles, il sera conseillé d'être du parti de la cour & de ne pas se compromettre. On apprend d'ailleurs que c'est lui qui a sollicité fortement M. de Calonne de le mettre sur la Liste des Notables, qui lui a dit desirer cette faveur autant que le Bâton de Maréchal de France. Ce Ministre lui répondit qu'il étoit bien jeune, qu'il n'avoit fait preuve d'aucunes connoissances en Administration, qu'il n'avoit aucune dignité qui le rendît susceptible d'être appellé à cette Assemblée: mais que cependant étant très recommandable par son per-

SIX MARQUIS.	LA NOBLESSE.	NOTES.
Messieurs.		

sonnel, il ne voyoit aucun inconvénient de le proposer au Roi: qu'il ne doutoit pas que S. M. ne l'agréât; mais qu'il le prioit de faire attention, que c'étoit un engagement qu'il contractoit d'entrer dans toutes les vues du Monarque pour le bien de ses Sujets: & M. de la Fayette de promettre zele, & soumission.

46. de Croix d'Heuchin. — N'est point connu de tout.

47. de Goubernet. — Lieutenant-Général, Commandant dans le Charolois.

NEUF COMTES.

48. d'Estaing. — Mystérieux, nullement au fait des matieres de finances, très circonspect, il craindra de déplaire au gouvernement; d'ailleurs partisan de l'autorité despotique.

49. de Périgord. — Timide, circonspect, sans énergie. C'est lui qui durant la révolution de 1771 succéda au Prince de Beauvau dans le commandement de Languedoc & devint l'instrument du Despotisme du Chancelier Maupeou.

50. de Montboissier. — Ancien Commandant des Mousquetaires Noirs: la lâcheté avec laquelle il a laissé détruire sa compagnie, ne donne pas une haute opinion de lui dans la circonstance présente.

NEUF COMTES.	NOTES.
Messieurs.	
51. de Thiard.	Ami du Roi, l'amusant par ses contes facétieux, conséquemment peu redoutable au Contrôleur général.
52. de Choiseul la Baume.	Lieutenant-Général, Commandant dans le Bailliage de Vitry & le Bailliage de Chaumont. On en fait peu de cas.
53. de Rochechouard.	Appellé comme Gouverneur & le Lieutenant Général de l'Orléanois: on n'en a pas bonne opinion, on le regarde comme très susceptible de corruption.
54. de Brienne.	Lieutenant Général des Armées du Roi, frere de l'Archevêque de Toulouse, homme de sens, sans avoir beaucoup d'esprit, bon homme sans prétentions. La Province lui sait gré du zele avec lequel il s'est joint à d'autres Chefs & a défendu ses intérêts l'année passée à l'occasion des usurpations que M. de Calonne avoit imaginé d'y faire, comme en Guienne, sous prétexte de recouvrer les Domaines riverains du Roi. Il vint à Paris & plaida chaudement cette affaire contre le Contrôleur Général, en sorte que le projet est tombé pour la Champagne, comme pour la Guienne.

NEUF COMTES.	NOTES.
Messieurs.	
55. d'Egmont.	Gouverneur de Saumur & du Saumurois, gendre du Maréchal de Richelieu, parfaitement honnête homme. Grand Eloge pour un Courtisan.
56. de Puységur.	S'est distingué dans le tems qu'il étoit Colonel, a écrit sur son métier, est Lieutenant-Général, est fort ambitieux, aspire au Ministère de la Guerre & vraisemblablement se retournera du côté du vent de la faveur.
UN BARON. Monsieur 57. de Flachslanden.	Maréchal de Camp, Alsacien qui entend très bien les intérêts de sa province & les défendra en franc Allemand.
HUIT CONSEILLERS D'ETAT. Messieurs. 58. de Sauvigny.	Doyen du Conseil, a été Premier Président du Parlement Maupeou : c'est tout dire.
59. Boutin.	Le destructeur de la Compagnie des Indes, dont il auroit dû être le soutien ; homme à se prêter à toutes les vues de la cour.
60. de Fourqueux.	Honnête homme, bon homme, vieux, goutteux, attaché au parti des Economistes & conséquemment peu voué à M. de Calonne : du reste incertain, tâtonneur, à la tête du comité contentieux des finances, ce qui le met sur la voye & peut lui avoir procuré plus de connoissances en administration qu'à un autre.

(188)

HUIT CONSEILLERS D'ETAT. Messieurs.	NOTES.
61. Le Noir.	Intime ami de M. de Calonne & son représentant dans le comité des finances, conséquemment au fait de ses projets & les croyant salutaires.
62. Vidaud de la Tour.	Chargé de la Librairie, dévot, vient du Parlement intermédiaire en 1771 à Grenoble, où il étoit mal vu.
63. Lambert.	Dévot, Janséniste, passoit pour un honnête homme autrefois. Depuis qu'il est au Conseil, il y a eu de fâcheuses anecdotes sur son compte.
64. de Bacquencourt.	Magistrat étourdi, sans lumieres, absolument flexible à toutes les volontés de la Cour.
65. La Galaisiere.	Marchant dignement sur les traces de son pere qui étoit un roué : au reste ne manquant pas de connoissances en administration. Il a écrit sur les Corvées.

QUATRE INTENDANS.	
66. Berthier, de Paris.	Colifichet, peu propre à figurer dans une pareille assemblée, d'autant qu'il ne voit que par ses subalternes.
67. Esmangart, de Lille.	Personnage estimé, aimé dans ses différentes Intendances : il avoit été question de lui pour être Lieutenant Général de Police.
68. Villedeuil, de Rouen.	Ne s'est point mal conduit au Parlement de Douay lors de la révolution, ambitieux,

QUATRE INTEN-DANS. Messieurs.	NOTES.
	auroit envie de se signaler & peut se tourner du côté du bien, s'il y avoit quelque moyen d'avancement.
69. Neville, de Bordeaux.	S'étoit fait singulierement estimer durant la révolution de la Magistrature par sa fermeté à résister aux offres séduisantes du Chancelier; s'est fait détester depuis qu'il a été à la tête de la Librairie par son despotisme.

PREMIERS PRÉSIDENS ET PROCUREURS GÉNÉRAUX DES COURS SOUVERAINES.

	70 { d'Aligre, P. P.	Incapable d'aucun avis vigoureux; mais anti-Calonne. Du reste il prêchera l'Economie, s'il y a lieu.
Paris.	71. { Joly de Fleury, P. G.	Pauvre-homme, cependant a montré quelque nerf dans le procès du Cardinal; on lui a reproché de ne l'avoir fait que pour entrer dans la vue de la cour & de n'être que foible, lorsqu'il sembloit ferme & intègre.
	72. { de Senaux, P. P.	Tout neuf, n'est point encore dans l'Almanac Royal de cette année.
Toulouse.	73. { de Cambon, P. G.	Tout neuf, de 1786.
	74. { de Berulle, P. P.	Gendre du Garde des Sceaux.
Grenoble.	75. { de Reynaud, P. G.	Tout neuf, n'est point encore dans l'Almanac Royal.

	PREM. PRÉSID. ET PROCUR. GÉN. DES COURS SOUVERAIN. Messieurs.	NOTES.
76. Bordeaux	le Berthon, P. P.	Anti-Calonne, a fait ses preuves lors de la séance du Parlement de Bordeaux à Versailles.
77.	Dudon, P. G.	Anti-Calonne, a fait ses preuves aussi ; en outre est un homme très instruit & d'un grand mérite ; a la tache d'avoir été du Parlement intermédiaire à Bordeaux.
78. Dijon	de Saint Seine, P. G.	Pauvre homme. On en peut voir le portrait dans les couplets faits en 1784 à l'occasion du Jugement de Lally & attribués au Comte de Tollendal.
79.	Pérard, P. P.	Doit avoir de l'expérience, passe pour impartial & humain.
80. Rouen	de Pontcarré, P. P.	Sort du Parlement de Paris, a subi l'exil en 1771, se propose de défendre vigoureusement les droits de la Normandie ; est muni d'un Mémoire *ad hoc*.
81.	de Belbeuf, P. G.	Magistrat ancien, estimé, renommé pour son impartialité, ne manque pas de connoissances & guidera bien M. de Pontcarré.
82. Aix	de la Tour, P. P.	Personnage mol, ami de son repos : d'ailleurs sa qualité d'Intendant qu'il réunit à celle de Premier Président, le met dans une position difficile. En général, il est désa-

	PREM. PRÉSID. ET PROCUR. GÉN. DES COURS SOUVERAIN. Messieurs.	NOTES.
Aix.		gréable à la Magistrature, qui le regarde comme un homme vendu à la cour, comme un financier.
	83. de Castillon, P. G.	Digne successeur de M. de Montclar; comme Avocat général il s'est distingué, il y a plus de vingt ans, en 1765, par un Discours vigoureux qu'il prononça le 1er. Octobre à la rentrée du Parlement de Provence: discours d'une grande liberté, surtout contre la Religion, qui pensa lui attirer des affaires. Du reste, on ne croit pas que le Premier Président & lui s'accordent beaucoup.
	84. de la Caze, P. P.	Capable de dire de bonnes choses: mais il a une difficulté de parler, un nasillonnement qui dépare son élocution & le rend timide.
Pau.	85. de Bordenave, P. G.	Pauvre homme, point assez scélérat pour oser faire le mal sans pudeur & hautement; mais point assez ferme dans ses principes pour ne pas gauchir, lorsque la crainte ou l'espérance le commandera. Du reste, il est d'autant plus fâcheux que ces deux Magistrats ne soient pas plus capables, que de 60 ou 80 lieues à la ronde, il ne se

	PREM. PRÉSID. ET PROCUR. GÉN. DES COURS SOUVERAIN. Messieurs.	NOTES.
		trouve dans l'assemblée des Notables personne qui connoisse les besoins, les droits, les privileges de la Province & puisse les réclamer ou les défendre.
86.	de Catuelan, P. P.	Magistrat foible, cauteleux, n'aimant pas le Calonne; mais qui nagera entre deux eaux.
Rennes. 87.	de Caradeuc, P. G.	Ennemi né de M. de Calonne; mais qui n'a pas assez d'esprit & de consistance pour lui faire du mal.
88. Metz.	Hocquart, P. P.	Sort du Parlement de Paris, a subi l'exil en 1771, est animé d'une ambition louable & honnête, aime le travail, a des lumieres & de la fermeté. Il est chargé d'un Mémoire concernant les Traites, relatif au pays Messin & aux trois Evêchés.
89.	de Lançon, P. G.	A des vues, est travailleur, auroit envie de se distinguer.
90. Besançon.	de Grosbois, P. P.	Est plus aimé de la Compagnie que son pere: s'est assez bien conduit dans la derniere querelle avec la cour. Au reste, il n'a pas encore beaucoup d'expérience.
91.	de Beaume, P. G.	N'est que depuis deux ans dans sa place.

PREM. PRÉSID. ET PROCUR. GÉN. DES COURS SOUVERAIN. Messieurs.	NOTES.
Douay { 92. de Polinchove, P. P.	Pauvre homme étant Président à mortier, pauvre homme depuis qu'il est Premier & à coup sûr il sera encore un pauvre Notable.
93. Doroz, P. G.	A la tache d'être resté en 1771 Procureur Général, lors de la révolution.
Nancy. { 94. de Cœurderoi, P. P.	A la tache d'avoir présidé cette Cour, lorsqu'elle fut substituée au Parlement de Metz.
95. Marcol, P. G.	A la même tache que le Premier Président.
CHAMBRE DES COMPTES.	
Paris. { 96. de Nicolay, P. P.	Homme d'esprit que n'aime pas M. de Calonne, depuis qu'il en a été catéchisé en 1783 lors de sa réception, & conséquemment qui sera vraisemblablement anti-Calonne.
97. de Montholon, P. G.	Magistrat indigne de son nom, de mœurs corrompues & conséquemment très susceptible de corruption : d'ailleurs foible & borné.
COUR DES AYDES.	
Paris. 98. de Barentin, P. P.	Digne successeur de M. de Malesherbes, quant aux principes, aux mœurs & à la fermeté ; mais sans élocution ni littérature & plus capable de bien agir que de bien parler.

Tome XXXIV.   I

COUR DES AYDES.
Messieurs.

NOTES.

99. Paris. *Hocquart*, P. G.

Frere du Premier Président du Parlement de Metz; étoit ci-devant Président de la Cour des Aides & n'a pris la charge de Procureur Général que par amour du travail & de la célébrité. Voici le moment de se distinguer. On lui reproche de la fiscalité en certaines occasions.

CONSEIL SOUVERAIN.
100. le Baron de *Spon*, P. P.
Alsace.

N'a pas des liaisons fort honnêtes, ce qui pourroit le faire suspecter; au surplus, est chargé d'un Mémoire sur les Traites, relatif aux intérêts de l'Alsace, & d'un autre sur la culture du Tabac dans cette Province.

101. de *Loyson*, P. G.

N'est que le premier Avocat Général, mais ancien dans la Compagnie. Il remplace M. Herman, le Procureur Général, depuis longtems sans fonctions & à la suite de la Cour.

102. de *Malartic*, P. P.

On n'en dit mot.

Roussillon.
103. de *Vilar*, P. G.

On n'en dit mot; il doit avoir de l'expérience, étant en place depuis 1762.

NOTA. En tout 17 Premiers Présidens & 17 Procureurs Généraux, faisant 34 Personnes.

DOUZE DÉPUTÉS DES PAYS D'ETATS.
Elus de Bourgogne.
104. L'Abbé de la *Fare*.

Pour le Clergé. Ferme, instruit, anti-Calonne, peu courtisan. Il se distinguera, si l'occasion s'en présente.

DOUZE DEPUTÉS DES PAYS D'ETATS.
Messieurs. NOTES.
105. Le Comte de Chastellux, } Pour la Noblesse. On n'en dit rien.

106. Noirot, } Pour le Tiers Etat; Maire de Châlons sur Saône, homme ferme, réservé & qu'on croit très prévenu contre le Calonne.

DEPUTÉS DES ETATS DE BRETAGNE.
107. L'Evêque de Dol. } Présidoit en 1784 les Etats, qui furent les plus doux tenus depuis longtems.
108. Le Provost de la Voltais.
109. De la Motte-Fablet. } En général, ce ne font pas les membres que les Bretons eussent choisi pour défendre leurs droits.

DEPUTÉS DES ETATS DE LANGUEDOC.

L'Archevêque de Damas.

110. de Bernis. } Coadjuteur d'Alby, neveu du Cardinal, qui a eu bien de la peine à obtenir cette faveur. Il a été obligé d'avoir recours au Roi de Suede qui, flatté de la magnificence avec laquelle il avoit été traité par cette Eminence à Rome, instruit de son desir, lui a promis d'en parler au Roi & a fait en effet nommer l'Abbé de Bernis Coadjuteur de son oncle en 1784.

111. Le Marquis d'Hautpoul. } N'est point connu.
112. Le Chevalier Desue de Saint Afrique. } N'est pas connu.

DEPUTÉS DES ETATS D'ARTOIS.
113. L'Ab. de Fabry. } N'auroit pas eu la Dépu

DÉPUTÉS DES ÉTATS D'ARTOIS. Messieurs.

NOTES.

tation du Clergé, si l'on avoit prévu une assemblée des Notables ; il est étourdi, inconsidéré, tout Calonne.

114. Le Marquis d'Estourmel.

Maréchal de Camp, très susceptible de corruption ; du reste actif & pouvant faire le bien, s'il le veut : tout Calonne.

115. Duquesnoy.

Avocat d'Arras : homme très instruit, fin, délié, politique, plus que ne le sont les gens de son pays : prévenu en faveur du Calonne, mais ne se compromettra point.

OFFICIERS MUNICIPAUX ET MAIRES ELECTIFS DES VILLES, *au nombre de vingt-cinq.*

PARIS.

Le Prévôt des Marchands.
116. *de Morfontaine.*

Vrai colifichet : il se leve à midi, fait des brochures & ignore parfaitement tout ce qu'il devroit savoir.

117. Goblet, premier Echevin.

Bon à figurer à table ; du reste très digne de tous les quolibets qu'on a fait courir sur lui.

LYON.

118. *Tolozan de Montfort.* Prévôt des Marchands.

Fils de Négociant, riche, ambitieux, frere du Maître des Requêtes, dont il est à craindre qu'il ne prenne des leçons ou des conseils. On le dit cependant beaucoup plus honnête que le Magistrat.

OFFICIERS MUNICI- PAUX, &c. Messieurs.	NOTES.
MARSEILLE. 119. *d'Isnart*, Maire.	Bon homme, simple, sans prétentions, mais non sans connoissances; fort instruit des droits, privileges & franchises de sa ville: du reste, incapable de les défendre avec chaleur & énergie. On raconte que ce Maire à un diner des Notables à Versailles, se trouvoit entre deux petits-maîtres de la Cour, qui n'ayant rien de mieux à faire le persiffloient à l'envi & l'accabloient de grands complimens: ,, Messieurs," leur dit- ,, il d'un ton modeste & naïf: ,, vous vous moquez de moi; ,, je sais bien que je ne suis ,, pas homme d'esprit; je ne ,, suis pas non plus un sot: je ,, suis entre deux.
BORDEAUX. 120. Le Vicomte *Du Hamel*, Lieutenant de Maire.	Personnage ayant les dehors assez séduisans, peu instruit & très susceptible de corruption. D'ailleurs ayant épousé une Vaudreuil, on a su depuis que M. de Calonne lui avoit fait donner en 1784 une Pension de 3000 l. qu'il n'avoit obtenue qu'en Décembre & que ce Ministre lui avoit fait payer en retrogradant depuis le 1er. Janvier, pour être son espion dans cette ville, durant la fermentation occasionnée par les Arrêts du Conseil concernant les Alluvions. Il n'y a pas de doute que cet

(198)

OFFICIERS MUNICIPAUX ET MAIRES ÉLECT. DES VILLES. Messieurs.	NOTES.
ROUEN. 121. Duperé Duveneur.	affidé du Contrôleur général ne joue le même rôle dans l'assemblée des Notables. On n'en dit mot.
TOULOUSE. 122. Le Marquis de Bonfontan, Premier Capitoul, Gentilhomme.	On n'en parle pas.
STRASBOURG. 123. Gerard, le Préteur.	Créature du Duc de Choiseul, sorti des affaires étrangeres, par conséquent mystérieux, cauteleux & regardant d'où le vent vient.
LILLE. 124. Huvino de Bourghelles, Mayeur.	Vraisemblablement accaparé par le Calonne qui, ayant été Intendant dans cette ville, a pu le pratiquer d'avance, ou peut le faire pratiquer aujourd'hui. Au surplus, il est chargé d'un Mémoire sur les avantages de la culture du tabac dans la Flandre Wallone.
NANTES. 125. Girard Duplessix, Procureur du Roi Syndic.	Comme Breton devroit naturellement être anti-Calonne.
METZ. 126. De Meaujean, Maitre Echevin.	Ennemi juré de M. de Calonne, qu'il a eu l'occasion de connoître, lorsque celui-ci étoit Intendant de cette ville.

OFFICIERS MUNICIPAUX ET MAIRES ÉLECTIFS DES VILLES	NOTES.
Messieurs.	
NANCY. 127. *de Manezy*, Maire Royal.	On n'en dit mot.
MONTPELLIER. 128. Le Chevalier *Deydé*.	On n'en dit mot.
VALENCIENNES. 129. *De Pujol*, Prévôt.	Chevalier de Saint Louis, Commissaire des Guerres, auteur de *la Galerie Universelle*, contenant l'Abrégé de la vie de tous les personnages célèbres, avec leurs portraits gravés : cet ouvrage a été accueilli favorablement du public & les journaux en ont parlé avec éloge : du reste, fait le suffisant dans la ville & dans les endroits où il est chargé de fonctions.
RHEIMS. 130. *de Souyn*, Maire.	Militaire, Chevalier de Saint Louis, homme très instruit & qui défendra bien les intérêts de sa Province & ceux de la Nation en général.
AMIENS. 131. *Le Caron de Chocqueuse*, Maire.	On s'en défie comme dévoué à M. de Calonne : du reste, ferme dans son opinion & capable de la soutenir.
CAEN. 132. Le Comte *de Vendeuvre*, Maire.	On n'en dit mot.

OFFICIERS MUNICIPAUX ET MAIRES ELECTIFS DES VILLES.	NOTES.
Messieurs. CHALONS. *de Perville*, Maire.	Homme de mérite, mais âgé : il s'est excusé sur ses infirmités & ne doit pas se rendre à l'assemblée. *Pour Mémoire.*
ORLEANS. 133. *Crignon de Bonvalet*, Maire.	On ne compte point sur lui, on écrit d'Orléans qu'il est digne de son nom.
MOULINS. M....	Ce Maire a été mis sur toutes les listes, on ne sait pourquoi. Il y a grande apparence que c'est par erreur : ainsi *pour Mémoire.*
TROYES. 134. *Huez*, Maire.	Doyen des Conseillers au Bailliage & Siége Présidial de sa Ville, n'a été nommé de l'assemblée des Notables que postérieurement aux autres & sur la réclamation du corps municipal de cette ville. L'ordre du Roi n'est que du 13 Janvier. M. Huez est un homme de loi, instruit, zélé, ouvert & qui figurera très bien dans l'assemblée.
BOURGES. 135. *de Beauvoir*, Maire.	Doit être instruit plus qu'un autre, puisque depuis quelques années il y a une Assemblée Provinciale en Berri.
LIMOGES. 136. *de Roulhac*, Maire.	Homme de mérite; excellente tête. Il a de la fermeté & l'on ne croit pas qu'il se laisse gagner d'aucune maniere.

OFFICIERS MUNICI-
PAUX ET MAIRES
ELECTIFS DES VIL-
LES.
 Messieurs.
MONTAUBAN.
137. *Duval de la Motte*, Maire.

CLERMONT FER-
RAND.
138. *Reboul*, Maire.

TOURS.
139. *de la Grandiere*, Maire.

BAYONNE.
140. *Verdier*, Maire.

PRESIDENS DU PAR-
LEMENT DE PARIS
APPELLÉS DEPUIS.
141. *d'Ormesson*.

142. *Saron*.

NOTES.

Doit s'entendre aux matieres d'Administration, depuis qu'il y a une Assemblée Provinciale dans la haute Guienne.

A les intérêts de sa province à défendre, très compromis en ce moment : on ignore s'il a assez de fermeté, s'il n'est pas gagné.

Homme de beaucoup d'esprit, parlant très bien & avec facilité, un peu sourd, disposé à la corruption. Il s'étoit rendu créature du Chancelier Maupeou durant la révolution, & sa famille avoit occupé des places dans le Conseil Supérieur de Blois.

Sorti du Commerce, bien allié, instruit, modeste, mais capable d'avoir un avis à lui & d'y amener les autres.

N'a été nommé que par occasion, parce qu'on vouloit avoir le Président de Lamoignon, son cadet.

Astronome qui lit dans les cieux & ne voit pas ce qui se passe à ses pieds ; appellé aussi comme l'ancien de M. de Lamoignon.

PRESIDENS, &C.
Messieurs.

143. *Lamoignon.* { N'a été nommé que comme un frondeur. On raconte que le Roi disant à quelqu'un qu'il desireroit voir dans l'Assemblée des Notables un homme capable de bien discuter la besogne, de la bien contrarier, on lui dit : ,, Mais, ,, Sire, vous n'avez person-,, ne de plus capable de cette ,, discussion que M. le Pré- ,, sident de Lamoignon :" & en conséquence le Roi enjoignit à M. de Calonne de le faire mettre sur la Liste.

LIEUTENANT CIVIL DU CHATELET *de Paris.*
144. M. *Angran d'Alleray.* { N'a été nommé qu'après coup. Les Magistrats du Châtelet lui ont fait sentir qu'il seroit honteux pour lui & pour la Compagnie qu'il ne fût pas d'une assemblée dont ses prédécesseurs avoient toujours été. Il a réclamé son droit en conséquence & en jouit. Du reste, c'est un homme d'esprit, foible, tâtonneur, qui suivra les autres & n'ouvrira jamais d'avis.

SECRETAIRES.
Messieurs.
145. *Hennin.* { Secrétaire du Conseil d'Etat, un des chefs des Bureaux de M. le Comte de Vergennes & nommé par ce Ministre.

146. *Du Pont.* { Intriguant qui, pour jouer un rôle, s'est d'abord initié dans la secte des Economistes, a écrit, s'est fait barder d'un Cordon étranger, s'étoit

(203)

SECRÉTAIRES.	NOTES. attaché à M. Turgot, a tourné aujourd'hui casaque au parti, est devenu le bras droit de M. de Calonne, est Conseiller d'État, premier Commis du Contrôleur Général, a proposé de créer en sa faveur une place de Commissaire général pour les relations du Commerce extérieur & s'est fait donner quarante mille livres de rentes. On juge ce que doit être un pareil personnage, surtout dans cette place où il a été appellé par M. de Calonne.

RÉCAPITULATION.

7 Princes du Sang.
7 Archevêques.
7 Evêques.
6 Ducs & Pairs.
6 Ducs héréditaires, non Pairs ou à Brevet.
8 Maréchaux de France.
6 Marquis.
9 Comtes.
1 Baron.
8 Conseillers d'État.
4 Intendans.
17 Premiers Présidens.
17 Procureurs Généraux.
12 Députés des Pays d'États.
25 Officiers Municipaux.
4 Membres appellés depuis.
2 Secrétaires.

145 Personnes.

22 *Février* 1787. Un plaisant englobant dans un même quatrain & le *Prospectus* des nouveaux hôpitaux & celui de l'assemblée des Notables, a fait ces vers qui courent, quoique le sarcasme ne soit rien moins que neuf :

 Hâtez-vous, François, de souscrire
 Pour les modernes hôpitaux !
 De réforme les plans nouveaux,
 Tendent tous à vous y conduire.

22 *Février*. Il est vérifié que le Comte *de Miaczinski* a en effet reçu ordre de sortir du Royaume & que sur sa représentation qu'il n'avoit point d'argent, le Gouvernement lui a fait compter deux cens Louis. On ajoute que sa femme a eu la liberté de rester quelque tems après lui. On ne dit point que M. le Marquis *de Beaupoil* ait reçu quelque animadversion pour s'être mêlé de cette affaire.

22 *Février*. On écrit sur tout : le Ministere ne fait pas un pas qu'il ne suive aussitôt une remontrance. C'est aujourd'hui *Lettre d'un Avocat à un de ses confreres*. Elle roule sur la défense de vendre des Mémoires imprimés. Cette nouvelle afflige l'écrivain pour son ordre. Il croit cette prohibition nuisible aux citoyens, dont elle lui semble attaquer la sûreté ; aux Magistrats, auxquels elle est injurieuse. Il n'y a dans cette

Lettre ni faits ni anecdotes ; au surplus, elle porte à faux déjà, car on voit de toutes parts étalés sur les boutiques des Libraires, *Mémoires*, *Requêtes*, *Consultations*, &c.

23 *Février* 1787. On a parlé beaucoup du *Flûteur automate*, du *Canard artificiel* & du *Provençal* de Vaucanson, trois chefs-d'œuvres de sa méchanique. En voici la filiation que beaucoup de gens ignorent.

Vaucanson fit voir ces automates à Paris vers Pâques 1743. On ne sait par quel hazard ils tomberent en la possession d'un nommé *Dumoulin*, orfevre de profession, méchanicien par goût. Il passa en Allemagne avec ces figures, il les y montroit pour de l'argent. En 1752 ou en 1753 il étoit à *Nuremberg*, il fut obligé de les y laisser pour caution à ses Créanciers pendant un voyage qu'il fit à Petersbourg en 1755 ; où il espéroit s'en défaire avantageusement. Il ne réussit pas en cela, mais devint Maître des Machines à Moscou, où il mourut en 1765.

Depuis ce tems les figures sont restées à *Nuremberg* dans le Comptoir de la Maison *Pfluger* bien empaquetées. On écrit d'Allemagne qu'on les livrera pour trois mille florins ; somme à laquelle se montent les avances faites à Dumoulin.

23 *Février* 1787. Il est fort extraordinaire qu'au moment où l'on parle de supprimer les Traites, de rendre la liberté aux Sujets du Roi d'aller, de venir dans le Royaume sans

éprouver les vexations qu'on essuye aux barrieres depuis trop longtems, on continue avec la même activité les murs autour de Paris. On assure qu'on les regarde comme si essentiels, qu'une des clauses du nouveau Bail des Fermes porte qu'il sera augmenté de douze cens mille francs dès que l'enceinte en question sera fermée. Quoiqu'il en soit, on a fait sur elle ce singulier jeu de mots: *le mur murant Paris, rend Paris murmurant.* Voici sur le même sujet un quatrain dont la tournure & la pensée sont également remarquables:

  Pour augmenter son numéraire,
  Et raccourcir notre horizon,
  La Ferme a jugé nécessaire
  De nous mettre tous en prison.

23 *Février* 1787. Hier le Roi après avoir entendu la messe dans sa Chapelle, s'est rendu *in fiocchi* à l'hôtel des Menus. Il avoit dans son carosse *Monsieur*, Monseigneur Comte d'Artois, le Duc d'Orléans, le Prince de Condé & le Duc de Bourbon: le Prince de Conti & le Duc de Penthievre s'y étoient rendus chacun de leur côté.

Les Notables étoient assemblés & placés avant l'arrivée du Roi, suivant les rangs que leur avoit assigné M. *de Watronville*, l'Aide des Cérémonies.

Le Roi est entré environ à midi & placé

sur son trône, il a fait un petit discours rempli de sensibilité : ensuite M. le Garde des Sceaux, après avoir fait l'éloge du Roi & de son Regne ; après avoir témoigné & confirmé le désir sincere & ardent de Sa Majesté, de soulager ses Peuples & de les rendre heureux ; dit que M. le Contrôleur général alloit rendre compte à l'assemblée des moyens suggérés à Sa Majesté ; & l'on a cru remarquer une insinuation maligne, mais adroite, de ce Chef de la justice, que ces moyens n'étoient pas infiniment de son goût.

M. *de Calonne* a parlé ensuite : il a exposé ses moyens, qui courent les rues & sont les mêmes à peu près répandus depuis longtems dans le public, sauf le Rappel des Protestans dont il n'a été nullement question. Son discours a duré cinquante-huit minutes.

Les deux assertions qui ont vivement frappé & alarmé dans ce discours, c'est que la Recette est au dessous de la Dépense de quatre-vingts millions & qu'il ne faut pas parler d'économie.

Il y a encore eu deux discours, de M. *d'Aligre* & de M. l'Archevêque de Narbonne ; aucun de la part de la Noblesse : le reste de la Séance s'est passé à régler le Cérémonial, les Comités & la façon de délibérer.

Il y avoit un monde immense sur le passage du Roi, soit en allant, soit en revenant, & il n'y a pas eu un seul cri : *Vive Louis XVI*.

M. le Duc d'Orléans étoit de retour à Paris à trois heures.

23 *Février* 1787. Voici un détail plus circonstancié de la Séance d'hier, surtout du discours de M. *de Calonne*. Il faut d'abord rendre compte du Cérémonial.

Le Roi étoit assis au fond de la salle sous un pavillon élevé sur une estrade (de trois pieds environ de hauteur) entre les deux Princes ses freres ; ensuite de chaque côté des deux Princes & sur la même estrade les Princes du Sang, les Ducs & Pairs Ecclésiastiques & Laïcs & les Maréchaux de France. Les gardes de la manche étoient aux deux côtés de Sa Majesté.

Devant le Roi & sur la même estrade qui regnoit dans toute la longueur de la Salle, étoit M. le Garde des Sceaux assis sur un fauteuil sans dos. A ses pieds deux Huissiers à genoux portant les masses sur leurs épaules.

Au bas de l'estrade, étoient M. le Baron *de Breteuil* & M. de *Montmorin*, Secrétaires d'Etat, tournant le dos au Roi & ayant devant eux un bureau.

Nota. Les deux autres Secrétaires d'Etat (M. *de Segur* & M. *de Castries*) étoient à leur rang comme Maréchaux de France.

M. le Contrôleur général étoit assis sur un pliant à droite du Bureau des Secrétaires d'Etats, a peu près vis-à-vis le second angle dudit Bureau, tournant le dos aux Archevêques & Evêques dont il va être parlé.

En retour du côté droit de l'estrade étoient assis les Archevêques & Evêques, ensuite les Premiers Présidens de la Chambre des Comptes & de la Cour des Aides de Paris.

Derriere les Archevêques & Evêques, les Elus des Etats de Bourgogne, les Députés de Bretagne & de Languedoc.

Et derriere les Premiers Présidens les deux Procureurs Généraux des mêmes Cours.

En retour du côté gauche de l'estrade, étoient assis les Députés des Etats d'Artois; ensuite les Premiers Présidens de tous les Parlemens.

Derriere les Premiers Présidens, les Procureurs Généraux des mêmes Cours.

Au bout de la Salle, en face de l'estrade du Roi, des Princes &c. étoient assis le Lieutenant Civil du Châtelet, le Prévôt de Paris & celui de Lyon, qui y avoient été placés par le Maître des Cérémonies, comme les autres Notables.

A leur côté & derriere eux les Maires des autres villes placés indifféremment à leur choix.

Le Roi a dit:

„ Messieurs, je vous ai choisis & assem-
„ blés, comme le faisoit le Chef de ma
„ branche dont vous aimez la mémoire & que
„ je me plais à imiter. Mes projets sont
„ grands & importans. Il s'agit à la fois de
„ soulager le Peuple, d'augmenter le pro-
„ duit de mes finances & de diminuer les

,, entraves du Commerce. Je me fuis fixé
,, fur ces objets, parce que j'en ai reconnu
,, la néceffité ; mais j'écouterai les obferva-
,, tions que vous me ferez & je les peferai
,, exactement. J'efpere que vous concour-
,, rez tous au même but, qui eft le bien de
,, l'Etat."

M. le Garde des Sceaux a expofé enfuite fommairement ce que le Roi avoit fait depuis fon avénement au Trône pour la Magiftrature, l'Agriculture & le Commerce. Il a ajouté que douze années d'expériences lui avoient appris ce qui lui reftoit à faire pour les Finances.

M. *de Calonne* a pris la parole & a annoncé que les vues qu'il avoit à préfenter à l'affemblée étoient devenues perfonnelles au Roi. Que Sa Majefté avoit pris la peine de faire elle-même un travail très confidérable fur l'Etat des Finances. Il a rappelé les opérations dûes à la bienfaifance du Roi, les encouragemens donnés au Commerce, à l'Induftrie & à l'Agriculture. Il eft enfuite entré dans le détail de l'état des finances. La Recette eft en Déficit par rapport à la Dépenfe de 80 millions chaque année. Le *Déficit* a crû d'année en année depuis l'avénement du Roi au Trône, par des circonftances impérieufes & forcées.

Comment fortir d'un état fi desaftreux ? Les Emprunts ne préfentent qu'une reffource momentanée qui, loin de remédier au mal, ne fait que l'aggraver. L'augmentation des Impôts tels qu'ils exiſtent, eſt abſolument impraticable. L'Economie elle-même n'offre que des reſſources inſuffiſantes & ne peut être conſidérée que comme un moyen acceſſoire.

M. de Calonne a diſtingué deux ſortes d'Economie, une ſévere & rigoureuſe, qui s'annonce d'une maniere repouſſante & qui, le plus ſouvent, ne porte que ſur des objets minutieux: l'autre plus grande & plus noble, qui s'attache à ne faire aucune opération fauſſe. Il a obſervé qu'un faux calcul, une ſpéculation mal faite, une opération manquée coûtoient plus à l'Etat, que tout ce que l'Economie la plus rigoureuſe pouvoit lui épargner.

C'eſt dans la réforme des abus que le Roi a apperçu des reſſources vraiment grandes & dignes de lui. Il étoit réſervé à un jeune Monarque de méditer & d'exécuter une ſi noble entrepriſe. Sa Majeſté a cru devoir d'abord établir une relation intime entre elle & toutes les claſſes de ſes Sujets. Elle ſe propoſe dans cette vue d'étendre à toutes les Provinces de ſon Royaume l'établiſſement des Adminiſtrations Provinciales & de leur donner une nouvelle forme.

Chaque communauté, chaque paroiſſe aura ſon repréſentant; ces repréſentans formeront une aſſemblée de diſtrict & les députés de chaque diſtrict formeront l'aſſemblée Provinciale, qui fera parvenir directement la vérité au Roi.

Les Vingtiemes annullés, à leur place Impôt territorial en nature qui fera payé par toutes les claſſes de citoyens ſans diſtinction; le Clergé, la Nobleſſe feront ſoumis aux droits, & pour procurer au Clergé une ſorte de compenſation, le Roi lui donnera les autoriſations néceſſaires & lui indiquera un plan pour le rembourſement de ſes dettes.

La Capitation des Nobles ſera ſupprimée; ſuppreſſion de la Taille arbitraire & ſa converſion en Impôt réel: la libre exportation des grains à l'étranger, le reculement des Bureaux des traites à l'extrêmité des frontieres, l'allègement de la Gabelle, l'aliénation de la partie utile des Domaines, dont le Roi ſe conſervera l'honorifique & la directe, nouvelle adminiſtration relative aux Fonds, & ſuppreſſion & modération de pluſieurs Droits à charge au Commerce.

Enſuite M. le Garde des Sceaux a été prendre les ordres du Roi & a dit que Sa Majeſté permettoit de parler.

M. le Premier Préſident a préſenté le Roi comme le reſtaurateur de la Juſtice & le pacificateur de l'Europe; il a conclu que Sa Majeſté ne pouvoit trouver que dans ſon économie le rétabliſſement de ſes Finances.

M. l'Archevêque de Narbonne a dit, que s'il eût préſumé qu'il eût été permis de parler en préſence du Roi, le premier ordre de l'Etat ne se seroit laissé prévenir par personne, pour féliciter Sa Majesté & lui présenter l'hommage de sa reconnoissance.

M. le Garde des Sceaux a annoncé que Sa Majesté avoit formé sept Comités, pour l'examen des objets sur lesquels elle se proposoit de consulter les Notables.

M. *Hennin* a lu la Liste de ces Comités, qui seront présidés chacun par un Prince du Sang.

M. *Dupont* a terminé la séance par la lecture de la Déclaration du Roi, que les voix seroient prises individuellement, en commençant par les Maires de villes, les Parlemens, les Nobles & en finissant par le Clergé.

La Séance a fini à une heure & demie.

Quoique la Séance se soit tenue à huis clos, il s'y est glissé quelques curieux qui ont rapporté ce qu'on vient de lire.

24 *Février* 1787. Extrait d'une Lettre de Bourges du 15 Février...... Notre Assemblée Provinciale tenue en 1786, s'est particulièrement occupée de navigation intérieure de cette Province : elle a arrêté, sous le bon plaisir du Roi, l'ouverture d'un Canal de Bourges à Vierzon & à la basse Loire, & de cette ville à la Loire, avec le Bec d'Allier, au point qui sera reconnu le plus propre à être ou à devenir le lieu de plusieurs navigations importantes.

Cette grande entreprise sera commencée

dès que les plans détaillés & nivellemens faits, auront été vérifiés, pour constater d'une manière encore plus précise la possibilité de ces utiles travaux, qui feront communiquer le Berri avec Paris & les trois Mers.

Ce qui a plu surtout, c'est que *le Commissaire du Roi* a annoncé à l'Assemblée que le Canal dont il s'agit, avoit paru à Sa Majesté mériter la préférence sur plusieurs autres proposés & qu'elle offroit de concourir pour moitié à cet utile ouvrage.

Les embranchemens de ce grand Canal dans les arrondissemens de Château-Dun-le-Roi, ou sans coins, & dans ceux d'Issoudun & Château-Roux, ainsi que les travaux qui s'exécutent sur le Cher, & s'étendront ensuite aux rivieres d'Indre & de Creuse, concourront à vivifier toutes les parties de cette Province centrale, à qui les chemins qu'elle a construits, commencent d'ouvrir des débouchés précieux.

24 *Février* 1787. Les Comités ont été formés sur le champ entre les Notables & l'on leur a distribué la besogne. On veut que les objets à discuter les premiers soient 1°. les Assemblées Provinciales ; 2°. l'Assemblée territoriale ; 3°. les Privileges & Franchises du Clergé ; 4°. les Tailles ; 5°. le Commerce des grains ; 6°. les Corvées. On ajoute que les Comités, après avoir traité ces objets pendant une quinzaine de jours, se

rassembleront pour y mettre la derniere main, puis qu'on examinera d'autres.

Monsieur a, dit-on, recommandé le plus grand secret de la part du Roi; mais on sait ce que c'est que le secret de cent cinquante personnes environ.

Il transpire déjà qu'il y a eu une querelle très vive entre l'Archevêque de Narbonne & le Contrôleur général. Il faut se rappeler que M. de Calonne dans son discours d'ouverture en parlant de ses projets dit qu'ils sont devenus en quelque maniere *personnels à Sa Majesté*, par le travail qu'elle a fait à leur égard; ce qui seroit une insinuation qu'il n'y a plus qu'à y souscrire. Le Prélat a dit à ce Ministre que c'étoit se moquer de la Nation, des divers Ordres de l'Etat; que c'étoit prendre ses Représentans prétendus pour des moutons & des bêtes, que de les rassembler uniquement, afin d'avoir leur sanction à une besogne toute digérée.

En effet, le Sieur *Pierre*, Imprimeur du Roi, est à Versailles avec deux Presses & six ouvriers, pour imprimer les Projets à mesure & les répandre dans les Comités.

24 *Février* 1787. On a fait un *Thermometre de la Cour* à l'occasion de l'événement actuel occupant Paris & la France entiere. On dit que le Roi est au *beau fixe*; que les Ministres sont au *variable*; M. de Calonne à la *tempête*, & la Nation au *très sec*.

25 *Février* 1787. L'affaire concernant les

Lettres de change altérées eſt en train ; il y a déjà eu pluſieurs plaidoieries, où Me. *de Seze*, l'Avocat des Porteurs, a obtenu le plus grand ſuccès.

25 *Février* 1787. Hier, Me. *Linguet* a plaidé pour la ſixieme fois ſous la Préſidence de Mr. *de Gourgues*, par l'abſence de M. *d'Ormeſſon* de l'Aſſemblée des Notables. Il a commencé par confirmer la nouvelle répandue qu'il travailloit à revenir par requête civile contre l'Arrêt de Mars 1775 confirmant ſa radiation : il a dit que par une fatalité attachée à ſa perſonne, il ſe trouvoit arrêté à chaque pas dans les démarches les plus ſimples ; qu'ayant beſoin du titre contre lequel il vouloit ſe pourvoir, il étoit allé au Greffe pour l'obtenir ; mais que les Greffiers étoient devenus ſourds & muets pour lui : que le ſac même de ſes piéces qui y étoit dépoſé avoit diſparu juſques à l'enveloppe ; & qu'enfin ſon Procureur intimidé par les ennemis de ſon client, n'oſant ſe livrer à toute la vigueur de ſon miniſtere, il a ſupplié la Cour de lui prêter ſon aſſiſtance.

Le Préſident ayant regardé Me. *de Laulne*, l'Avocat adverſe, pour ſavoir s'il n'avoit aucune objection à faire ; cet Avocat a répondu qu'il n'avoit rien à dire ; que ce projet de Me. Linguet ne regardoit nullement le Duc *d'Aiguillon*. On eſt allé aux voix & après une demi-heure de délibération, il a été rendu Arrêt qui ordonne au Greffier de
délivrer

délivrer à Me. Linguet les pieces dont il auroit besoin, & quant à l'autorisation demandée pour son Procureur, ordonné que cet officier se pourvoira par toutes les voies qu'il croira bonnes être.

Ensuite Me. Linguet, satisfait d'avoir forcé les Magistrats à rendre encore un Arrêt pour lui, malgré leur répugnance, & à concourir à son projet d'étendre la contestation, & de l'éterniser, a terminé la premiere partie de son Plaidoyer, celle concernant ses honoraires. Il a prétendu, d'après les aveux mêmes du *Duc d'Aiguillon*, avoir déjà une action contre lui de 52400 livres: il s'en est rapporté pour l'excédent, qui certainement doit avoir lieu, à la prudence de la Cour. Il n'a fait, du reste, que rabacher ce qu'il avoit déjà plaidé au mois de Septembre; ce qu'il a depuis écrit dans sa *Requête au Roi*; ce qu'il avoit répété autrefois dans vingt endroits de ses œuvres.

Les deux seuls morceaux neufs & calqués pour le moment, c'étoient un éloge pompeux de l'Assemblée des Notables & de la Séance du jeudi, & un grand éloge aussi du nouveau Ministre des Affaires Etrangeres, qui sort avec les regrets de la Province de ce Commandement de Bretagne, autrefois si orageux pour le Duc d'Aiguillon.

25 *Février* 1787. Il n'y a eu le lendemain 23 à la seconde assemblée générale qui a été

présidée par *Monsieur*, & dans laquelle les nouveaux projets ont été lus, d'autres changemens au cérémonial de la veille, que les bancs formés en banquettes, auxquelles il a été adapté ce jour-là des dos, ou *dossiers*.

25 Février 1787. *Réclamation d'un Citoyen contre la nouvelle enceinte de Paris, élevée par les Fermiers généraux.* Cette brochure très courte, attribuée au Comte *de Mirabeau*, fait grand bruit & excite toute la vigilance de la Police.

Après une Epître dédicatoire servant de Préface adressée *aux Notables Citoyens*, on leur dénonce l'abus le plus révoltant, la violence la plus indécente, exercés par la Ferme; les bienséances publiques, les droits & la santé des Citoyens sacrifiés à la cupidité des Traitans; enfin son triomphe sur la raison & la justice, en élévant autour de Paris ces murs, monument d'esclavage.

L'Auteur entre ensuite en matiere, il établit:

1°. Que de toutes les enceintes de la ville de Paris, la nouvelle est la seule construite exprès pour la perception des droits d'entrée.

2°. Que les nouvelles murailles sont nuisibles à la santé des habitans de Paris.

3°. Que les nouveaux murs, en étendant les limites de Paris, accroissent ses maux & ses désordres.

4°. Que l'architecture des Bureaux blesse le bon goût & son luxe insulte à la misère publique.

5°. Que les plaintes des Parisiens à l'occasion de la nouvelle enceinte dont l'exécution n'est fondée que sur un simple Arrêt du Conseil, contenues dans plusieurs Requêtes présentées au Parlement, ont été étouffées par une évocation au Conseil, & qu'on a éludé ainsi les bonnes dispositions du Roi, qui avoit permis cette entreprise seulement à condition qu'elle ne causeroit aucune juste réclamation.

6°. Enfin l'auteur conclut rigoureusement, comme il a commencé, en maudissant la Ferme en général, & surtout celui qui a proposé cette idée, qu'il prétend être M. *Lavoisier* de l'Académie des Sciences. Il cite le mot du Maréchal *de Noailles*, à qui l'on demandoit son avis sur ces murs, & qui répondit en colere: *Je suis d'avis que l'auteur de ce projet soit pendu.*

25 *Février* 1787. On assure que l'imprimerie polytype est interdite & son Journal conséquemment: on n'en sait pas au juste la raison; on dit que c'est pour avoir imprimé différens ouvrages relatifs à l'assemblée des Notables. Ce qui paroît constant, c'est que les Libraires *Petit & Royer* ont subi la même peine pour avoir vendu des écrits de cette espèce, quoiqu'avec permission: malgré leur réclamation ils n'ont pu éviter ce désagrément;

on dit seulement que leur interdiction sans terme fixe ne sera pas longue.

26 *Février* 1787. C'est un problème pour les gens de lettres de savoir si une brochure nouvelle : *dernieres pensées du Roi de P****. est réellement de lui. Il est au moins certain que l'auteur est parfaitement entré dans son esprit. Ce petit ouvrage est un résumé très serré des principaux événemens de sa vie & surtout de son regne. Il y a peu d'anecdotes ; la plus singuliere & la moins connue ce seroit celle de l'invitation que ce Monarque auroit faite à M. *Necker* de se mettre à la tête de ses finances : ce que l'Ex-Ministre auroit refusé. La digression, si l'ouvrage est factice, comme c'est fort à présumer, sur l'abus des richesses énormes du Clergé, n'y a pas été mise sans dessein, dans le moment actuel & dans la crise où se trouve cet Ordre de l'Etat.

26 *Février* 1787. On assure que la digression oratoire de Me. *Linguet* dans son plaidoyer de samedi sur l'Assemblée des Notables a beaucoup déplu à la Cour & à ces Messieurs, surtout à M. *de Calonne*, en ce qu'il craint qu'on ne s'imagine que Me. Linguet fût soudoyé pour faire ce panégyrique.

27 *Février* 1787. Les pamphlets se succedent rapidement dans cette époque mémorable, où l'on parle de réformer les abus & de rétablir l'ordre dans les finances. En voici un intitulé *Remerciment & Supplique du*

Peuple au Roi, *à l'occasion de l'Assemblée des Notables*. Cet écrit digne du Marquis *de Mirabeau*, & pour les bonnes vues & pour le galimathias du style, a pour refrein perpétuel: *Sire, payez vos dettes!* Reste à fournir les moyens; l'auteur n'en connoît qu'un aussi qui se présente à tout le monde ; que tout le monde regarde comme sûr, excellent, comme le seul vrai : c'est l'Economie. Malheureusement M. de Calonne a commencé par exclure celui-là du nombre de ceux que pourroient indiquer les Notables.

27 *Février* 1787. On a vu par le discours de M. *de Calonne* que l'allégement des Gabelles est un des grands objets qu'il se proposoit & dans le développement du projet, comme le Roi ne pouvoit rien perdre, on se remettoit au niveau en rendant cette denrée un peu plus chere dans les Provinces où elle est à très bon compte, ainsi qu'en Bretagne. Cette nouvelle a répandu une telle rumeur dans la Province que M. *de Montmorin* qui en étoit témoin, depuis son retour n'a pas dissimulé à Sa Majesté, qu'il y faudroit une armée pour soutenir la perception du nouveau Droit.

On assure qu'en conséquence les Chefs de cette Province ont été autorisés d'y écrire que l'augmentation n'auroit pas lieu.

27 *Février* 1787. M. *Drouais*, ce jeune éleve de l'Académie de Peinture, qui avoit remporté le Prix en 1784 avec tant d'élo-

ges, a depuis envoyé ici un tableau qu'il a composé à Rome. Le sujet est *Marius* en prison, vers qui *Sylla* dépêche un soldat Cimbre pour le massacrer. Le Romain se souleve & d'un regard effraye tellement le soldat dont il avoit été le Général, que l'assassin se retire sans avoir exécuté son ordre. Ce tableau est exposé chez Madame *Drouais*, la mere de l'auteur. Les artisans qui l'ont vu, assurent qu'il y a de grandes beautés & de grands défauts.

27 *Février* 1787. A la premiere séance de chaque Bureau les Premiers Présidens & les Procureurs Généraux des Cours & les Députés des Etats, ont prévenu l'assemblée qu'ils ne pourroient donner que leur avis personnel, sans pouvoir engager en rien leurs Ordres ou leurs Compagnies.

27 *Février* 1787. On raconte que Me. *Linguet* dans ses différentes tournées de visite aux Magistrats n'ayant jamais pu parvenir à M. *Seguier*, s'en étoit plaint à cet Avocat Général, un jour qu'il l'avoit rencontré par hazard ailleurs : sur quoi M. Seguier lui avoit répondu qu'il ne devoit pas trouver cela extraordinaire d'après ses propos, ses écrits & sa conduite. Le Magistrat lui avoit ajouté qu'il ne vouloit en rien se mêler de ses affaires, & que sa porte lui seroit toujours fermée : à quoi Me. Linguet avoit repliqué avec son amertume ordinaire.....
Heureusement, Monsieur, votre porte n'est pas

celle de la Justice, & j'espere que celle-ci me sera ouverte enfin.

28 *Février* 1787. Depuis environ six semaines le fameux Avocat *Gerbier*, transporté de Paris à Versailles, y étoit employé par le Ministere à un travail secret qui intriguoit beaucoup les curieux : on sait aujourd'hui que ce travail est relatif aux opérations proposées à l'assemblée des Notables ; qu'il s'agit des Domaines & de leur aliénation, surtout des forêts du Roi: il est plus que jamais question de supprimer les Grands Maîtres des eaux & forêts & tous leurs accessoires.

28 *Février* 1787. M. le Comte *de Sanois*, cette infortunée victime des ordres arbitraires, ne s'occupe pas seulement de ses propres maux, il voudroit se rendre utile aux autres. Il avoit écrit à M. le Duc *de la Rochefoucault*, à M. le Duc *de Nivernois*, comme à deux membres les plus distingués de l'assemblée des Notables, par leur patriotisme & leurs lumieres, pour leur proposer un Mémoire concernant une réforme à faire dans la maison de Charenton, dont il n'a que trop éprouvé le régime détestable, & en général concernant toutes les maisons de force.

M. le Duc de la Rochefoucault lui a déjà répondu qu'il ne croyoit pas pouvoir faire aucun usage de ce Mémoire, attendu que l'assemblée ne sembloit devoir s'occuper que d'une chose, qui est la Finance. Ce qui confirme ce dont on se doutoit fort, que M.

de Calonne n'avoit provoqué cette assemblée que pour se procurer de l'argent.

28 *Février* 1787. *Les Auteurs de qualité*, comédie nouvelle en un acte & en prose, ont été joués hier aux Italiens pour la premiere & derniere fois vraisemblablement : le vague du titre préfageoit celui de la piece.

28 *Février* 1787. Depuis le 23, que *Monsieur* & Monseigneur Comte *d'Artois* se sont rendus, en cérémonie, à l'assemblée des Notables, à l'heure indiquée par le Roi, on ne sait encore aucun détail des travaux de ces Messieurs, & l'on croit plus fermement que jamais qu'ils se réduiront à peu de chose. *Tous les projets sont arrêtés & les Edits imprimés en conséquence*; il ne s'agit que des moyens d'exécution, sur lesquels les consultés peuvent bien former des difficultés, mais sont hors d'état, faute d'examen & de discussion préalable, de donner les ouvertures desirées.

Il paroît que chaque Prince à l'ouverture du Comité a fait un discours, dont on ne rapporte encore que celui du Comte d'Artois, vague & en général prêchant la soumission.

Dès le samedi M. le Duc *d'Orléans* ne s'étant rendu à son Comité qu'à cinq heures du soir, on veut que le Roi lui ait enjoint de prendre dans la matinée une heure plus commode pour tout le monde.

Du reste, il est constant qu'il regne déjà
une

une grande fermentation entre les Notables. On confirme que M. l'Archevêque de Narbonne a parlé très vivement à M. *de Calonne* & l'a assuré qu'il défendroit de toutes ses facultés les droits de son Ordre & même ceux de la Noblesse; que dans un dîner, le Marquis *de Bouillé* s'étant exprimé indécemment sur le compte du Clergé, ce même Prélat l'avoit relevé avec beaucoup d'énergie & d'applaudissement de la part des convives, au point que le Marquis, très fougueux de son naturel, avoit pris le parti de se taire.

1er. *Mars* 1787. Chacun des Bureaux a pour Secrétaire, le Secrétaire des Commandemens du Prince qui le préside; sauf les deux premiers, auxquels sont attachés en cette qualité les Secrétaires généraux de l'Assemblée, savoir: M. *Hennin* auprès de *Monsieur*, & M. *Dupont* auprès du Comte *d'Artois*.

Les séances commencent tous les jours à onze heures du matin, excepté le troisième, dont les séances ne commencent qu'à cinq heures; ce qui annonceroit que le Duc *d'Orléans* auroit fait connoître au Roi l'impossibilité de se rendre plutôt au sien.

Du reste, chaque Bureau s'assemble dans l'appartement du Prince Président.

1er. *Mars* 1787. M. l'Abbé *d'Espagnac* le jeune, Conseiller Clerc au Parlement, vient d'être reçu Chanoine de l'église de Paris à la place de son frere. M. le Doyen lui a fait le discours suivant, que l'on conſervé, parce qu'il n'eſt point un lieu commun & fait anecdote.

„ Monſieur, vous êtes entré dans le Cha-
„ pitre avec un nom qui n'y eſt que trop
„ connu & malheureuſement vous laiſſe des
„ impreſſions fâcheuſes à effacer. M. vo-
„ tre frere que vous remplacez, avoit dans
„ ſes talens & ſes qualités perſonnelles tout
„ ce qu'il falloit pour ſe faire aimer & eſti-
„ mer de nous ; mais ſa vie diſſipée, des
„ occupations abſolument étrangeres à ſon
„ état & même indignes de ſon nom, l'ont
„ mis dans le cas de s'en éloigner & de nous
„ quitter : il eſt à croire que membre déjà
„ du premier Parlement de France, vous y
„ aurez puiſé ces principes de ſageſſe, de
„ mœurs ſéveres, qui conviennent également
„ & à la Magiſtrature & à la vie canoniale:
„ puiſſiez-vous réaliſer notre eſpérance!"

Il faut ſe rappeler pour l'intelligence de ce diſcours, que l'abbé *d'Eſpagnac* l'aîné eſt le fameux agioteur, l'un des chefs de la hauſſe, impliqué dans le honteux procès porté au Parlement ſur les conteſtations nées au ſujet de l'agio ; procès qui auroit mal tourné pour l'abbé d'Eſpagnac, s'il n'eût été évoqué au Conſeil.

1er. *Mars* 1787. Le diſcours de M. *Robert de Saint-Vincent* tenu aux Chambres aſſemblées, le 9 Février dernier, eſt imprimé & répond à l'idée qu'on en avoit donnée; ou y trouve un hiſtorique précieux de la conduite du Ministere envers les Protestans & des opinions diverses qui ont agité l'Administration depuis qu'on s'occupe de cette matiere, ou plutôt depuis la fameuse Déclaration du 8 Mai 1715, où l'on fait supposer à *Louis XIV* qu'il n'y a plus de Protestans en France.

Le célebre *d'Aguesseau* avoit été consulté sur cette Loi, & son premier mot fut, que la supposition qu'il n'y avoit plus de Protestans en France étoit un systême insoutenable : sa Lettre à ce sujet existe encore dans les Bureaux des Ministres, mais sa modestie fut bientôt vaincue par l'autorité.

Les divisions des Protestans avec les Evêques de Languedoc firent naître l'Edit de 1724, qui, en supposant toujours qu'il n'y avoit plus de Protestans en France, prononça les peines les plus graves contre les Religionnaires & contre leurs Ministres.

Dès 1726 toutes ces Loix avoient produit si peu d'effet qu'il existoit toujours un nombre considérable de Protestans ; ce qu'atteste le grand oncle de M. de Saint Vincent, l'Abbé *Robert*, Docteur de Sorbonne, Prévôt de l'Eglise Cathédrale de Nismes, ami & conseil de M. *Fléchier*. C'est dans une Lettre du mois de Novembre au Cardinal *de Fleury*, qu'avec une liberté noble, forte & religieuse il combat les Loix à ce sujet & en prouve l'insuffisance.

Une Lettre du premier Mai 1751 de M

de *Chabannes*, Evêque d'Agen, à M. le Contrôleur général, certifie qu'il y avoit en Languedoc un grand nombre de Proteſtans, contre lesquels cet ardent fanatique ſollicite la proſcription la plus éclatante.

Le Procureur général *Joly de Fleuri*, conſulté ſur cette matiere par le Gouvernement en 1752, fit un Mémoire, où l'on apprend l'exiſtence des troubles de la part des Proteſtans, ſur leſquels le Maréchal *de la Fare* avoit envoyé un Mémoire fort détaillé en date du 16 Mai 1728; que ces troubles renaiſſans en 1732, le Gouvernement s'occupa de nouveaux projets qui furent arrêtés & ſuſpendus pendant la guerre de 1733; qu'ils furent repris après la Paix de 1737; mais que la guerre recommença en 1740; que les Religionnaires ſe porterent à de nouveaux excès en 1743; que les Conférences recommencerent en 1749 & donnerent lieu à une Ordonnance du 17 Janvier 1760. Son réſultat eſt de maintenir le principe qu'il n'y a point de Proteſtans en France.

En 1752, le Maréchal de Richelieu avoit écrit une Lettre pour ſolliciter du Gouvernement qu'il aſſurât l'état civil des Proteſtans en France.

En 1755 parut le Mémoire imprimé de M. *de Montclar* en faveur du Tolérantiſme.

En 1758 écrivoit l'Abbé *de Caveirac*, l'apologiſte le plus ardent de la Révocation de l'Edit de Nantes; il ne compte plus que cinquante mille Protestans dans le Royaume & en sollicite la proscription avec le plus beau zèle.

En 1764, l'Evêque de Poitiers, dans un Mémoire déposé au Greffe, assure que le nombre des Protestans est très considérable dans son Diocese.

L'on est revenu à des avis plus doux, & quoique les ennemis du Parlement l'accusent de ne pas vouloir se prêter à rendre aux Protestans leur état civil, il a déjà émis son vœu à ce sujet en 1778, & aujourd'hui que tout se dispose pour ce grand événement; M. de Saint Vincent estime que c'est le moment de le renouveller.

1er. *Mars* 1787. La gazette ecclésiastique du 27 Février dernier est piquante, par une sortie assez vive contre le Journal des Savans, auquel on y reproche de traiter rarement la théologie avec exactitude, de saisir toutes les occasions d'accréditer le système si absurde & si irréligieux de M. *de Buffon* sur la théorie de la terre, & de rapporter comme dignes d'attention toutes les opinions nouvelles qui peuvent être favorables à ce système.

Le zèle de ce gazettier s'éleve aussi contre M. *Dupuy*, l'un des rédacteurs du Journal des Savans, qui certes n'est ni un Athée, ni un Matérialiste; qui est même un Dévot, mais un Dévot Moliniste, &, à ce titre, vraiment pervers aux yeux de son détracteur.

1er. *Mars* 1787. Le premier objet à discuter dans les Comités des Notables, qui étoit celui des Assemblées Provinciales, n'a point souffert de difficultés quant au fond, mais bien pour la forme. Il paroît qu'on a préféré celle proposée anciennement par M. *Turgot*, plutôt que celle de M. *Necker*.

La Noblesse & le Clergé se sont ligués unanimement pour n'être point présidés par l'Intendant, ainsi que le Ministère l'auroit voulu, & l'on a réglé que le Président seroit choisi dans l'Ordre du Clergé & dans celui de la Noblesse.

Il y aura un Bureau intermédiaire de six membres, qui subsistera toute l'année & veillera aux intérêts de la Province durant la séparation de l'assemblée.

On verra plus en détail les autres dispositions dans l'Edit de création. L'Impôt territorial est ce qui agite le plus aujourd'hui les Comités & il souffre de grandes difficultés.

2 *Mars*. M. *de Saint Vincent*, dans son Mémoire assez bien fait, quoiqu'un peu diffus & confus, venge non seulement le Parlement de Paris du soupçon qu'on voudroit répandre contre lui, mais même tous les Parlemens du Royaume; il nous apprend que ceux du Nord & du Midi se sont déterminés d'après l'esprit de Tolérance du Gouvernement en faveur des Protestans, soutenu depuis plus de vingt ans, à déclarer de concert non recevables tous ceux qui voudroient

(231)

attaquer la légitimité des unions protestantes & des enfans qui en écoient nés.

Au reste, le zele de M. *de S*^t. *Vincent* est d'autant moins étonnant, que c'est un fougueux Janseniste, & l'on sait que le Jansenisme & le Protestantisme sont cousins germains. L'auteur prend occasion de ce discours pour faire un grand éloge des Illustres de son parti, que la France a produits depuis un siecle & demi, & pour dénigrer, au contraire, les Jésuites & les restes de leur cabale. *A la fin de ce discours M. Robert de Saint Vincent a dit, en adressant la parole au Premier Président, suivant l'usage:*

„ Je vous prie, Monsieur, de mettre en
„ délibération ce qu'il conviendra de faire à
„ ce sujet. Si ma proposition ne paroît pas
„ indiscrete à la Compagnie, il sera de sa
„ prudence d'examiner s'il ne seroit pas expé-
„ dient que le Parlement prévînt toutes les
„ démarches qui pourroient être faites à ce
„ sujet par l'assemblée des Notables.

La matiere mise en délibération:
„ La Cour a arrêté qu'il sera fait Registre
„ du récit d'un de Messieurs & que M. le
„ Premier Président sera chargé de se retirer
„ par devers le Roi, à l'effet de supplier le-
„ dit Seigneur Roi de peser dans sa sagesse
„ les moyens les plus sûrs de donner un état
„ civil aux Protestans."

2 Mars 1787. On parle beaucoup du Procureur général du Parlement d'Aix, membre du comité du Comte d'Artois, lequel y a fait une sortie contre M. de Calonne si vive qu'on ne peut la croire & qu'il faut attendre une explication ultérieure sur cette anecdote.

2 *Mars* 1787. On se rappele que le projet d'amener la riviere d'Yvette à Paris, a été soumis à l'examen & au rapport d'une Commission qui doit juger de l'utilité des moyens d'exécution de ce projet. Cependant Mr. *de Fer*, Ingénieur, ayant obtenu la permission de traiter le Canal de communication de cette riviere, dans l'étendue de cinq mille toises, depuis la prise d'eau jusques au réservoir de la fontaine d'Arcueil, il a formé une rigole un peu plus profonde, à l'aide de laquelle il a conduit 24 pouces d'eau de l'Yvette dans le bassin d'Arcueil. L'eau y est arrivée le trois Février à midi; de sorte que si des inconvéniens particuliers ne s'opposent pas à la conduite de ces eaux sur les carrieres qui bordent cette capitale, dans toute la partie du midi, la facilité de cette opération paroît démontrée par le succès de l'essai de M. de Fer.

3 *Mars* 1787. Pour satisfaire l'empressement de ceux qui, plus par vanité que par un goût de bienfaisance véritable, ont donné leur argent ou leur parole dans l'espoir de voir leur nom moulé, on vient de faire publier une Liste des personnes qui ont fait leurs déclarations & soumissions dans les Bu-

reaux du Greffier & du Tréforier de l'hôtel de ville de Paris, de contribuer à l'établissement de quatre nouveaux hôpitaux, capables de suppléer à l'insuffisance de l'hôtel-Dieu de Paris, annoncé dans le *Prospectus* imprimé de l'ordre du Roi, depuis & compris le 22 Janvier 1787 jusques & compris le 21 Février suivant.

Le total se monte à 1,703,665. livr. 10 sols & la quantité des soufcripteurs à 224 : dans le nombre beaucoup qui ont soufcrit même pour des sommes très fortes, n'ont pas jugé à propos d'être nommés ; mais parmi les autres on lit avec étonnement Mlle. *Manon Roger* dite *Belle Gorge*, 6 livres. On conçoit que ce ne peut être qu'une fille qui a sacrifié un gros écu pour se faire connoître. En effet ce sobriquet excite la paillardise des amateurs & ils sont fâchés qu'on n'y ait pas joint la demeure de la donzelle. Du reste, les dévots & les gens graves trouvent cette énonciation très indécente.

3 *Mars* 1787. Entre les diverses épitaphes du Comte *de Vergennes*, outre celle de l'Abbé *Aubert* il faut encore distinguer celle de M. *de Sancy* qui, plus courte que les autres, semble mieux caractériser le défunt dans ce quatrain :

Ci gît un grand Ministre, un Sage, un Citoyen ;
 L'Europe entiere a su le reconnoître :
Au milieu de la cour il fut homme de bien,
 Et mérita les larmes de son maître.

3 Mars 1787. La Demoiselle *Adeline* de la Comédie Italienne étoit entretenue par M. *de Veymeranges*, Intendant des postes & relais de France, à raison de 10,000 livres par mois: mais il vient de la quitter; une petite anecdote assez plaisante n'a pas peu contribué à cette cessation d'appointemens. Le magnifique entreteneur avoit marchandé un superbe attelage pour sa maîtresse, sur lequel le maquignon se rendoit difficile quant au prix; le différend ne s'ajustant pas, le marchand de chevaux qui avoit ses vues, se rend chez Mlle. *Adeline* & lui dit qu'il aime mieux traiter avec elle; que si elle veut lui accorder une nuit, les chevaux seront à elle sans contestation & qu'il les fera conduire avant & dès le soir même dans son écurie. Mlle. *Adeline* qui prend volontiers de toutes mains a consenti au marché fidelement acquitté des deux parts: mais le maquignon en sortant de chez Mlle. Adeline s'est tout de suite transporté chez M. de Veymeranges: ayant bataillé encore quelque tems, il a paru acquiescer, quoiqu'à regret, aux conditions, & après avoir pris avec lui un des cochers de M. de Veymeranges, qui a bien certifié à son maître que les chevaux étoient dans l'écurie de Mlle. Adeline & que c'étoient les mêmes; il est revenu toucher son argent, sans se vanter alors du pot de vin. La courtisanne vraisemblablement auroit aussi volontiers gardé le silence, si quelques jours après le marchand de chevaux n'eût eu la petite vanité de conter son espieglerie; le bruit en est bientôt venu aux oreilles de M. de Veymeranges qui a pris ce prétexte pour rompre un entretien trop lourd, surtout en ce moment, où il est menacé d'une disgrace prochaine.

4 *Mars* 1787. On a enfin une Liste exacte de la formation des sept Bureaux présidés par les sept Princes du Sang. Tous ces membres, les Présidens compris, forment un total de cent quarante-quatre personnes: les deux premiers sont de vingt-deux, & tous les autres de vingt.

Formation des Sept Bureaux.

PREMIER BUREAU.

Monsieur, Frere du Roi.
M. *de Dillon*, Archevêque de Narbonne.
M. *de Séguiran*, Evêque de Nevers.
M. le Duc *de la Rochefoucault*.
M. le Maréchal *de Contades*.
M. le Maréchal *de Beauvau*.
M. le Duc *du Châtelet*.
M. le Comte *de Brienne*.
M. le Baron *de Flaschlanden*.
M. *de Sauvigny*   } Conseillers d'Etat.
M. *de Fourqueux*
M. *d'Aligre*, P. P. du Parlement de Paris.
M. *d'Ormesson*, Président à mortier: idem.

M. de Lamoignon, idem.

M. de Saron, idem.

M. Joly de Fleuri, P. G. du Parlement de Paris.

M. de Bernis, Coadjuteur d'Alby & Archevêque de Damas, Député du Clergé des Etats de Languedoc.

M. le Provoſt de la Voltais, Député de la Nobleſſe des Etats de Bretagne.

M. Gerard, Prêteur de Strasbourg.

M. Tolozan de Montfort, Prévôt des marchands de Lyon.

M. d'Iſnard, Maire de Marſeille.

M. Duperé Duveneur, Maire de Rouen.

Total 22 Perſonnes.

DEUXIEME BUREAU.

Monſeigneur Comte d'Artois, Frere du Roi.

M. de Brienne, Archevêque de Toulouſe.

M. de la Luzerne, Evêque de Langres.

M. le Duc d'Harcourt.

M. le Maréchal de Stainville.

M. le Prince de Robecq, Lieutenant-général.

M. le Duc de Laval.

M. le Duc de Guines.

M. le Marquis de la Fayette.

M. Lambert, Conſeiller d'Etat.

M. de Villedeuil, Intendant de Rouen.

M. *de Nicolay*, P. P. de la Chambre des comptes de Paris.

M. *le Berthon*, P. P. du Parlement de Bordeaux.

M. *de Cœurderoy*, P. P. du Parlement de Nancy.

M. *de Castillon*, P. G. du Parlement d'Aix.

M. l'Abbé *de Fabry*, Député du Clergé des Etats d'Artois.

M. le Comte *de Chatellux*, Député de la Noblesse des Etats de Bourgogne.

M. *de Morfontaine*, Prévôt des Marchands de Paris.

M. *Angrand d'Alleray*, Lieutenant Civil du Châtelet de Paris.

M. le Chevalier *Deydé*, Maire de Montpellier.

M. *de Beauvoir*, Maire de Bourges.

M. *de Roulhac*, Maire de Limoges.

Total 22 Personnes.

TROISIEME BUREAU.

M. le Duc *d'Orléans*.

M. *de Cussé*, Archevêque d'Aix.

M. *de Fontanges*, Evêque de Nancy.

M. le Duc *de Clermont-Tonnerre*.

M. le Maréchal *de Broglio*.

M. le Comte *de Thiard*.

M. le Comte *de Rochechouart*.

M. le Marquis *de Bouillé*.

M. *Vidaud de la Tour*, Conseiller d'Etat.

M. *Bertier*, Intendant de Paris.

M. *de Pontcarré*, P. P. du Parlement de Rouen.

M. *de Berulle*, P. P. du Parlement de Grenoble.

M. *de Barentin*, P. P. de la Cour des Aides de Paris.

M. *de Cambon*, P. G. du Parlement de Toulouse.

M. *de Caradeuc*, P. P. du Parlement de Rennes.

M. le Marquis *d'Estourmel*, Député de la Noblesse des Etats d'Artois.

M. *de la Motte Fablet*, Député du Tiers Etats de Bretagne.

M. *Crignon de Bonvalet*, Maire d'Orléans.

M. *le Caron de Chocqueuse*, Maire d'Amiens.

M. *de Manezy*, Maire Royal de Nancy.

Total 20 Personnes.

QUATRIEME BUREAU.

Mr. le Prince *de Condé*.

M. *Dulau*, Archevêque d'Arles.

M. *de Lauzieres*, Evêque de Blois.

M. le Duc *de Chabot*.

M. le Maréchal *d'Aubeterre*.

M. le Comte *d'Estaing*.

M. le Marquis *de Langeron*.

M. le Marquis *de Mirepoix*.

M. *Dupleix de Bacquencourt*, Conseiller d'Etat.

M. *de Neville*, Intendant de Bordeaux.

M. *de Saint Seine*, P. P. du Parlement de Dijon.

M. *de Grosbois*, P. P. du Parlement de Besançon.

M. *de Mentholon*, P. G. de la Chambre des Comptes de Paris.

M. *de Bordenave*, P. G. du Parlement de Pau.

M. l'Abbé *de la Fare*, Député du Clergé des Etats de Bourgogne.

M. le Marquis *d'Hautpoul*, Député de la Noblesse des Etats de Languedoc.

M. *Duquesnoy*, Député du Tiers Etats d'Artois.

M. le Marquis *de Bonfontan*, Premier Capitoul de Toulouse, Gentilhomme.

M. le Vicomte *du Hamel*, Lieutenant de Maire de Bordeaux.

M. *de Pujol*, Prévôt de Valenciennes.

Total 20 Personnes.

CINQUIEME BUREAU.

M. le Duc *de Bourbon*.

M. *de Taleyrand-Perigord*, Archevêque de Rheims.

M. *de Beausset*, Evêque d'Alais.

M. le Duc *de Nivernois*.

M. le Maréchal *de Mailly*.

M. le Comte *d'Egmont*.

M. le Comte *de Puységur*.

M. le Comte *de Choiseul la Beaume*.

M. *le Noir*, Conseiller d'Etat.

M. *Esmangard*, Intendant de Lille.

M. *de la Tour*, P. P. du Parlement d'Aix.

M. *de la Caze*, P. P. du Parlement de Pau.

M. *Hocquart*, P. P. du Parlement de Metz.

M. le Baron *de Spon*, P. P. du Conseil Souverain d'Alsace.

M. *Perard*, P. G. du Parlement de Dijon.

M. *Hocquart*, P. G. de la Cour des Aides de Paris.

M. *Noirot*, Député du Tiers Etats de Bourgogne.

M. *Havino de Bourghelles*, Mayeur de Lille.

M. *Huez*, Maire de Troyes.

M. *Duval de la Motte*, Maire de Montauban.

―――――

Total 20 Personnes.

SIXIÈME BUREAU.

M. le Prince *de Conti*.

M. *de Juigné*, Archevêque de Paris.

M. *Seignelay Colbert de Gast le Hill*, Evêque de Rhodès.

M. le Duc *de Luxembourg*.

M. le Maréchal *de Vaux*.

M. le Duc *de Chabot*.

M. *de Croix*, Marquis *d'Heuchin*.

M. *de la Galaiziere*, Conseiller d'Etat.

M. *de Catuelan*, P. P. du Parlement de Rennes.

M. de

M. *de Polinchove*, P. P. du Parlement de Douay.

M. *Dudon*, P. G. du Parlement de Bordeaux.

M. *de Reynaud*, P. G. du Parlement de Grenoble.

M. *de Lançon*, P. G. du Parlement de Metz.

M. *Doroz*, P. G. du Parlement de Douay.

M. *de Loyson*, P. G. du Conseil Souverain d'Alsace.

M. le Chevalier *Desue de Saint Afrique*, Député du Tiers Etat de Languedoc.

M. *Verdier*, Maire de Bayonne.

M. *de la Grandiere*, Maire de Tours.

M. *de Meaujean*, Maire Echevin de Metz.

M. *Reboul*, Maire de Clermont Ferrand.

Total 20 Personnes.

SEPTIEME BUREAU.

M. le Duc *de Penthievre*.

M. *Champion de Cicé*, Archevêque de Bordeaux.

M. *de Galard de Terraube*, Evêque du Puy.

M. le Maréchal *de Mouchy*.

M. le Prince *de Croy*.

M. le Comte *de Perigord*.

M. le Marquis de *Gouvernet*.

M. le Comte de *Montboissier*.

Tome XXXIV. L

M. *Boutin*, Conseiller d'Etat.

M. *de Senaux*, P. G. du Parlement de Toulouse.

M. *de Malartic*, P. P. du Conseil Souverain de Roussillon.

M. *de Belbeuf*, P. G. du Parlement de Rouen.

M. *de Beaume*, P. G. du Parlement de Besançon.

M. *de Marcol*, P. G. du Parlement de Nancy.

M. *de Vilar*, P. G. du Conseil Souverain de Roussillon.

M. *de Hercé*, Evêque de Dol, Député du Clergé des Etats de Bretagne.

M. le Comte *de Veudeuvre*, Maire de Caen.

M. *de Souyn*, Maire de Rheims; Militaire.

M. *Girard Duplessix*, Procureur Syndic & Maire de Nantes.

M. *Goblet*, Premier Echevin de Paris.

Total 20 Personnes.

4 Mars 1787. Tous les Bureaux alarmés de l'impôt territorial, ayant été d'avis que l'objet de leurs délibérations devoit être, non, comme le désire le Contrôleur général, d'accroître la Recette, afin de l'égaler à la Dépense; mais de voir, au contraire, si l'on ne pouvoit pas diminuer la Dépense de façon à la faire cadrer avec la Recette. Le bruit

court que tous les Princes Présidens ont été priés de se retirer pas devers le Roi, afin de supplier Sa Majesté de faire remettre aux Bureaux les soixante-trois Etats que M. de Calonne a cités dans son Discours comme base du travail du leur. On ajoute que d'après cette demande, le Contrôleur général a pris la tournure de faire indiquer par Sa Majesté pour le 2 Mars, qui étoit avant-hier, chez *Monsieur* un Bureau partiel de quarante deux Personnes ; c'est-à-dire, de six membres de chaque Bureau, y compris le Prince Président : que le Ministre s'est rendu à ce Bureau avec les Etats dont il a été donné communication aux membres présens, mais avec refus de les laisser. Que c'est dans cette assemblée où M. *de Calonne* a essuyé des propos très vifs, surtout après sa déclaration ultérieure que le *Déficit* n'étoit pas seulement de 80 millions, mais de cent douze.

Les Députés de chaque Bureau se sont rendus respectivement hier auprès de leurs confrères & ont rapporté ce résultat encore plus effrayant.

4 *Mars* 1787. Hier Me. *Linguet* a plaidé pour la septieme fois : il s'est félicité de l'heureuse tournure que prenoient enfin ses affaires ; les deux Arrêts rendus en sa faveur par le Parlement ont applani les premieres difficultés ; les Greffiers sont devenus dociles, son Procureur s'est rassuré, tout marche à présent réguliérement.

A la lecture de l'Arrêt de Mars 1775, Me. Linguet a vu avec joie qu'il s'offroit une *foule* de moyens de caffation qu'il n'avoit pas encore envifagés. Il a annoncé que fes Lettres de Requête Civile étoient expédiées & fcellées; mais que *les délais inévitables, nécessités par la procédure, le mettoient dans l'impossibilité de plaider fur ce point avant Pâques.* Il s'en eft tenu à prendre des Conclufions fur fa demande en payement d'honoraires & s'eft réfervé celle en dommages intérêts de la perte de fon état dans le tems convenable.

Me. *de Laulne*, le défenfeur du Duc d'Aiguillon, a enfin eu la liberté de parler. Il a d'abord fait l'expofé des variations fréquentes de fon adverfaire dans ce procès, ne fachant à quel point s'arrêter. L'ordonnance à la main, il a prouvé enfuite l'ignorance de Me. Linguet qui demandoit une disjonction abfolument contraire aux difpofitions qu'il a lues; cependant cette même Ordonnance permettant d'y déroger lorsque les parties le veulent bien, il a déclaré que fon client y confentoit.

Me. *de Laulne* a ajouté que fur cette partie de la répétition d'honoraires, le Duc d'*Aiguillon* étoit enfin difpofé à s'en tenir à ce qu'il avoit dit d'abord ,, qu'il croyoit Me.
,, Linguet fuffifamment payé de 12,000 li-
,, vres : qu'au furplus il s'en rapportoit à ce
,, qu'ordonneroit la Cour ; mais que Me.

Linguet avoit tellement compliqué sa demande, y avoit tellement mêlé des incidens, des anecdotes, des faits particuliers, que le Duc d'Aiguillon étoit forcé de s'arrêter sur quelques-uns pour éclairer les Magistrats, ainsi que le public, dont tout homme d'honneur doit être jaloux de conserver l'opinion.

Il a distingué trois objets essentiels dans les plaidoieries de son adversaire. 1°. Le Duc d'Aiguillon prétend avoir fait donner 500 Louis à Me. Linguet, & celui-ci n'en avoit reçu que 400. 2°. Le Duc d'Aiguillon prétend avoir suffisamment payé son Avocat avec une somme de 12,000 livres, & cet Avocat ne regarde cette somme que comme un léger à compte sur ses honoraires, ou même comme un simple remboursement de faux frais dans lesquels il a été obligé de se constituer pour un procès aussi immense. 3°. Me. Linguet prétend que le Duc d'Aiguillon a si bien senti lui-même l'insuffisance de ce payement, qu'il lui a fait offrir par l'entremise de M. le Garde des Sceaux une pension viagère de 2000 livres, afin de le satisfaire entierement. La réponse a été:

1°. Le Duc d'Aiguillon a réellement envoyé 500 Louis à Me. Linguet en cinq payemens différens : il n'en peut rapporter de quittance, parce que Me. Linguet, étant alors Avocat, suivoit l'usage de ses confrères de ne point donner de reçu. Ces 500 Louis lui ont été portés par le Chevalier *d'Abrieu*, homme de condition, Chevalier de Saint Louis, témoin & porteur d'autant moins récusable par Me. Linguet, que celui-ci fait l'éloge de la probité, de l'exactitude, du désintéressement du Chevalier d'Abrieu dans une foule de Lettres qu'il lui a adressées & dont, pour preuve, trois ont été lues. Me. de Laulne a également lu le Certificat du Chevalier d'Abrieu, qui atteste avoir fait cinq payemens. Enfin la loi est qu'en pareil cas, le ferment soit déféré au défendeur & le Duc d'Aiguillon offre de le faire, quoique surabondant.

2°. A l'égard de l'estimation des travaux de Me. Linguet, le Duc d'Aiguillon a consulté là-dessus dans le tems ses autres Conseils, qui lui ont dit que l'usage étoit de payer les Mémoires imprimés sur le pied de 36 livres ou 48 livres la feuille, & que les trois de Me. Linguet, ne montant qu'à huit cents & quelques pages in 4°, il se trouvoit avoir été payé sur le pied de quatre à cinq Louis la feuille.... Ici s'est élevé un murmure si considérable dans le *Forum*; les huées ont été si fortes, si multipliées, si générales & si persévérantes que l'Avocat n'a pu se faire entendre & le Président s'est levé pour aller aux voix..... Après un quart-d'heure de débats entre les Juges, le Président s'est rassis & a dit: ,, La Cour ordonne qu'on ,, fasse silence & si l'on continue de man- ,, quer de respect à la Cour, l'affaire sera

,, plaidée à huis clos..." Alors il s'eſt fait ſilence & Me. de Laulne a repris.

Il a ajouté qu'enfin il ne falloit pas apprécier les travaux de Me. Linguet tout à fait ſur le compte qu'il en rendoit; que le Client & l'Avocat n'étoient point encore d'accord ſur ce point. Qu'outre les Mémoires imprimés, Me. Linguet parloit de pluſieurs gros & importans manuſcrits compoſés pour le Duc d'Aiguillon; manuſcrits que ce Seigneur offroit par ſerment de déclarer n'avoir jamais ni commandés, ni vus, ni connus; manuſcrits au ſurplus dont Me. Linguet ne faiſoit aucune mention dans l'original de ſa premiere demande au Duc d'Aiguillon, & à ce ſujet Me. de Laulne a donné aux Juges un échantillon de la bonne foi de Me. Linguet, qui dans une copie prétendue de cette Lettre lue à l'audience y avoit inſéré depuis un article de ces manuſcrits.

3°. Me. de Laulne ſentant toute l'importance de la prétendue Négociation du Garde des Sceaux, a cru devoir s'informer du fait à ce Chef Suprême de la juſtice, qui l'a autoriſé à rendre aux Juges le récit ſuivant.

En 1774, pendant le Voyage de Fontainebleau, le Duc d'Aiguillon diſgracié & dans ſes terres, Me. Linguet écrivit au Comte de Maurepas pour l'engager à lui faire accorder par M. le Garde des Sceaux le privilege d'une édition générale de ſes œuvres. Le Comte de Maurepas inſtruit des tracaſſeries

& des demandes que Me. Linguet commençoit à former contre le Duc d'Aiguillon, des Lettres injurieuses qu'il lui avoit écrites, & de la menace qu'il lui faisoit perpétuellement de publier un libelle tout prêt qui devoit diffamer l'Ex-Ministre dans toute l'Europe, crut l'occasion favorable pour arrêter cette agression. Il engagea le Garde des Sceaux à concéder le Privilege, à condition que Me. Linguet mettroit en tête de ses œuvres une épitre dédicatoire, par forme de rétractation & de réparation de toutes les injures qu'il avoit vomies contre son client, & surtout de préservatif du libelle : le Comte de Maurepas ajouta que M. le Garde des Sceaux pourroit offrir au Sieur Linguet 1500 livres de rentes viageres en reconnoissance de cette dédicace, suivant l'usage des grands Seigneurs envers les gens de Lettres qui recherchent ainsi des Protecteurs; qu'il se faisoit fort de faire agréer cette condition du Duc d'Aiguillon. Le Garde des Sceaux ayant proposé la condition à Me. Linguet, celui-ci avoit demandé huit jours pour se consulter, & au bout de ce tems avoit envoyé un projet d'épitre dédicatoire si singuliere, que le Garde des Sceaux & le Comte de Maurepas l'avoient jugée également inadmissible. Du reste, M. le Garde des Sceaux a déclaré n'avoir jamais parlé ou avoir été chargé de parler d'honoraires à Me. Linguet & regarde comme un jeu de
l'ima-

l'imagination de cet orateur, tout ce qu'il a plaidé, toutes les Lettres qu'il a lues à cet égard.

Me. de Laulne a fini par déclarer que le Duc d'Aiguillon n'entreroit point dans un combat de paroles contre Me. Linguet; qu'il ne se permettroit pas de qualifier les plaidoyers de son adversaire & la maniere cruelle dont il avoit mis en scène le Duc d'Aiguillon; que son client s'en rapportoit là-dessus, comme sur le reste, aux Magistrats.

Ce coup de massue auroit atterré tout autre: M. Linguet vouloit repliquer, lorsque le Président est allé aux voix. Dans le cours des opinions, il s'est interrompu pour demander à Me. Linguet s'il en auroit pour longtems ? Il a répondu que non : on lui a accordé la réplique & la cause a été remise à la huitaine.

4 *Mars* 1787. Extrait d'une Lettre de Versailles du 2 Mars 1787..... Dans les premieres séances des Bureaux, il n'y avoit qu'un Mémoire concernant les Assemblées Provinciales pour chaque Bureau, communiqué successivement à chacun des membres lors de sa délibération du 24 Février: ce fut le Bureau de M. le Duc d'Orléans qui déclara, qu'on ne pouvoit voter sur ce Mémoire, sans que chaque membre en eût une copie & une du discours de M. de Calonne à l'assemblée où étoit le Roi.

Depuis cette réclamation, on a envoyé

dans chaque Bureau autant de Mémoires qu'il y avoit d'opinans; du reste, la masse de ces Mémoires est toujours adressée au premier Bureau chargé de la distribution des autres :

Dans ce même Bureau M. le Duc de Clermont Tonnerre, & M. le Premier Président du Parlement de Grenoble, en adoptant l'avis général, supplierent en même tems le Roi de vouloir bien ordonner la convocation des Etats du Dauphiné, qui n'ont été que suspendus dans le dernier siecle.

Ce Mémoire n'a occupé les Bureaux que jusques au 27 Février inclusivement. Ils se sont tous réunis à demander la Présidence pour un des deux Ordres, du Clergé ou de la Noblesse, exclusivement au Tiers, pour donner le plus de consistance aux Assemblées, ainsi que le plus d'étendue possible à leurs fonctions, pour restreindre autant qu'il se pourroit l'influence des Intendans & annuller leur autorité; quelques-uns ont opiné même pour que tout ce qui a trait aux Milices soit confié aux Administrations Provinciales : enfin tous les Bureaux desirent voir l'Edit projeté & minuté, afin de réfléchir mieux & sur l'ensemble & sur les détails.

5 *Mars* 1787. M. M. *de Launay*, Gouverneur de la Bastille, & le Commissaire *Chesnon*, qui croyoient avoir reconquis l'opinion publique par leur *Piece importante*,

se trouvent dans un nouvel embarras : une *Réponse pour le Comte de Cagliostro* se publie depuis quelques jours. C'est une Piéce judiciaire, dont l'objet est de détruire par la déclaration volontaire de Me. *Fremyn*, du 14 Février dernier, le Certificat par lui délivré au Sieur de Launay le 7 du même mois, & d'examiner ensuite si la fameuse description des bijoux de la Dame Cagliostro du 5 Septembre 1785, est conforme au Procès-Verbal de remise de ces mêmes bijoux du premier Juin 1786 ; de prouver enfin par la différence qui s'y trouve que cette piéce, loin d'être victorieuse pour le Sieur de Launay, ne peut que tourner contre lui.

On a imprimé en même tems une *Requête à Nosseigneurs du Conseil*, par laquelle le Comte de Cagliostro demande une Enquête sur les faits qui sont dans le cas d'être prouvés. Cette piéce purement judiciaire aussi, ne mérite aucun détail.

5 Mars 1787. Il se confirme une anecdote qui couroit depuis quelques jours sur Mr. *de Veymeranges* & causoit une grande fermentation dans Paris. On sait que c'est un des bras droits de M. de Calonne. Le Comte *de Senef* visant à l'agrément de la charge de Trésorier des parties casuelles qu'il auroit envie d'acheter de M. *Bertin*, avoit eu recours à M. de Veymeranges : celui-ci lui fait entendre que cela sera très aisé par l'entremise de Madame *Fouquet*, niéce du

Contrôleur général, mais qui exige 50,000 écus de pot-de-vin : le Comte de Senef y confent & les donne.

M. le Comte de Senef croit en conféquence pouvoir & devoir même une vifite de politeffe à Madame Fouquet ; celle-ci ne le connoiffant pas & ayant du monde ne lui fait qu'une très froide reception : il fort furieux, rencontre un ami & fe plaint de la malhonnêteté de Madame Fouquet. L'ami qui connoiffoit beaucoup cette Dame & la favoit incapable d'un pareil marché, témoigne fa furprife au Comte de Senef : il lui promet d'éclaircir la chofe. Il en parle à Madame Fouquet, qui déclare ignorer abfolument ce tripotage : indignée, elle va chez fon oncle, fe plaint d'avoir été compromife par M. de Veymeranges & en demande juftice. Le Contrôleur général veut approfondir le fait, il ne le trouve que trop vrai. Cependant comme il a befoin de M. de Veymeranges, dont le confeil & les travaux lui font effentiels en ce moment ; il demande au Roi, aux oreilles duquel l'hiftoire eft revenue, la permiffion de l'employer encore. Mais Madame Fouquet qui demeure chez fon oncle & fait les honneurs de fa table, lui déclare que fi M. de Veymeranges fe préfente pour dîner, elle ne le fouffrira pas & fe retirera plutôt.

Malgré la bonne volonté du Contrôleur général, on ne croit pas, vu la publicité de l'anecdote, qu'il puiſſe ſauver ſon protégé trop diffamé. On parle même déjà d'un voyage qu'il va faire.

5 *Mars* 1787. M. *Bourboulon*, Tréſorier général de M. le Comte & de Madame la Comteſſe *d'Artois*, vient de prendre la fuite: ſa banqueroute a éclaté ce matin à la Bourſe, on l'a dit de quatre à cinq millions. C'étoit un grand inſolent que perſonne ne plaint. C'eſt lui qui avoit écrit contre M. Necker & ſon Compte rendu.

M. *Harvouin* a écrit à quelques-uns de ſes confreres anciens, entr'autres à M. *de l'Orme*; il le prie, s'il conſerve encore quelque ſentiment pour lui, de faire parvenir ſa juſtification à *Mesdames*. On ne dit pas au ſurplus ce que c'eſt que cette juſtification.

5 *Mars* 1787. L'avis de M. *de Caſtillon*, Procureur général du Parlement d'Aix, du Bureau de M. le Comte d'Artois, eſt celui qui a fait le plus de ſenſation, d'autant mieux qu'il contient une ſorte de proteſtation en faveur de la Provence. Voici les paroles mêmes de ce Magiſtrat patriote:

„ Votre Alteſſe Royale me permettra de
„ lui dire qu'il n'eſt aucune puiſſance légale
„ qui puiſſe admettre l'Impôt territorial,
„ tel qu'il eſt propoſé; ni cette Aſſemblée,
„ quelqu'auguſte qu'elle ſoit, ni les Parle-
„ mens, ni les Etats particuliers, ni même
„ le Roi: les Etats Généraux en auroient

,, seuls le droit. Quant à moi, je ne puis,
,, comme Provençal, délibérer sur cet objet.
,, La Provence n'ayant été ni conquise ni
,, réunie, & s'étant donnée librement, en
,, confirmation du Testament du Roi *René*,
,, dont le premier article garantit tous les
,, privileges du pays, & notamment de
,, n'être jamais soumise à aucun impôt ter-
,, ritorial."

5 *Mars* 1787. Les discours d'ouverture des Princes n'ont point été répandus, sauf celui du Comte d'Artois dont on donne des copies, sans doute comme du plus saillant.

Discours de M. le Comte d'Artois.

,, Vous allez examiner avec détail les im-
,, portans projets sur lesquels le Roi veut
,, bien nous consulter. Je connois votre
,, zele, votre patriotisme, & je ne doute
,, point des marques distinguées que vous en
,, donnerez dans une occasion aussi intéres-
,, sante."

,, François comme vous, Sujet comme
,, vous, je répondrai à la confiance que le
,, Roi, mon frere, nous témoigne, par la
,, plus entiere franchise & la plus parfaite
,, soumission aux ordres qu'il voudra nous
,, donner pour le bonheur de ses Peuples &
,, la gloire de son Trône. Mais, Messieurs,
,, ces sentimens sont trop gravés dans vos
,, cœurs pour qu'il me soit permis d'en
,, douter."

6 *Mars.* Le parti Janseniste toujours

acharné contre l'Archevêque, enfante encore une *Lettre à l'Auteur des Observations sur le nouveau Rituel de Paris*, en date du premier de ce mois. L'auteur, plus grave que le précédent, reproche au Rituel nouveau de prêcher une Doctrine tantôt infectée de l'Ultramontanisme le moins équivoque, tantôt altérée par les nouvelles opinions théologiques, auxquelles on avoit le moins lieu de s'attendre.

Il se révolte surtout, ainsi que M. Robert de Saint Vincent, contre l'indécence d'avoir affecté de citer la révocation de son Appel par M. le Cardinal de Noailles; & pour servir de contrepoison à l'anecdote, il rapporte la Déclaration du Prélat du 26 Février 1729, qu'il ne se départira jamais de ses sentimens ni de son appel; ce qui au fond n'indique qu'une variation de plus & une tête absolument affoiblie.

Cette Lettre excellente pour les *Zélanti* ne mérite pas plus de détail pour les gens du monde.

6 Mars 1787. Le Ballet du *Coq du Village*, Pantomime, comme on a dit tracée exactement d'après l'opéra comique du même nom, est une infraction du dernier Bail passé par la comédie Italienne avec l'Académie Royale de Musique. Une clause porte que l'opéra ne pourroit plus à l'avenir prendre les sujets ni les airs qui appartiennent à la premiere, pour en former des ballets d'action.

Cette clause étoit une récrimination de l'obligation que l'Académie royale de Musique imposoit à la comédie Italienne de ne plus à l'avenir représenter aucun ouvrage revêtu de musique étrangere, comme la *Servante Maîtresse*, *Ninette à la Cour*, la *Colonie*, la *Bonne fille* &c. C'est par une suite de cette défense qu'on est obligé d'aller voir jouer sur le Théâtre de la ville de Versailles le *Roi Théodore*, dont la musique délicieuse est du Sieur *Paësiello*, & se trouve arrêtée aux portes de Paris, comme de la contrebande.

Les amateurs desireroient que l'indulgence de la comédie Italienne envers l'opéra, excitât celui-ci à en user de même à l'égard de sa rivale & ne l'empêchât plus d'employer une musique étrangere dont lui-même ne peut & ne veut faire aucun usage.

6 Mars 1787. Extrait d'une Lettre de Berlin du 13 Février... Vous ne tarderez pas à voir le *Prospectus* d'un ouvrage posthume du feu Roi de Prusse, intitulé *Histoire de mon tems, pour servir de Suite aux Mémoires de Brandebourg*. Ce manuscrit contient principalement l'histoire du Regne de *Frédéric le Grand*, depuis 1740 jusques à la Paix de Teschen en 1779. Par une singularité digne de son auteur, il avoit composé son ouvrage en François & il a fallu le traduire en Allemand pour l'intelligence des Nationaux.

Ce manuscrit confié & donné par le Monarque à son Secrétaire *Villaume*, en lui permettant de le vendre à son profit après sa mort, a été racheté par le Roi regnant: Sa Majesté a commis pour l'imprimer les Libraires *Vos*, pere & fils, avec l'imprimeur de la Cour *Decker*; il est sous la garde de M. *de Woëlner*, Conseiller privé des finances, qui doit lire quelques morceaux de l'ouvrage dans une des Séances publiques de l'Académie. M. le Conseiller privé *de Moulines* a revu & corrigé le même manuscrit. M. le Comte *de Hertzberg* l'a revu & confronté avec l'original de la propre main de l'auteur qui est dans les Archives Royales: du reste, j'ignore si M. le Comte *de Mirabeau*, ainsi qu'on le dit à Paris, a eu quelque part à ces différentes manipulations.... La traduction allemande est achevée & ne retardera plus l'impression.

6 *Mars* 1787. On parle d'une caricature très condamnable par les allusions auxquelles elle peut prêter. On voit à table un gros fermier; il ne se trouve encore aucun mets à servir; son garçon de basse-cour, le coutelas à la main, semble disposé à faire main basse sur une foule d'animaux de trois espèces, des cochons, des coqs-d'Inde, des moutons... On lit au bas cette harangue du garçon de basse-cour: ,, le Propriétaire ,, auroit le droit de vous égorger sans mot ,, dire; mais il veut bien vous donner à

„ choisir de quelle maniere vous préférez
„ d'être mangés...."

7 *Mars* 1787. Parmi les noms des Souscripteurs pour la construction des nouveaux hôpitaux, on trouve le nom du Duc *de Praslin*, qui est le sixieme sur la liste & a consacré une somme de douze mille livres à cette œuvre de charité : mais on confirme ce qu'on a dit dès-lors, qu'il avoit ajouté à condition que le Sieur *le Doux* ne sera chargé d'aucun de ces bâtimens. On ne sait si c'est par horreur de cet architecte, comme présidant à la confection des murs de Paris, ou par crainte qu'il n'étalât trop de luxe dans des hôpitaux dont la simplicité doit faire le caractere ; ce qui n'est pas celui des édifices du Sieur le Doux ; ou le regardant comme constituant ceux qui s'en rapportent à ses devis en trop de dépenses.

7 *Mars* 1787. On commence à parler beaucoup d'une institution formée par l'Intendant de la Généralité de Paris. Ce sont *des Comices Agricoles*; ils ne ressemblent pas encore tout à fait à ceux du peuple Romain ; mais enfin ils sont louables & peuvent être utiles dans leur genre. On n'auroit pas cru M. *Berthier*, personnage très-frivole, capable d'un établissement aussi réfléchi. En voici l'origine.

En 1785, M. l'Intendant voulant encourager l'agriculture, le premier des arts, imagine de réunir dans chaque Election douze laboureurs des plus recommandables. Ils s'assemblent chaque mois à un jour marqué chez le Subdélégué ; ils rendent compte de tous les faits intéressans relatifs à l'économie rurale ; ils correspondent avec la Société royale d'agriculture, & dès 1786 celle-ci a nommé des Commissaires pour aller recueillir, par eux-mêmes, lors de la tournée de l'Intendant, les lumieres qu'ils pourront puiser dans chaque assemblée : ainsi, indépendamment de la Correspondance, cette récolte personnelle doit se faire une fois par an.

Il se distribue à chacune des Séances une médaille décernée au Laboureur le plus méritant de l'aveu de ses confrères. C'est le Commissaire départi lui-même qui donne le prix.

7 Mars 1787. Les délibérations des Bureaux sur l'impôt territorial ont tenu depuis le 28 Février jusques aujourd'hui 7 Mars inclusivement.

Tous ont été d'avis avec plus ou moins de force de connoître la situation des finances & l'étendue des besoins avant de consentir à cet impôt, & pour en fixer la quotité & la durée.

Tous ont été d'avis de rejeter la perception en nature, comme trop frayeuse & entraînant trop d'inconvéniens. Du reste, ils ont varié sur le nom, sur l'étendue & sur les objets qui y seroient assujétis.

Le Bureau de *Monsieur* a voté pour que la Noblesse & la Magistrature ne fussent pas exemptes de la Capitation qu'on offre de leur remettre, & de faire tourner ce sacrifice de leur part en diminution en soulagement de la partie la plus indigente des Sujets. Enfin tous ont été d'avis, plus ou moins énergiquement, que les droits & privileges des Corps & des Provinces fussent maintenus dans leur intégrité.

Dans la Séance orageuse du 6 Mars du Sixieme Bureau, l'avis particulier de M. le Prince *de Conti*, qui a desiré qu'il en fût fait registre, étoit en ces termes :

„ Dans la position où je me trouve, je
„ n'ai rien à dire, si ce n'est que je m'en
„ rapporte à la sagesse, à la prudence &
„ aux bontés du Roi pour ses Sujets.

Les grands Seigneurs se sont surtout opposés à l'impôt territorial en nature, parce qu'ils sont dans l'usage de s'abonner en argent, & d'échapper ainsi à la répartition égale de l'impôt ; ce qui fait gémir les vrais Patriotes.

Malgré les protestations de l'Archevêque de Narbonne & de l'Archevêque d'Aix, le Clergé sera comme les autres Sujets contribuable de cette subvention. On lui accorde une assemblée au mois de Juillet, dans laquelle il avisera aux moyens de payer ses dettes.

Le Roi qui comptoit que tout iroit de

plein droit & qu'on lui sauroit gré de se rapprocher de la Nation, est de fort mauvaise humeur & fatigué à l'excès de tous ces débats. Les Comités ennuyent la plupart des Princes, & même un jour le Prince de Conti a quitté le sien & est allé à la chasse: Sa Majesté lui en ayant fait des reproches, il a répondu qu'il avoit la tête fatiguée & avoit besoin de dissipation & d'exercice pour se la rendre libre.

8 Mars 1787. On a qualifié les Comités des Princes d'après le caractere ou les discours de ces Chefs. On appelle celui de *Monsieur*, le *Comité des Sages*, parce qu'il se conduit fort bien & avec beaucoup de prudence: celui du Comte d'Artois, le *Comité des Francs*, parce qu'il a promis dans son discours de parler au Roi avec franchise, & que certains membres, comme M. *de Castillon*, l'ont fait à ce Bureau: celui du Duc *d'Orléans*, le *Comité des Ladres*; ce Prince a fait ses preuves, il n'a point de table à Versailles & revient tous les jours à Paris: celui du Prince *de Condé*, le *Comité des Faux*: celui du Duc *de Bourbon*, le *Comité des Ingénus*; son discours est charmant, il y avoue avec naturel son ignorance, son incapacité de figurer dans une telle assemblée: celui du Prince *de Conti*, le *Comité des Nuls*: celui du Duc *de Penthievre*, le *Comité des Plats*.

8 Mars 1787. On a fait sur l'événement actuel une allégorie intitulée *le Naufrage*;

elle est relative aux Séances orageuses du 2 & du 3 de l'assemblée des Notables & surtout à la résistances très vive & aux propos durs qu'a essuyés M. de Calonne : on a saisi la circonstance assez singuliere du vaisseau de la Compagnie des Indes, *le Calonne*, richement chargé, qui en effet a péri le 12 Février dernier, sur le Cap Saint André, à quelques lieues de Lisbonne, à son retour en Europe. Voici la plaisanterie.

,, On apprend de Versailles que le Navire
,, *l'Agioteur*, commandé par le sémillant
,, *Calonne*, venant de la Côte d'Or & du Pé-
,, gu, chargé de riches bagatelles d'un très
,, grand prix, a échoué au Cap de Bonne
,, Espérance par un coup de vent furieux.
,, On est d'autant plus inquiet sur ce vais-
,, seau, que le Capitaine se fiant sur la har-
,, diesse de ses manœuvres & sur sa bonne
,, fortune, n'avoit pas fait beaucoup de
,, provisions, & que tout son équipage a
,, grand appétit."

8 *Mars* 1787. Un Arrêt du Conseil fort singulier, rendu le 12 Janvier dernier, ne commence à percer qu'en ce moment, où il fait bruit, & où beaucoup de curieux l'achetent pour s'en convaincre par leurs yeux ; il est court & porte littéralement :

,, Le Roi est informé qu'il arrive souvent
,, que les Exécuteurs des jugemens rendus
,, en matiere criminelle, sont, *par erreur*,
,, désignés sous le nom de Bourreaux ; Sa

„ Majesté s'étant fait rendre compte des re-
„ présentations qu'ils ont faites à ce sujet,
„ les a trouvées fondées, & voulant faire
„ connoître ses intentions à cet égard: ouï
„ le rapport, Sa Majesté étant en son Con-
„ seil, a fait & fait très expresses inhibi-
„ tions & défenses de désigner désormais
„ sous la dénomination de Bourreaux, les
„ exécuteurs des jugemens criminels.

„ Fait au Conseil d'Etat du Roi, Sa
„ Majesté y étant &c. Signé le Baron de
„ Breteuil."

8 *Mars* 1787. La querelle élevée entre M. l'Archevêque de Narbonne & le Marquis *de Bouillé*, au commencement des Sessions des Notables, faisant bruit, il est bon de la détailler plus amplement. Ils étoient à dîner chez M. le Maréchal *de Castries*, avec l'Evêque du Puy. Il fut question des mauvaises intentions qu'on avoit contre le Clergé: le Marquis de Bouillé dit que c'étoit très bien fait, qu'il étoit tems de se soustraire à leur joug; qu'il ne voyoit pas pourquoi on marcheroit toujours *par le chemin des Prêtres*: „ il me semble," lui dit M. l'Archevêque de Narbonne, „ que vous ne vous êtes pour-
„ tant mal trouvé d'avoir marché par ce
„ chemin-là; c'est lui qui vous a conduit au
„ Temple de la Gloire".... Et comme le Marquis sembloit faire la sourde oreille....
„ Eh! oui, si feu M. l'Evêque d'Autun,
„ votre oncle, ne vous eût pas acheté un

,, Régiment, où en feriez-vous ?" Le Marquis voulut nier, prétendant que c'étoit par un arrangement de famille..... ,, Oui, fans ,, doute, un arrangement, par lequel il ,, payoit tout". Le Maréchal de Caftries voyant que les convives s'échauffoient & que cette fcene n'étoit point faite pour les valets, fit retirer tous les domeftiques & elle dura encore quelque tems. Cependant le Marquis de Bouillé s'apperçut par un filence général qu'on n'approuvoit pas fa fortie contre le Clergé, fe radoucit & déclara à M. de Narbonne qu'il n'avoit point voulu le fâcher, lui fit des excufes, que le Prélat reçut avec beaucoup de hauteur & de mépris.

Après le dîner, comme l'on en étoit au caffé, le Marquis de Bouillé tira dans une embrafure de fenêtre l'Evêque du Puy & voulut lui faire entendre que M. l'Archevêque de Narbonne avoit pris la mouche mal à propos; en conféquence entra dans quelque explication: mais l'Evêque du Puy prit feu à fon tour, approuva tout ce qu'avoit dit fon confrere, & déclara au Marquis qu'il avoit tort de s'imaginer le trouver moins zélé & moins ardent pour les intérêts de fon Ordre; en forte que ce Seigneur fut obligé de fe retirer non-moins confus de cette feconde attaque.

9 *Mars* 1787. Extrait d'une Lettre de Verfailles du 8 Mars.... L'article des dettes

tes du Clergé n'a tenu que jusques au 8 Mars inclusivement & tous les Bureaux ont été d'avis que le Clergé, ainsi que la Noblesse, doit supporter sa part proportionnelle des contributions publiques, mais sans attaquer sa propriété & sans préjudice de représentations de cet Ordre sur les formes accoutumées de son Administration & sur les droits & privileges propres à sa Constitution.

9 Mars 1787. Par son plan général d'institution pour les aveugles, M. *Haüy*, à l'aide de principes & d'ustensiles à leur usage, a trouvé le moyen de rendre facile aux uns, ce qu'ils n'exécutoient qu'avec peine, & possible aux autres, ce qu'ils paroissent ne pouvoir exécuter. De-là est né *Essai sur l'éducation des aveugles, ou Exposé des différens moyens, vérifiés par l'expérience, pour les mettre en état de lire, à l'aide du tact; d'imprimer des livres, dans lesquels ils puissent prendre des connoissances de langues, d'histoire, de géographie, de musique & autres; d'exécuter différens travaux relatifs aux métiers &c imprimé par les Enfans aveugles.*

Le Frontispice de l'ouvrage, l'Epitre dédicatoire au Roi, l'Avant-propos, l'Avertissement, les Notes, le Rapport de l'Académie des Sciences, celui des Imprimeurs non moins favorable que le premier, les Modeles d'impression & la Table des matieres, ont été imprimés par les Enfans aveugles avec le caractere typographique ordinaire. Ils se sont servis pour le reste, du caractere imaginé pour leur propre usage & qui est celui dont ils lisent l'impression, lorsque le foulage n'en est pas détruit.

On s'empresse de se procurer un ouvrage aussi singulier, aussi curieux & aussi recommandable sous tous les aspects. Il se vend dans leur maison d'éducation, à leur seul bénéfice.

9 *Mars* 1787. Il se donne clandestinement & aux gens de connoissance une *seconde Lettre sur les Notables* en date du 7 Février, qu'on attribue encore à l'abbé *Brissard*. On juge par son époque récente que celle-ci ne peut contenir des faits nouveaux. Elle roule sur les anciennes assemblées de Notables. Un ami de l'auteur ne lui semble pas content de tout ce qui en a été imprimé à l'occasion de celle-ci ; il croit observer dans ces différens ouvrages l'empreinte du génie ministériel qui en inspiroit les écrivains : afin de satisfaire son ami, l'abbé s'arrête sur l'assemblée des Notables de 1596, & parce qu'elle fut plus réguliere, & parce qu'elle est peu connue & parce qu'elle fut tenue par Henri IV, Monarque dont le nôtre veut suivre l'exemple : il fait voir que le Contrôleur général y a bien puisé le modele de ses demandes ; il rapporte un Mémoire sur lequel son *Prospectus* semble absolument calqué ; mais du reste,

rien de pareil ni pour le choix des membres, ni pour l'abandon du Souverain, ni vraisemblablement pour la liberté des suffrages.

9 *Mars* 1787. La femme d'un Maire qu'on ne nomme pas, ayant profité de l'occasion du voyage de son époux à Paris pour l'accompagner & visiter la capitale, a apporté sa robe de noces, comme sa plus belle. Mais cette robe fort riche est fort gothique; elle a l'air d'une tapisserie & contraste singulièrement avec les robes galantes & légeres de nos petites-maîtresses. Elle se montre à Versailles dans la galerie avec cette robe; tous les jeunes Seigneurs de rire..... Le Prince *de Léon*, fils du *Duc de Chabot*, plus fol que les autres, suit cette femme par derriere & se met à genoux; elle s'en apperçoit, se retourne & lui demande ce qu'il desire? ,, Madame, j'admire votre robe; ,, je suis passionné pour les antiques. — Mon-,, sieur, puisque vous avez ce goût-là, je ,, puis, quand vous voudrez, vous en mon-,, trer un qui a vingt ans de plus.... c'est ,, mon derriere." Et les rieurs de se retourner du côté de la Dame & de persiffler le Prince *de Léon*.

10 *Mars*. On a depuis longtems annoncé le *Suétone françois*; la rareté de cet ouvrage & son excessive cherté ne permettoient pas d'en rendre compte que sur parole. Aujourd'hui qu'on en a multiplié les éditions & qu'il est plus à portée de tout le monde, on en

peut parler de *visu*. Son vrai titre est *Monumens de la vie privée des douze Césars, d'après une suite de Pierres gravées sous leur Regne*. Il y a cinquante planches, sans le frontispice. Celui-ci représente le Temple des Graces, avec cette inscription : *Les délices des Césars.* A Rome de l'imprimerie du Vatican, 1785.

La plupart de ces gravures sont tirées, à ce qu'annonce l'Editeur, d'après des camées très bien conservés, auxquels il a joint quelques médailles & quelques peintures relatives à son plan.

Il a donné une courte explication de chaque sujet, où il cite les passages des auteurs du tems auxquels l'antique fait allusion, ou qui rapportent l'anecdote caractérisée par la gravure.

Cet ouvrage peut se regarder sous plusieurs points de vue & plaire en conséquence à trois espèces de Lecteurs : aux voluptueux, auxquels il fournit un cours de libertinage & d'impudicité en tout genre, qu'ils ne connoissoient peut-être pas ; aux savans, qui y trouveront l'histoire des mœurs, des rites & des coutumes, détaillée avec tout le soin possible ; enfin aux Philosophes, y dévoilant l'esclavage d'un Peuple Libre, l'humiliation des conquérans de la terre & l'affreuse dépravation introduite dans la patrie des *Fabricius* & des *Catons*, & qui bientôt se répandit dans tout l'empire. Au reste, les antiquaires regardent tous ces camées prétendus comme un pur jeu de l'imagination de l'auteur de l'ouvrage, qu'ils veulent être M. *de Tancarville*.

10 *Mars* 1787. Voici ce que l'on a recueilli de plus certain depuis le samedi trois.

Il paroît qu'avant l'assemblée du Bureau partiel tenu chez *Monsieur* le vendredi 2, tous les Bureaux regardoient unanimément l'impôt territorial comme impraticable.

C'est la certitude de ce vœu unanime qui avoit déterminé à éviter une Assemblée générale & à provoquer la tenue du Bureau partiel qui a eu lieu le deux.

On est d'accord que la Séance en a été longue & sérieuse. Elle a duré cinq heures & plusieurs des membres y ont parlé avec autant de liberté que de justesse.

Le résultat a été à l'unanimité qu'il n'étoit pas possible d'établir l'impôt territorial & qu'il étoit indispensable d'avoir les Etats de dépense & la connoissance du produit des différens projets.

Le lendemain samedi il a été porté dans chacun des Bureaux une Instruction de la part du Roi pour les avertir de délibérer, non pas sur le fond, mais sur les moyens de percevoir l'impôt territorial en argent ou en fruit.

Tous les Bureaux, à l'exception du sixieme, ont été d'avis, qu'en supposant qu'il fût impossible de se dispenser d'établir l'impôt, il ne pouvoit l'être qu'en argent, & encore à la charge de connoître les Etats de Finances & le produit probable des autres projets, à l'effet de pouvoir déterminer de combien devoit être celui de l'impôt en argent. Un des motifs entr'autres pour ne pas en admettre la perception en fruits, a été que les frais de cette perception en absorberoient au moins le tiers.

A l'égard du sixieme Bureau, il a persisté purement & simplement dans l'Arrêté du Bureau partiel du 2 Mars.

Cette persévérance a donné lieu à une nouvelle instruction envoyée lundi matin au sixieme Bureau, qui prétendoit n'avoir pas compris la premiere. Elle portoit en substance que n'ayant pas apparemment saisi le véritable sens de l'instruction du samedi, le Roi croyoit devoir lui renouveller ses intentions.

Malgré ces nouveaux ordres, le sixieme Bureau & son Président ayant persévéré à l'unanimité (ce qui détruiroit l'avis particulier du Prince de Conti cité précédemment) dans l'Arrêté du 2 Mars, & quelqu'un ayant représenté que cela pourroit déplaire à Sa Majesté &c. le Président s'est décidé à aller sur le champ chez M. le Contrôleur général, auquel on dit qu'il a parlé avec beaucoup de force & de vivacité & qui de son côté a persisté à réclamer l'exécution des volontés du Roi.

Il paroît que M. le Prince du Conti étoit tellement affecté qu'il ne vouloit plus continuer à présider.

Mais le Roi auquel il a rendu compte de tout, lui ayant observé que les six autres Bureaux avoient formé un vœu uniforme & les avis paroissant se réunir pour la perception en argent, il lui feroit plaisir de continuer; le Prince est effectivement retourné à son Bureau comme auparavant.

Aujourd'hui samedi il n'y a eu aucune assemblée des sept Bureaux par la raison que tous les objets de la premiere partie ou premiere section des projets se trouvant délibérés actuellement par tous les Bureaux, on a préféré d'employer la journée à réunir & rapprocher le résultat de leurs délibérations.

Mais au lieu de former à cet effet une assemblée générale; au lieu même de convoquer au moins un Bureau partiel de quarante-deux membres, on s'est borné à la convocation du Président & du Rapporteur de chaque Bureau chez *Monsieur*.

Il paroît même que les Rapporteurs sont avertis de borner leur rapport au résultat sec des délibérations de chaque Bureau, sans entrer dans aucun détail des modifications & des motifs.

Voici la Notice des objets de la premiere

Section dont on doit rapprocher aujourd'hui les résultats.

1º. Les Administrations Provinciales passées quant au fond & changement dans la forme.

2º. L'Impôt territorial.

3º. Le remboursement des Dettes du Clergé.

4º. Les Tailles.

5º. La liberté du Commerce des grains, sauf aux Provinces à demander la cessation, quand elles le jugeront à propos.

6º. Suppression des Corvées (remplacées par un impôt en argent.)

Quant aux objets de la seconde Section, dont on s'occupera la semaine prochaine; ce sont:

1º. Les Traites reportées aux Frontieres.

2º. Marchandises coloniales, Tabac, Marque des fers, Subvention, Fabrication des huiles, Droits d'Ancrage &c.

3º. Les Gabelles.

10 *Mars* 1787. Extrait d'une Lettre de Versailles d'aujourd'hui. Il faut vous ajouter quelques anecdotes à ma relation:

C'est le Maire de Rheims du 7e Bureau qui a parlé plus savamment de tous les Notables, quoique Militaire, & a démontré l'impossibilité de l'impôt en nature.

Lors de la clôture de l'acte de réclamation du 1er Bureau, le 9 Mars, le Prince a, dit-on,

fait

fait ajouter : *en préfence & de l'avis de Monfieur.*

Enfin le Duc *du Châtelet*, de ce Bureau, s'eft diftingué par fon défintéreffement & fon patriotifme. Pour foulager l'Etat, il a offert de donner l'exemple & de remettre fes penfions au Roi.

10 *Mars* 1787. Suivant ce qu'on écrit de Bruxelles, le fujet de l'ordre qu'a reçu le Nonce de fa Sainteté de fe retirer, c'eft qu'on lui attribue l'impreffion clandeftine & fans permiffion du Gouvernement dans les Pays-Bas d'une Bulle de Rome, qui profcrit le fameux écrit ayant pour titre : *Qu'eft-ce que le Pape ?* Le Confeil Suprême de Brabant a défendu fur la plainte du Procureur général, fous les peines les plus rigoureufes, le débit de cette Bulle.

10 *Mars* 1787. A la fin de l'année derniere, les Elus des Etats de Bourgogne ont fait acheter en Rouffillon & amener dans leur Province un troupeau très confidérable de beliers & de brebis, pour être diftribués aux différens Propriétaires, afin de rehauffer la race généralement dégénérée & perfectionner la qualité des laines. Pour rendre plus durable & plus utile le bien qui doit réfulter de cette premiere introduction dans la Province d'une plus belle efpèce de bêtes à laine, & de celles qui pourront avoir lieu par la fuite ; l'adminiftration des Etats a inftitué à Dienay, lieu de l'établiffe-

M 5

ment du haras de la Province, une école gratuite de bergerie.

10 *Mars.* L'Abbé *Boscovich*, le plus grand mathématicien d'Italie, est mort à Milan le 12 Février dernier, âgé de 75 ans environ. Il étoit Jésuite : lors de la suppression de l'Ordre en Italie en 1773, M. *de la Borde*, Madame *de Civrac*, M. *de Durfort*, M. *de Boynes*, Madame *de Vergennes*, qui avoient eu occasion de le connoître, l'engagerent à venir à Paris, & lui procurerent le titre de Directeur de l'optique de la Marine, avec une pension de huit mille livres sur la Marine & sur les Affaires Etrangeres qui devoit être remplacée par un bénéfice & il obtint des Lettres de naturalité.

Des tracasseries avec quelques Savans obligerent l'abbé Boscovich à quitter Paris en 1783 & à se retirer dans sa patrie.

Outre ses connoissances dans les hautes Sciences, il avoit du talent pour la poésie & il est auteur d'un poëme Latin sur les Eclipses ; il étoit encore versé dans la Politique, & il fut chargé des affaires de la République de Lucques : mission peu importante en elle-même, mais qui tenoit à des circonstances délicates, où il déploya toute la dextérité jésuitique.

11 *Mars* 1787. L'affluence qui s'étoit rendue hier au palais pour entendre la décision du procès entre le Duc *d'Aiguillon* & Me. *Linguet* au sujet des honoraires que réclame

celui-ci, étoit aussi considérable que celle des premieres séances; mais heureusement les précautions avoient été bien prises & il y a eu moins de désordre que l'année passée.

Les Magistrats en place, on fut surpris de voir M^e. *de Laulne* se lever & proposer à la Cour quelques réflexions nécessitées par une Requête de la partie adverse tout récemmement signifiée: il entroit déjà en matiére, lorsque le Président se leva & alla aux voix: M^e. de Laulne craignant qu'on ne le voulût pas entendre, crioit comme un beau diable, qu'il n'avoit qu'un mot à dire, mais qu'il étoit important; que la justice étoit pour tout le monde; que son antagoniste avoit tenu nombre d'audiences: sur quoi M^e. Linguet le prenant sur le tems avec vivacité, s'écria: *oui, mais je ne m'étois pas engagé à ne pas parler*; espèce de saillie épigrammatique saisie à l'instant par le public & qui fût très applaudie. Il faut pour son intelligence se ressouvenir que le Duc d'Aiguillon dans sa premiere Requête, avoit protesté qu'il s'en rapporteroit à la prudence de la Cour, qu'il ne feroit aucun plaidoyer; M^e. Linguet l'avoit tellement provoqué qu'il lui étoit devenu impossible de garder absolument le silence.

Quoi qu'il en soit, sur cet incident Arrêt qui ordonne que Linguet parlera le premier & que de Laulne répliquera. Tout cela étoit de trop bon augure pour ne pas encourager Me. Linguet, à qui le Président avoit rendu un très grand service à l'audience du 3 Mars de remettre à la huitaine.

Quoique l'Orateur n'ait refuté en rien ni la falsification des Lettres que lui reprochoit son adversaire, ni le certificat du Chevalier d'Abrieu, ni la négation accablante du Garde des Sceaux; voyant les dispositions favorables & du public & des juges, il a prouvé à quel point l'art de la parole est utile pour se tirer des plus mauvais pas; il s'est contenté de persiffler & le Chevalier d'Abrieu & Me. de Laulne & le Garde des Sceaux lui-même: il a prétendu que e premier radotoit, que le Chef suprême de la Magistrature étoit trop sage, trop réservé, trop impartial pour s'être expliqué en pareille occasion; ainsi que cette conversation devoit être regardée comme un rêve de l'Avocat du *Duc d'Aiguillon*.

Deux morceaux ont surtout fait plaisir dans ce plaidoyer : l'Eloge du Comte *d'Agenois*, fils du Duc d'Aiguillon, que l'orateur a eu l'adresse d'amener sans affectation; & son adresse non moins grande, tout en déclarant que le Garde des Sceaux n'étoit point son ennemi, de faire voir que c'étoit sous son influence pourtant que toutes les presses françoises étoient paralysées pour lui; que toutes les entrées du Royaume étoient obstruées, pour qu'il n'y pénétrât rien des presses étrangeres en sa faveur, &

qu'enfin, tandis qu'on lui ôtoit ainsi tout moyen de se défendre par la voye de l'impression, se distribuoit le Mémoire de son ancien agent, de ce dépositaire infidele de ses secrets ; Mémoire qu'il a qualifié de libelle atroce : après avoir résumé une derniere fois ses conclusions, Me. Linguet a laissé le champ libre à son adversaire.

Me. de Laulne a commencé par fournir des éclaircissemens sur un fait n'appartenant point au fond de la cause, mais, ayant été altéré par Me. Linguet, il étoit de la délicatesse du Duc d'Aiguillon de le rétablir dans son intégrité. Il s'agit d'une charge de Secrétaire des Commandemens du Comte de Provence, que le Duc d'Aiguillon avoit fait obtenir à Me. Linguet sans finance & qu'il a revendue 10,000 livres : petit cadeau assez joli, qui manifestoit la reconnoissance du Duc d'Aiguillon, dont Me. Linguet avoit affecté de déprécier la valeur, surtout en attribuant à la bienveillance personnelle du feu Roi l'exemption du payement. Me. de Laulne a prouvé par des Lettres Ministerielles & par celles de Me. Linguet lui-même, que cette anecdote étoit fausse & que c'étoit au Duc d'Aiguillon seul qu'il falloit rapporter cette faveur.

Le reste du Plaidoyer de Me. de Laulne a été fort mal entendu, & parce que Me. Linguet l'interrompoit souvent, & parce que le public malveillant le huoit presque sans cesse. Ce n'est pas qu'il ne dît des choses très vraies & très sensées ; mais elles perdoient toute leur valeur en passant par sa bouche & il faut convenir que par ses gaucheries continuelles il a gâté la meilleure cause.

Après avoir discuté l'affaire actuelle, concernant le supplément d'honoraires repétés par Me. Linguet, il a voulu prévenir la seconde action en dommages intérêts pour la perte de son état; il a dit que, quoique le Duc d'Aiguillon eût consenti à la disjonction, il avoit le plus grand desir de dissiper les impressions fâcheuses que Me. Linguet par les calomnies répandues dans ses plaidoyers auroit pu laisser dans l'esprit du public : il a prouvé par la lecture du Discours du Bâtonnier, par le Requisitoire des Gens du Roi & par les qualifications de l'Arrêt, que le Duc d'Aiguillon n'étoit ni nommé, ni désigné dans tout cela; que si Me. Linguet se prévaloit d'une qualification pouvant avoir trait à cet ancien client, il y en avoit une infinité d'autres absolument étrangeres, dont une seule suffisoit pour provoquer l'indignation de l'ordre. Me. de Laulne vouloit aller plus loin & faire voir que Me. Linguet n'avoit pas toujours pensé de la sorte; ce qu'il devoit prouver par des passages des ouvrages mêmes de l'accusateur.... Mais les huées redoublant, le Président a interrompu Me. de Laulne, lui a dit que ce n'étoit point là l'affaire; & quoique pendant huit audiences M^e. Linguet se fût perpétuellement laissé aller à des digressions étrangeres, satyriques & calomnieuses, il ne lui a pas permis de s'étendre plus loin & d'achever. Les Magistrats se sont levés & retirés pour délibérer.

Pendant le Plaidoyer de M^e. de Laulne, deux anecdotes ont surtout caractérisé l'audace incroyable de M^e. Linguet son adversaire : en relevant la maniere outrageante pour lui & indécente pour le Garde des Sceaux dont cet orateur venoit de plaider, il a dit qu'après tout rien ne devoit étonner de la part de M^e. Linguet qui, durant le cours de cette instance devant les Magistrats n'avoit pas craint de répandre un libelle contre le Chef de la Magistrature : M^e. Linguet s'est levé à l'instant avec fureur, a demandé à M^e. de Laulne ce que c'étoit que ce libelle & s'est écrié ,, Messieurs, je rends ,, plainte contre le diffamateur." Il est à observer que M^e. de Laulne désignoit la *Requête au Roi*, dont on a parlé dans le tems, qui ne peut venir que de lui, qui porte son nom, & dont il a envoyé des exemplaires à plusieurs Magistrats, entr'autres à M. *de Seychelles* l'Avocat général, & au Président *de Gourgues*. Aussi les Juges n'ont-ils fait aucune attention à cette apostrophe & l'adversaire a continué.

A la fin, lorsque M^e. de Laulne lisoit un

passage où Me. Linguet, bien loin d'attribuer sa radiation aux intrigues du Duc d'Aiguillon, assure qu'elle a été le pacte de réconciliation entre le Parlement & les Avocats ; passage qui, placé à propos, auroit dû produire le plus grand effet en indisposant les Magistrats contre l'auteur d'une semblable calomnie. Me. Linguet, au lieu d'être embarrassé, comme l'auroit été tout autre en cette circonstance délicate, ne cessoit de crier : „ Me. de Laulne, ce sont mes „ ouvrages ; donnez-moi le livre, je lirai „ mieux que vous."

Malgré la longueur du délibéré qui a duré plus de deux heures, tout le monde restoit en place, même les femmes, dans l'attente de l'Arrêt. Les Magistrats sont rentrés à près de quatre heures, & le Président a prononcé que la Cour condamnoit le Duc d'Aiguillon à 24000 livres de surplus d'honoraires envers Me. Linguet & aux dépens. Du reste, il a donné acte à Me. Linguet de la réserve qu'il avoit faite de se pourvoir par Requête civile contre l'Arrêt de radiation de 1775 : acte en outre de l'action qu'il se réservoit à intenter en dommages & intérêts contre le Duc d'Aiguillon pour la perte de son état.

Cet Arrêt qui n'a passé qu'à la pluralité de deux voix (12 contre 10) a été applaudi comme si c'eût été le jugement de *Salomon* : les femmes embrassoient Me. Linguet & la canaille a porté jusques à son carosse ce moderne *Catilina*. Il y est monté au bruit des fanfares & après avoir été complimenté par les poissardes. Il n'y a que les honnêtes gens, en petit nombre & peu bruyans, qui ont gémi de ce triomphe de l'impudence.

11 *Mars* 1787. On pourra se former une idée plus précise du travail des Bureaux par la délibération ci-jointe du 9 Mars, qu'on croit être celle du Bureau du Duc de Bourbon.

,, Les Assemblées Provinciales, bonnes
,, en elles-mêmes & germe fécond des plus
,, heureux effets, sont inadmissibles dans la
,, forme proposée, comme contraires à
,, l'essence de la Monarchie & par là dange-
,, reuses & inutiles.

,, L'Impôt territorial inexécutable par une
,, perception en nature.

,, En argent, ne peut y être délibéré
,, qu'après la remise de toutes les commu-
,, nications demandées.

,, Quant aux dettes du Clergé, ses biens
,, soumis aux opérations des Assemblées Pro-
,, vinciales, ainsi que les biens des autres
,, citoyens.

,, Liberté à l'assemblée prochaine du
,, Clergé de réclamer l'observation de ses
,, formes & contre la violation des proprié-
,, tés qu'entraîneroit la vente forcée de ses
,, biens.

„ A l'égard du commerce des grains le
„ Mémoire accueilli.

„ Par rapport à la Taille supplier le Roi
„ de donner une Loi qui garantisse les peu-
„ ples de l'injustice & de l'arbitraire, d'après
„ les observations des assemblées provin-
„ ciales.

„ Relativement à la Corvée, le principe
„ de la suppression & de la conversion
„ accepté.

„ Les détails du Mémoire incomplets,
„ surtout quant à la part que doivent pren-
„ dre les assemblées provinciales à la con-
„ servation des chemins."

12 *Mars* 1787. Le Sieur *Gardel* l'aîné, le Maître des Ballets de l'opéra, vient de mourir presque subitement. La perte de ce chorégraphe n'est pas considérable. Il étoit absolument dépourvu de génie pour son art & avoit pris le parti de copier mot à mot dans sa pantomime, toute la marche des opéra comiques dont le titre convenoit à son imagination.

12 *Mars*. Mercredi dernier, on étoit venu avertir M. le Comte *d'Artois* que le Bureau étoit assemblé & attendoit les ordres de son Altesse Royale pour travailler: ce Prince à qui M. *de Verdun*, le Surintendant de ses finances, présentoit en ce moment M. *de Santerre* son nouveau Trésorier, vint avec eux à l'entrée de la salle pour voir si tout le monde s'étoit rendu, & quoiqu'on lui dît que

oui, en regardant il s'apperçoit d'un vuide & s'écrie: ,, mais le Maire de Limoges (M. de ,, Rouillac) nous manque. Il faut attendre ,, un moment" & puis se retournant vers ces Messieurs, il ajoute..... ,, C'est une bonne ,, tête." Cette anecdote répandue dans Paris, y donne beaucoup de considération à M. de Rouillac.

12 *Mars* 1787. On annonce une diatribe terrible contre les agitateurs. On l'attribue à M. le Comte de *Mirabeau*: on la dit bien supérieure au Mémoire de Me. *Tronçon du Coudray*, & c'est très croyable.

13 *Mars*. On voit imprimées furtivement les *Remontrances de la Chambre des Comptes* du onze Février dernier. Elles renferment plusieurs objets. Cette Cour demande au Roi.

1o. De retirer l'Arrêt de cassation des décrets qu'elle a lancés contre *Clouet*, Receveur des Tailles de Paris, pour avoir fait au Procureur général une Réponse où l'oubli des bienséances & l'indécence du style, sont également intolérables.

2o. De réprimer la nouvelle entreprise de la Cour des Aides, en rendant incompétemment un decret de prise de corps contre *Harvoin*, Receveur général des finances de Tours, qu'elle poursuit extraordinairement.

3o. De révoquer enfin l'Arrêt qui établit une Commission du Conseil pour apposer le

Scellé chez *Sainte James*, & difcuter ce comptable; à l'effet de le renvoyer par devant la Chambre des comptes, feul fiége compétent du divertiffement des deniers royaux.

A l'occafion de celui-ci la Chambre des Comptes avoit chargé fon Chef de remettre à Sa Majefté la lifte des Banqueroutes dans l'efpace de moins de vingt années: cinquante comptables ont failli, & l'on peut évaluer cette perte à 40 millions pour le tréfor royal. Elle eft incalculable pour les fujets; les caufes qui multiplient ces banqueroutes, fuivant l'obfervation de la cour, font principalement le luxe, l'avidité & furtout l'impunité.

Ces Remontrances font claires, courtes, écrites avec fimplicité & avec autant d'énergie qu'en peut mettre la Chambre des Comptes, qui n'eft ordinairement pas vigoureufe.

13 *Mars* 1787. On ne ceffe d'aller voir le tableau de M. *Drouais*: la grande fenfation produite en 1784 par fon premier ouvrage, fait que la jaloufie & l'envie difcutent celui d'aujourd'hui dans les moindres détails & y découvrent des défauts nombreux & effentiels. On critique furtout la partie anatomique, dans laquelle on ne trouve pas les proportions néceffaires, même dans le corps de *Marius*, le plus beau. Quant au foldat, il eft extrêmement négligé. Les gens

impartiaux conviennent que l'auteur étant à Rome, s'est trop pressé de faire un tableau, qu'il devoit s'attacher uniquement à dessiner d'après les grands modèles & à se perfectionner dans ses études.

Malgré ces reproches & beaucoup d'autres, on ne peut s'empêcher d'admirer le grand caractere du principal personnage & d'y reconnoître un génie mâle & plein de vigueur. Le coloris est aussi fort beau ; il est fâcheux que le clair obscur ne soit pas mieux entendu dans les enfoncemens & dans les reflets.

14 *Mars* 1787. On assure que pour conserver M. *de Veymeranges*, le Ministre a imaginé de faire écrire par le Comte *de Senef* à ce protégé, une Lettre, dans laquelle il déclare être très fâché des bruits courans, qu'il ne peut savoir qui a inventé pareille calomnie, qu'il n'y a rien de plus faux.

A l'abri de ce désaveu M. de Veymeranges continue à être dans la faveur du Ministre : dimanche dernier il a été même présenté au Roi & en a pris congé pour aller faire la tournée des Postes & Relais de France, dont il a l'intendance générale, sous M. *de Polignac.*

M. le Contrôleur général a vaincu aussi la répugnance de Madame *Fouquet*; M. de Veymeranges a dîné à la table de ce Ministre, sans qu'elle se soit levée, comme elle en avoit menacé. Du reste, les convives ont observé qu'elle lui faisoit froide mine & qu'elle pâtiffoit beaucoup de fa déférence aux volontés de fon oncle.

14 *Mars* 1787. Le bruit court que M. le Comte *de Simiane*, le mari de la belle Madame *de Simiane* fi renommée, attachée à *Madame*, comme Dame pour l'accompagner, s'eft tué ces jours derniers dans un accès de jaloufie contre le Marquis *de la Fayette*.

15 *Mars*. Malgré la difete d'argent on ne voit que projets pour l'embelliffement de Paris ; c'eft aujourd'hui M. *de Bory*, Chef-d'Efcadre des armées navales, ancien Gouverneur de Saint Domingue, des Académies des Sciences & de la Marine, qui en rechauffe un vieux *de fon invention* ; *il* répand un Mémoire, dans lequel il prouve la poffibilité d'agrandir cette Capitale, fans en reculer les limites.

Ce Mémoire devoit être lu à l'affemblée publique de l'Académie des Sciences à la Saint Martin 1774, le 12 Novembre : il ne fut lu que le 16 dans une affemblée particulière.

Son objet principal, dont on a parlé autrefois fuccintement, eft de combler le bras méridional de la riviere de Seine, depuis le jardin de l'archevêché, jufques au deffous du pont-neuf.

La fuppreffion des maifons fur les ponts exécutée en partie & qui doit l'être tout-à-fait, entroit dans le plan de M. de Bory & il fe félicite d'avoir préparé cet événement ;

on a proposé un prix qui doit être adjugé à l'artiste, auteur du meilleur projet pour remplacer la Samaritaine & les pompes du pont notre Dame, qui gênent le canal de la riviere, second point des vœux de l'Académicien qui doit s'exécuter. La construction d'un canal depuis Charenton jusques à Saint Denis, pour empêcher l'inondation dans les grandes eaux, & faciliter l'approvisionnement de Paris, imaginée par le même auteur, va se réaliser enfin par une Compagnie qui s'est présentée à cet effet & doit commencer le canal depuis les fossés de la Bastille. Il ne manque plus à son plan que de combler le bras de la riviere à retrancher, ce qui en rendant la Seine navigable en tout tems, augmenteroit, suivant lui, la salubrité de l'air & des eaux.

Bien plus, la ville acquerroit un terrein de quarante arpens au-delà, dont la vente à 200 livres la toise lui procureroit un capital de plus de sept millions & dont la distribution pourroit faire le sujet d'un prix à proposer au concours.

M. de Bory desireroit surtout qu'on profitât de cette occasion pour bâtir sur ce nouveau terrein un hôtel de ville, vis à vis duquel seroit une place uniquement destinée aux fêtes & au milieu de laquelle se trouveroit tout naturellement la Statue de *Henri IV* qu'on se plaint de voir abandonnée & qu'on restaureroit. On laisseroit la Grève consacrée aux gibets, aux roues & à tous ces spectacles d'horreur, qui cependant attirent la canaille & lui sont peut-être nécessaires.

15 *Mars* 1787. M. le Contrôleur général ne pouvant éluder plus longtems l'assemblée générale qui auroit dû avoir lieu dès vendredi, a fait du moins en sorte que Sa Majesté n'y parut point. Elle a été seulement présidée par *Monsieur*. Elle a été très courte & occupée en entier par un discours du Contrôleur général. Ce Ministre a d'abord cherché à capter les suffrages en faisant des complimens aux Notables. Il les a remerciés au nom de Sa Majesté de leur zele, de leur patriotisme & surtout de leur constance à dévorer un travail aride & rebutant: il a ajouté que Sa Majesté avoit vu avec non moins de satisfaction que l'Assemblée & son Ministre des finances fussent d'accord sur les principes & le fond des projets, qu'ils ne différassent que dans des accessoires peu importans. Cette assertion a surtout scandalisé les Notables qui, la Séance finie, n'ont eu rien de plus pressé que de se retirer respectivement dans leur Bureau pour la discuter & la repousser.

15 *Mars.* Un épicier du fauxbourg Saint Denis ayant maltraité sa domestique en faveur de sa maîtresse qu'il avoit amenée chez lui & qu'il vouloit faire vivre avec sa femme; cette servante, pour se venger, l'a trahi

trahi & a découvert à la Ferme un canal souterrain dont l'ouverture étoit hors des Barrieres & dont l'issue intérieure étoit chez lui. On a fouillé dans ce canal & l'on y a trouvé une quantité si énorme de marchandises de toute espèce, qu'il y a eu de quoi en charger 27 voitures qu'on a vu passer en triomphe sur les boulevards. On prétend que cette capture est de plus d'un million. Elle prouve encore mieux la folie des nouveaux murs.

16 Mars 1787. Les Notables Patriotes sont tellement furieux de la surprise faite au Roi par M. de Calonne, qu'ils se sont élevés contre son assertion avec la plus grande force & tous les Bureaux ont pris des Arrêtés plus ou moins violens. Les Chefs de Magistrature ne s'imposant plus à cet égard, la discrétion qu'ils avoient gardée jusques là révélent à leur compagnie tout ce qui s'est passé; du moins voici le bulletin que M. *de Barentin*, Premier Président de la Cour des Aides, y a fait parvenir.

Les Bureaux rentrés respectivement, voici ce qui est arrivé de plus essentiel dans quelques-uns.

En commençant la séance du premier bureau, Mr. l'Archevêque de Narbonne s'est levé & a dit :

„ Si le respect que je dois à la personne
„ de *Monsieur* ne m'avoit pas imposé silence,
„ j'aurois interrompu M. le Contrôleur

„ général & je lui aurois demandé l'explica-
„ tion des expressions dont il s'est servi dans
„ son discours & qui nous ont tous égale-
„ ment surpris.

„ Nous n'avons pu nous défendre d'un
„ mouvement d'indignation en entendant
„ M. le Contrôleur général dire que nous
„ étions d'accord avec lui sur les princi-
„ pes & sur le fond, & que nous ne diffé-
„ rions que sur la forme ; mais en même
„ tems l'inquiétude s'est peinte sur tous les
„ visages. Les membres des différens Bu-
„ reaux se regardoient avec étonnement &
„ cherchoient à lire dans les yeux de leurs
„ voisins quel étoit le traître, & tous les
„ soupçons ont dû naturellement se réunir
„ sur les Rapporteurs chargés de rédiger les
„ avis des Bureaux ; on a dû les accuser
„ d'infidélité. Pour les justifier, pour effa-
„ cer les impressions défavorables qu'a dû
„ faire le discours de M. le Contrôleur géné-
„ ral, il me semble qu'avant de délibérer
„ sur les objets de la seconde Section, il
„ faudroit supplier le Roi de donner ordre
„ à M. le Contrôleur général d'envoyer
„ son discours aux différens Bureaux, afin
„ qu'ils puissent rétablir les faits qu'il a
„ dénaturés & mettre dans tout son jour
„ la vérité qu'il a altérée."

M. le Maréchal *de Beauvau* a dit que le
Discours de M. le Contrôleur général étoit
inexplicable & que l'avis proposé par M.

l'Archevêque de Narbonne devoit être adopté.

Il l'a été en effet avec acclamation dans tous les Bureaux.

Celui de M. le Prince *de Conti* a fait sur le champ un Arrêté conçu à peu près en ces termes:

„ Attendu que M. le Contrôleur général n'a
„ pas craint dans le discours qu'il a prononcé
„ hier, d'altérer la vérité & d'oser dire que
„ tous les Bureaux étoient d'accord avec
„ lui, adoptoient ses principes & qu'ils ne
„ différoient que sur la forme; tandis qu'ils
„ ont opposé une résistance juste & fondée
„ sur presque tous les points, d'où il s'en
„ suivroit que le Roi seroit trompé.

„ Le Bureau désirant faire connoître à Sa
„ Majesté la vérité, la supplie de donner
„ ordre à M. le Contrôleur général d'en-
„ voyer son discours à tous les Bureaux,
„ afin qu'ils puissent, en rétablissant les faits
„ dans leur pureté & leur intégrité, éclairer
„ la religion de Sa Majesté."

Il a été arrêté en même tems que M. le Prince *de Conti* seroit prié de remettre lui-même, après la Séance, cet Arrêté entre les mains de Sa Majesté, afin qu'on fût certain qu'il lui parvint exactement.

M. le Prince de Conti s'est levé aussitôt & a dit qu'il n'y avoit pas un instant à perdre, qu'il montoit chez le Roi & qu'il alloit le lui remettre. En effet il l'a porté à Sa

Majesté qui, surprise de le voir arriver, lui a demandé si son Bureau étoit rompu ? „ Non, Sire, " a-t-il répondu : „ on lit „ dans ce moment le Mémoire sur les Trai- „ tes. Je ne suis sorti que pour remettre „ tout de suite à Votre Majesté cet Arrêté, „ que nous la supplions de lire avec atten- „ tion."

Le Roi a dit qu'il répondroit aux Bureaux, & M. le Prince de Conti est revenu présider le sien ; mais il a cru devoir écrire un mot à M. le Contrôleur général pour le prévenir de la démarche qu'il venoit de faire & lui dire qu'on ne lui veut pas faire lâchement la guerre.

Cet incident n'est pas le seul de la Séance.

M. le Duc *d'Orléans* est arrivé à son Bureau en disant: „ Messieurs, vous allez lire „ un Mémoire sur les Traites, qui, s'il est „ accueilli, m'ôte 400,000 *livres de rentes*. „ Il me seroit difficile d'y renoncer de bon „ cœur. Je ne pourrois peut-être m'em- „ pêcher de faire quelques réflexions un peu „ dures. Je crois qu'il est plus prudent & „ plus délicat à moi de me retirer pour ne „ pas opiner sur cet objet. J'en ai demandé „ la permission au Roi, qui m'a donné un con- „ gé de quelques jours, dont je vais pro- „ fiter."

Son Bureau l'a instamment supplié de ne pas opiner, si bon lui semble, mais au moins de présider. Il s'y est refusé: il s'est chargé seulement de faire part au Roi des difficultés qui s'élévoient par rapport à la Présidence.

M. *de Broglie* ; M. le Duc *de Tonnerre* ; M. *Vidault*, comme premier Conseiller d'Etat ; le Premier Président de Rouen ; M. l'Archevêque d'Aix ; tous suivant leur qualité, ont prétendu avoir le droit de présider en l'absence de M. le Duc d'Orléans.

Cependant en attendant les ordres du Roi, on a gardé en opinant les rangs qui avoient été assignés. Le Maire de Nancy a opiné le premier, M. l'Archevêque d'Aix le dernier.

M. de Narbonne a en même tems dit dans son Bureau que si M. le Contrôleur général faisoit imprimer son Mémoire, il feroit connoître l'Arrêté.

16 *Mars* 1787. L'ouvrage du Comte de Mirabeau est toujours rare & cher. Il y a deux leçons sur les motifs qui l'ont déterminé à écrire. D'abord il est constant que son nom y est, qu'il vend lui-même ce pamphlet chez lui, & qu'il y a mis une épitre dédicatoire au Roi. On va jusques à dire que M. de Mirabeau a composé cet ouvrage par ordre de M. de Calonne & que ce Ministre lui a en conséquence fait délivrer une gratification de 25000 livres. Cette leçon seroit la plus probable surtout avec l'assurance de l'auteur, si l'on ne trouvoit dans le pamphlet quelques passages dirigés contre le Ministre même des

finances. On répond à cela que c'est de concert entre eux. Il faut lire l'ouvrage absolument, afin de juger par soi-même du plus ou du moins de probabilité du fait.

16 *Mars* 1787. M. le Comte *d'Augiviller* est aujourd'hui un de ceux qui prétend le plus à la confiance du Roi. Sa place de Directeur général des bâtimens le met dans le cas d'avoir les rapports les plus fréquens & les plus agréables avec leurs Majestés & de s'insinuer très avant dans la faveur : c'est, sans doute, à cette intimité qu'il doit la place de Conseiller d'Etat d'épée, vacante par la mort du Comte de Vergennes, qu'il a obtenue.

16 *Mars*. Me. *Gerbier* est constamment à Versailles, travaillant avec beaucoup d'autres pour M. le Contrôleur général. Pour récompense on parle de créer en faveur de cet Avocat, la place de Correspondant général de toutes les Assemblées Provinciales.

17 *Mars*. Depuis les démarches vigoureuses du Bureau du Prince de Conti, il a bien changé de dénomination ; on en appelle les membres, les Grenadiers des Notables.

17 *Mars*. Le discours de M. *de Calonne* à l'ouverture de l'assemblée des Notables du 22 étant depuis quelque tems inséré partout & répandu en profusion, chacun se trouve en état d'en juger. Quant au sommaire, il est aisé de le résumer. Il y rend un compte détaillé des finances, explique & développe

les motifs des Emprunts qu'il a faits, observe qu'on a critiqué & traversé ses plans, calomnié ses intentions ; mais déclare que n'ayant en vue que le bien de l'Etat & la gloire de son maître, il a marché d'un pas ferme à son but, sans faire attention aux clameurs de l'envie. Il défie tous ses ennemis de lui faire un reproche fondé.

Quant à la forme du discours, à son ensemble, à la partie du style ; les admirateurs de M. de Calonne le prétendent noble, clair, libre, plein de génie, de vigueur & de graces : ses détracteurs, au contraire, n'y voient que de la forfanterie, de la fausseté & de l'impudence. Ils ne peuvent digérer que son auteur ose avouer en avoir imposé à toute la Nation depuis son Ministere, ils estiment que cet aveu seul doit le décréditer à jamais.

17 *Mars* 1787. Un daim entré dans Paris hier vers deux heures de l'après-dînée, poursuivi par une foule de chiens, de piqueurs, de chasseurs à cheval qui ont effarouché singulierement les passans, a joué un fort mauvais tour à M. le Duc d'Orléans. Peu de gens savoient qu'il se fût absenté de son Bureau ; mais tout Paris n'a pas tardé à être instruit que le malheureux animal étoit poursuivi par le Duc d'Orléans & chacun a demandé pourquoi il n'étoit pas à son Bureau ? Il est devenu dans l'instant l'entretien des conversations qui n'ont pas été à sa louange.

17 Mars 1787. Le Miniſtère a ſi bien ſenti la faute qu'il avoit commiſe de laiſſer paſſer dans la liſte des perſonnes payant ou ſouſcrivant pour les nouveaux hôpitaux le ſurnom de Mlle. Manon Roger dite *Belle gorge*, que dans une ſeconde édition de cette Liſte envoyée avec la Gazette de France, on a ſupprimé le ſurnom.

Il eſt conſtaté que *Manon Roger* eſt une raccrocheuſe du port au bled, qui a inſiſté pour qu'on écrivît ſon ſurnom; diſant que c'étoit le ſeul par lequel elle étoit connue, & menaçant de retirer ſon écu de ſix francs, ſi l'on ne l'inſéroit.

17 *Mars*. Il a percé ici une copie du Mémoire envoyé après l'aſſemblée générale du lundi 12 dans les ſept Bureaux, pour y être examiné. Il a pour titre: *Mémoire ſur les droits de traites, perçus tant dans l'intérieur du Royaume que ſur la frontiere extrême; ſur les droits qui concernent l'induſtrie & les productions nationales; ſur l'impôt du ſel & le privilege excluſif du tabac.*

Par l'énoncé ſeul du titre des matieres développées très au long dans le Mémoire, il eſt aiſé de juger que peu de Notables ſont en état de diſcuter ce Mémoire & même de le lire avec fruit. Auſſi ſemble t-il les occuper beaucoup, & par la ſtérilité des nouvelles qu'on reçoit des Bureaux, on juge qu'ils en ſont toujours au même point.

On croit que ce Mémoire eſt le réſumé
de

de la besogne du Baron de *Cormerai*, qui depuis nombre d'années étoit occupé de ces matieres & avoit eu sous plusieurs Ministres un Bureau *ad hoc*, avec de gros appointemens.

Quoi qu'il en soit, on présume que le Contrôleur général ne trouvant pas de la part des Notables la facilité qu'il s'étoit promise à acquiescer à tous ses plans, a pris une autre tournure & veut les fatiguer des matieres fiscales, dans lesquelles ils seront obligés d'avouer leur impuissance. On parle aujourd'hui de prolonger l'assemblée qui d'abord devoit être très courte. Il passe pour constant que des contre-ordres ont été adressés dans les Pays d'Etats qui devoient avoir des assemblées indiquées au mois d'Avril & renvoyées plus tard jusques au mois d'Août : à ce que l'on assure, celle du Clergé est aussi reculée.

18 *Mars* 1787. Voici un autre quatrain relatif aux hôpitaux & à l'assemblée des Notables, dont l'idée est toujours la même.

> Le Ministre de la Finance
> S'empare de nos capitaux :
> Mais admirons sa prévoyance,
> Il fait bâtir quatre hôpitaux :
> Vive le Calonne & la France !

18 *Mars.* Dénonciation de l'Agiotage au Roi & à l'assemblée des Notables. Tel est le

vrai titre du pamphlet du Comte de Mirabeau. Son Epitre dédicatoire au Roi est datée du 20 Février. Au reste, si l'on en croit la rumeur publique, il sentoit si bien lui-même le danger de son ouvrage qu'il n'étoit point encore tranquille dimanche dernier & disoit: *si la journée de demain se passe sans que je sois arrêté, je me regarderai comme sauvé.* Ce qu'il y a de sûr, c'est que l'ouvrage est très prohibé en ce moment; qu'on a fait des recherches chez les marchands de nouveautés & qu'on a saisi une quantité d'exemplaires trouvés chez un.

18 *Mars* 1787. Les comédiens Italiens, toujours zélés envers le public pour lui présenter des nouveautés, même à la fin de cette année dramatique, en ont exécuté hier une ayant pour titre *le mensonge officieux*, comédie nouvelle en deux actes, mêlée d'ariettes. Les paroles sont de M. *Piccini*, le fils, & la musique de M. *Piccini*, le pere. Le talent de celui-ci n'a pu suppléer, comme dans *le faux Lord*, à l'indigence du fond & au manque d'effets du poëme. En vain Mlle. *Renaud* y a déployé tous les charmes de sa voix, toute la perfection de son chant; dès que la cantatrice disparoissoit, l'ennui & le dégoût revenoient, & les murmures du parterre couvroient les autres voix & l'orkestre.

18 *Mars*. Il est très sérieusement question de reprendre incessamment les travaux du

Muſœum des Tuilleries, interrompus depuis trop longtems par les queſtions élevées entre les artiſtes ſur la maniere de l'éclairer: l'Académie d'architecture avoit décidé en dernier lieu qu'il falloit tirer le jour de la voûte. Le Comte *d'Augiviller* qui voudroit conſerver les fenêtres de côté, a invité la Compagnie de ſe raſſembler de nouveau & de revenir ſur la queſtion. Reſte à ſavoir aujourd'hui ſi dans la pénurie du Tréſor Royal on pourra ménager des fonds à cet effet.

18 *Mars* 1787. Vendredi un courier a apporté la nouvelle de la mort de l'Abbé *de Bourbon*, cauſée par la petite verole. On aſſure qu'il l'a gagnée de la même maniere que *Louis XV*, d'une grande Dame qui en étoit atteinte & avec laquelle il a couché.

18 *Mars*. Jeudi matin 15 le Roi a envoyé aux différens Bureaux le début du Diſcours de M. *de Calonne*, relatif aux Notables, conçu en ces termes:

„ SA MAJESTÉ a vu avec ſatisfaction
„ qu'en général vos ſentimens s'accordent
„ avec vos principes. Que vous étant péné-
„ trés de l'eſprit d'ordre & des intentions
„ bienfaiſantes qui dirigent toutes ſes vues,
„ vous vous êtes montrés animés du deſir de
„ contribuer à en perfectionner l'exé-
„ cution:
„ Que vous n'avez recherché les diffi-
„ cultés dont elles peuvent être ſuſcepti-

„ bles, qu'afin de les prévenir & de faire
„ appercevoir les moyens qui vous ont frap-
„ pés & qui sont relatifs aux formes, sans
„ contrarier les points essentiels du but que
„ Sa Majesté s'est proposé, d'améliorer ses
„ finances & de soulager ses peuples par les
„ réformes des abus.
„ Le Roi ne doute pas plus des sentimens
„ qui ont dicté vos Observations, que vous
„ ne devez douter de ceux dans lesquels Sa
„ Majesté les reçoit; elles ne s'accorde-
„ roient point avec l'intention paternelle qui
„ l'a portée à vous assembler, si elle n'avoit
„ pas le caractere de franchise qui convient
„ à des François consultés par le Roi sur
„ le bien de ses Peuples.
„ Assurée de vos dispositions, comme de
„ votre juste reconnoissance, Sa Majesté ne
„ s'est point attendue à en recevoir un hom-
„ mage positif & aveugle. C'est la vérité
„ qu'elle cherche, & elle sait que la vérité
„ s'éclaircit par le choc des opinions."

On conçoit à la lecture de ce discours qu'il a été fort changé & que certainement il n'auroit pas produit les réclamations qu'on a vues, s'il eût été prononcé avec cette sagesse ou cette astuce.

Quoiqu'il en soit, le Contrôleur général a parlé trois quarts-d'heure.

Après un préambule très court, où il a annoncé qu'il regarderoit comme incomplet son *Plan de réforme*, si après avoir proposé les moyens d'établir *le rapport entre la Recette & la Dépense*, premier objet de la convocation de l'Assemblée, il ne s'étoit en même tems oceupé de ceux qui peuvent *diminuer les charges des Peuples*, sans porter atteinte aux revenus de l'Etat ; il s'est étendu sur les objets de la seconde Section. Il a montré huit Mémoires qu'il étoit chargé de remettre à *Monsieur*, & que ce Prince voudroit bien faire distribuer dans chacun des sept Bureaux, & a tracé en grand l'idée générale de leur ensemble.

19 *Mars* 1787. On apprend avec peine que Messieurs le Comte *d'Estaing*, le Marquis *de Bouillé* & le Marquis *de la Fayette*, personnages si utiles à la patrie durant la derniere guerre, se sont très mal montrés dans l'assemblée des Notables ; qu'accoutumés tour à tour & à l'obéissance passive du militaire & au génie de despotisme que donne le commandement des troupes, non-seulement ils n'ont ouvert aucun avis vigoureux, mais ont montré la soumission la plus aveugle & la plus servile dans tous les cas où il s'est élevé des contestations & déployé quelqu'énergie de la part des autres Notables.

19 *Mars*. Voici à peu près l'ordre & la substance du surplus du discours de M. de Calonne, suivant la maniere de le saisir de la part de quelques Notables dans la Séance du douze.

1o. Quant aux Traites, elles font reculées, ainfi que les Barrieres, aux frontieres. Ce qui fupprime une foule de Commis ou Employés, dont la paye fera un bénéfice de douze millions par an.

On fupprime les Droits de la marque des fers, pour mettre cette branche de commerce en France à l'équivalent de celui qui vient de chez l'étranger.

Franchife accordée aux Commerçans de faire traverfer la France à leurs marchandifes, venant d'un pays étranger pour aller dans un autre.

Emulation accordée pour exciter la Pêche fur nos côtes.

2°. A l'égard du Sel, on fupprime tous les Regrats, les Bureaux de Sel, les Officiers des greniers à Sel. Il n'y aura par province qu'un Bureau qui délivrera le Sel en gros aux Syndics des Communautés fur la taxation fixée par chaque paroiffe que le Roi diminuera d'un vingtieme du prix: les Affemblées Provinciales chargées d'y veiller. Le furplus du Sel fourni à un fols la livre, ainfi que celui de la ville de Paris. C'eft un foulagement de dix millions 491 mille livres pour les Peuples.

Nota. Les trois millions que le Roi perdra fur le Sel de la ville de Paris, feront reportés fur toutes les entrées de la capitale.

3°. Par rapport au Tabac, les Provinces de Flandre & de Haynaut auront la permiffion de continuer à cultiver cette plante. Mais pour les en dégoûter, on accordera des primes pour ceux qui adopteront de préférence la culture du lin.

Les Fermiers généraux acheteront tout le tabac de l'Alsace, au même prix qu'elle l'envoye en Allemagne.

19 *Mars* 1787. Pour remplacer le Sieur *Gardel* dans la Direction des Ballets de l'opéra de Paris, le Public défireroit le Sieur *Dauberval*, qui est compositeur des Ballets de l'opéra de Bordeaux. Il passe pour avoir beaucoup plus de génie en ce genre, & l'on a vu même qu'il s'étoit plaint des plagiats du Sieur *Gardel*; mais on doute que la Cour se conforme au vœu du public.

20 *Mars* 1787. Le premier Mémoire *sur les Traites*, ou plutôt la Section du Mémoire général remis à l'assemblée des Notables qui concerne cette partie, est curieux pour l'historique & pour des éclaircissemens dont peu de gens sont au fait.

L'origine des droits de Traite remonte au 13eme siècle; ils ne furent alors établis que sur la sortie des productions nationales.

En 1540 il fut établi un Droit d'entrée dans les provinces soumises au Droit de sortie. Ces provinces étoient celles composant anciennement le Royaume.

Ces charges dont le commerce étoit grevé, reçurent successivement des extensions très fortes par l'établissement de droits locaux créés pour un terme limité, comme ressources momentanées, lors des troubles & des guerres civiles qui agiterent la France pendant près de cinquante ans.

La suppression de ces Droits ayant toujours été différée, la Nation, aux derniers Etats généraux tenus en 1614, réclama les promesses faites à cet égard, la circulation libre dans le Royaume, & l'établissement d'un tarif uniforme, perceptible sur l'extrême frontiere.

Le Gouvernement ne voulant rien perdre, pour compenser la suppression de ces Droits de traite, proposa aux Provinces qui y étoient soumises, & qui ne l'étoient pas à la perception des Droits d'*Aides*, de s'y assujettir; proposition qui ne fut pas acceptée.

Sur la fin du Regne de Louis XIII & pendant la Minorité de Louis XIV, les Droits locaux reçurent de nouveaux accroissemens; alors *Colbert* imagina de donner à tout le Royaume le même régime, quant à la perception des droits de traite. Dans cette vue, il rédigea le tarif de 1664 pour remplacer les droits de sortie & d'entrée en usage dans les différentes provinces de France: la communication libre entre celles qui accepteroient le tarif en étoit la récompense.

Nombre de Provinces se soumirent à la nouvelle loi & l'on les distingue aujourd'hui sous le nom de *Provinces des cinq Grosses Fermes*: elle fut rejetée pas les autres; *Provin-*

ees réputées *Etrangères*, & *Provinces* (Etranger effectif.)

En 1667 Colbert rectifia son Tarif; il établit des droits uniformes sur les objets les plus intéressans du Commerce & de Fabrication. La perception en fut ordonnée en 1671 aux frontiers extrêmes de toutes les provinces du Royaume indistinctement, & c'est ce qu'on appelle *les Droits uniformes*.

La *Lorraine*, l'*Alsace* & les *trois Evêchés* forment cependant une exception à cette loi commune, par les droits locaux auxquels ces Provinces sont assujetties.

Il suit de cet exposé, 1°. que presque toutes les Provinces du Royaume sont assujetties au même Régime, soit à l'entrée, soit à la sortie, quant aux marchandises & denrées sujettes aux Droits uniformes.

2°. Qu'il n'existe quant à la relation avec l'étranger de différence entre elles, que relativement aux marchandises qui ne sont point encore rangées dans la classe des Droits uniformes.

3°. Que cette distinction pourroit même cesser par l'établissement successif des Droits uniformes sur les marchandises qui n'y sont point encore assujetties.

Rien ne peut donc s'opposer à la suppression des Droits de circulation, suppression qui ne peut cependant être opérée que par l'établissement du tarif uniforme, percepnfble à toutes les entrées & forties du Royaume, fans aucune exception.

Les Provinces étrangères ou réputées *étranger effectif*, font intéressées à cette uniformité, en ce que les avantages qui peuvent réfulter pour elles des franchifes dont elles jouiffent, ne peuvent entrer en compenfation avec ceux qu'elles retireront de la communication franche & libre entre elles & les Provinces des cinq groffes Fermes.

Quant à la diminution qu'un changement de l'état actuel des chofes pourroit occafionner dans les revenus du Roi, il eft établi par les calculs qu'elle feroit tout au plus momentanée, & que dans le fait elle eft idéale.

C'eft d'après ces motifs qu'en 1750 l'on propofa de terminer l'opération entamée en 1667. M. *Trudaine* en fut chargé. Son travail étoit très avancé; mais les malheurs de la guerre de 1756 s'y oppoferent; on avoit établi de nouveaux droits; la fituation des finances ne permettoit pas de facrifice, & la Ferme générale annonça celui des Droits de circulation & autres comme un objet de fept à huit millions; cette affertion étoit erronée; mais on ne put la réfuter alors & l'opération demeura fufpendue.

M. de Calonne a repris ce plan; il l'a fait examiner avec le plus grand foin par une Commiffion de gens inftruits; ils l'ont confidéré sous tous les aspects, & quant à l'intérêt général du Commerce & quant à celui des Provinces qui n'ont point adopté le tarif de 1664, enfin quant à l'effet qu'il produiroit sur les revenus de Sa Majesté; & ils ont conclu par les résultats, que l'établissement du tarif uniforme & la suppression des droits de circulation ne compromettroient nullemens les revenus de l'Etat, n'éprouveroient de la part des provinces réputées étrangeres ou *étranger effectif* qu'une foible résistance & qu'il est attendu par le Commerce en général avec une impatience, garant sûr de leur utilité.

20 *Mars* 1787. On a répondu à la violente brochure du Comte de Mirabeau par l'épigramme suivante, moins dure:

<blockquote>
Puisse ton homélie, ô pesant Mirabeau,
Assommer les voleurs qui gâtent nos affaires:
Un fripon converti doit servir de bourreau,
Et prêcher sur l'échelle en secouant ses frères.
</blockquote>

20 *Mars*. M. *Collet*, auteur de quelques piéces de théâtre qui sentent plutôt l'églogue que la comédie, vient de mourir à Versailles le 12 de ce mois; il étoit mieux partagé du côté des honneurs & de la fortune, que du côté des talens: il avoit été Secrétaire des commandemens de feue Madame l'Infante Duchesse de Parme & du Cabinet de feue Madame Sophie de France. Il étoit en ce moment Ecuyer, Chevalier

& Secrétaire de l'Ordre du Roi ; en outre Censeur Royal. Il n'avoit que soixante-cinq ans.

21 *Mars* 1787. Le fils du Roi de la Cochinchine dont on ne parloit plus depuis six semaines est arrivé à l'Orient avec l'Evêque son Gouverneur, & il a quelques Mandarins à sa Suite. Il sollicite en effet des secours contre l'usurpateur qui a détrôné son pere ; il ne demande que trois frégates, douze cents hommes & cent artilleurs, avec lesquels il prétend qu'il lui sera aisé de remettre son pere sur le trône.... Mais l'éloignement des lieux ne permettroit pas d'arriver que longtems après l'usurpation consommée, & au moindre échec il ne seroit pas facile aux troupes françoises elles-mêmes de trouver à se réparer.

21 *Mars*. On ne conçoit pas quelle terreur panique a ressentie M. le Duc d'Orléans, mais dans son Mémoire le Contrôleur général dit positivement qu'il ne peut encore completter son opération des traites par la suppression des droits de péage, parce que la Commission chargée de la vérification de ces droits multipliés à l'excès n'a point encore achevé son travail : il ne pouvoit donc être question de cet objet dans son Bureau : d'ailleurs on veut que cette perte éventuelle que son Altesse évalue à 400,000 livres de rentes, ne monte pas à 50,000 livres.

21 *Mars* 1787. *Le Roi Théodore à Venise*, cet opéra bouffon dont on n'a parlé que légérement, continue d'attirer successivement à Versailles tous les amateurs de Paris, d'autant que la partition en est conservée avec soin chez la Reine & que jusques à présent personne n'a pu en saisir parfaitement aucun air. On délivre cette partition toutes les fois qu'elle doit s'exécuter & après le spectacle on la rapporte chez Sa Majesté. On assure que le musicien *Paësiello* en l'envoyant à Sa Majesté, l'a priée d'en empêcher la publicité.

Quant à l'exécution, elle ne laisse presque rien à désirer, surtout à l'égard des principaux rôles : le Sieur *le Coutre*, dans le rôle du Roi; Mlle *Lillier*, dans celui *de Corine* (*Lisetta* dans l'italien:) le Sieur *Cesar*, dans le personnage de *Saudriu*; le Sieur *Saint Denis*, dans celui *de Taddeo*, méritent les plus grands éloges. On vante entr'autres morceaux la finale du second acte, rendue avec une précision & un ensemble merveilleux.

22 *Mars*. Le paragraphe du Mémoire de M. de Calonne concernant l'impôt du sel est absolument inintelligible pour ceux qui ne sont pas parfaitement au fait du régime fiscal. Ce qu'on y voit de clair, c'est que cet impôt rend soixante millions au Roi; un droit de 20 livres par quintal perceptible à l'enlevement des Marais Salans sur tout le sel destiné à la consommation nationale, en

simplifiant la Recette, la porteroit au moins à 68 millions, déduction faite des droits de Régie; mais, malgré l'indemnité proportionnée qu'on accorderoit aux Provinces rédimées, ou franches de Gabelles, il a prévu une résistance qui auroit forcé d'employer les voyes de sévérité pour un acte vraiment paternel, ce qui confirme ce qu'on a déjà dit à cet égard, concernant la Bretagne; il s'est donc retourné d'une autre maniere, & c'est ce plan long & compliqué que les Notables auront peine à comprendre & plus encore à juger.

Quant au tabac, on a dit suffisamment tout ce qu'il y avoit à en dire dans une premiere analyse.

22 *Mars* 1787. Mr. le Comte de Mirabeau commence son ouvrage par un petit avertissement, où il nous apprend qu'à Berlin depuis près d'une année, instruit de la convocation d'une assemblée de Notables, il est accouru à Paris pour, dans cette occasion solemnelle, payer le tribut de son foible talent à son pays, à son Roi.

Suit une *Epitre dédicatoire au Roi*, où il prédit à Sa Majesté que si l'agiotage n'est pas incessamment détruit, & dans ses causes premieres, le moment de la banqueroute qu'on prépare depuis deux ans, n'est pas éloigné; cette fatale catastrophe devient inévitable.

Il y a certainement d'excellentes vues dans

cette diatribe, où l'auteur peint l'agiotage comme un fléau qui dévore les revenus, aggrave les charges de l'Etat, corrompt les sujets, énerve la puissance du Monarque, & s'il exerçoit plus longtems ses ravages, rendroit impossible jusques aux bienfaits du Souverain: mais il est plus aisé d'indiquer le mal que le remede, ou plutôt il semble que le Comte de Mirabeau craigne d'aller au but en l'assignant: il n'en est qu'un, c'est l'économie la plus stricte & la plus sévere; c'est le défaut d'économie qui a donné naissance à ce monstre par les Emprunts excessifs qu'il a nécessités à des taux de plus en plus onéreux; c'est l'économie seule qui peut l'étouffer, ou l'anéantir faute d'aliment, ou le laisser se consumer, se dévorer lui-même.

Cet ouvrage, en général diffus, obscur, métaphysique, fait pour les penseurs, ou les calculateurs, n'acquiert sa vogue que du moment & par une déclamation violente contre les chefs de l'agiotage nommés sans ménagement, tels que l'Abbé *d'Espagnac*, Prêtre, Chanoine, Grand Vicaire; *Barroud*, jadis Notaire à Lyon; le Comte *de Seneff*; *Pyron*, intéressé dans les affaires du Roi; *Lalaune*, Banquier; *Servat*, de Bordeaux, prête-nom bannal; *Saint Didier*; *Duplain de Saint Albine* &c.

Le Comte *de Mirabeau* n'a pas oublié aussi son ancien adversaire, M. *le Coulteux de la Noraye*, patron de la banque de Saint Charles, chef, confident, soutien des joueurs à la hauffe, fameux folliciteur de l'Arrêt retroactif du 24 Janvier 1785, l'oracle, la lumiere, l'organe des Commiffaires pour la liquidation des marchés à terme.

Du refte, ce qui a pu faire croire que l'auteur étoit foudoyé par le Contrôleur général, c'eft une fortie violente contre M. *Necker*, qu'il regarde comme le générateur de l'agio, dont il cenfure amérement l'adminiftration, le peu de prévoyance & qu'enfin il déclare dans une Note, digne d'une affez grande réputation, comme écrivain, & n'en méritant que bien peu comme homme d'Etat.

C'eft l'Eloge du Sieur *Panchault*, le bras droit de M. *de Calonne*, que le Comte de Mirabeau qualifie d'homme de génie, qu'il n'ofe nommer, mais qu'il défigne fuffifamment en le déclarant l'auteur de la Caiffe d'Efcompte dont il follicitoit la création dès 1766.

C'eft l'aveu qu'il renouvelle d'avoir été autorifé, invité par ce Miniftre à écrire contre la Banque de Saint Charles ; car, quoiqu'il ne le nomme, ni ne le caractérife fpécialement, on conçoit que cette miffion ne pouvoit lui venir que de M. de Calonne feul.

D'un autre côté, il y a des paragraphes très critiques contre ce Miniftre. Le Comte fe plaint de l'Arrêt qui a fupprimé fa brochure

chure contre la banque de Saint Charles ; il fe plaint des Arrêts du Confeil rendus mal-adroitement contre l'agiotage par ce Miniftre ; du tribunal irrégulier qu'il a élevé pour en connoître : enfin il termine fon ouvrage par un portrait fatyrique reffemblant frappant, où tout le monde reconnoît M. de Calonne, mais où il fe trouve des nuances agréables qui pourroient ne pas lui déplaire & capables de compenfer à fes yeux les touches trop fortes à fon défavantage.

Ainfi l'on peut encore regarder comme problématique fi le Comte de Mirabeau a écrit pour ou contre le Miniftre des finances actuel. Ce qu'il y a de fûr, c'eft qu'il falloit qu'il fût du moins autorifé par une Puiffance quelconque pour avoir ofé mettre fon nom à l'ouvrage, en garder chez lui une quantité confidérable d'exemplaires, & non feulement en fournir aux colporteurs, mais le vendre à quiconque venoit en acheter ; enfin mandé par le Lieutenant général de Police pour favoir s'il étoit l'auteur du pamphlet, non feulement ne l'avoir pas défavoué, mais déclaré que dès qu'il y avoit mis fon nom, il falloit le croire véritablement de lui.

22 *Mars* 1787. Vendredi au foir tous les membres de la Sainte Chapelle reçurent un ordre du Roi pour tenir Chapitre le lendemain matin, & ce jour, des Commiffaires de S. M. font venus leur notifier leur fup-

pression : de suite ils ont mis les scellés sur le trésor, sur les archives & autres objets susceptibles d'être inventoriés.

On ajoute que la Chambre des Comptes qui prétend avoir une inspection plus spéciale sur la Sainte Chapelle, instruite de cet événement a envoyé des Commissaires pour instrumenter; mais que les Commissaires du Roi les ont obligés de se retirer.

23 *Mars* 1787. A la suite de *la dénonciation de l'agiotage au Roi*, se lit *Plan des opérations de l'abbé d'Espagnac pour soutenir & continuer le monopole des actions de la nouvelle Compagnie des Indes.*

Il faudroit être doué de la subtilité du génie de l'agio pour comprendre quelque chose à ce Plan que le Comte traite d'infâme, & qui lui donne occasion de raconter une anecdote de la scélératesse la plus rafinée.

23 *Mars*. Lors de la secousse qu'a éprouvée dernierement la Caisse d'Escompte, les Directeurs effrayés firent circuler un écrit qui, sans doute, eut peu de vogue, puisqu'on n'en a sçu l'existence que par l'ouvrage du Comte de Mirabeau ; il avoit pour titre: *Réflexions d'un citoyen sur l'agiotage & ses suites.* Son objet étoit de faire l'apologie de la Caisse d'Escompte, comme utile à l'Etat en ce qu'elle a réduit l'intérêt de l'argent à quatre pour cent, & procuré un débouché aux effets Royaux; comme utile au Public, en ce que les affaires des habitans de Paris

ont quadruplé depuis dix ans, en ce qu'elle a fait augmenter le crédit des Banquiers de Paris pour la province.

Le Comte de Mirabeau nie tous ces faits.

23 *Mars* 1787. C'étoit depuis quelque tems une erreur assez générale que l'art de la peinture sur verre étoit perdu: cependant une famille distinguée, les freres *Pierre & Jean le Vieil*, depuis deux cens ans en conservoient la connoissance & la pratique: l'aîné en a donné l'histoire & la description à l'académie, qui les a fait joindre au Recueil des Arts qu'elle publie.

C'est aujourd'hui un Sr. *Avelin* qui se propose de remettre en vigueur l'art dont il s'agit. Il a présenté aux Commissaires de l'Académie des Sciences qui lui ont été nommés à cet effet, divers morceaux de verre bien assemblés, un entr'autres formant l'écusson & les armoiries de France, & deux Chrifts en couleur brune sur un verre blanc de vitre. Ces essais ont reçu l'approbation de la Compagnie.

Le Sr. *Avelin* se sent en état de peindre des figures de trois pieds & demi de proportion.

23 *Mars*. Le bruit court depuis trois jours que Mr. le Comte de Mirabeau se tenant sur ses gardes & instruit qu'on vouloit l'arrêter a pris la fuite: on assure que c'est M. le Contrôleur général qui lui a fait donner l'éveil; ce qui confirmeroit le soupçon qu'il écrivoit sous l'influence de ce Ministre; on veut que

le Comte de Mirabeau fût menacé d'aller, non à la Bastille, mais au Mont St. Michel, & tout au moins au château du Ham.

Les quatre Agioteurs principaux, l'abbé d'Espagnac, le Comte de Senef, les Srs. Piron & Baroud avoient aussi reçu des ordres d'exil; mais les Banquiers ont fait une députation vers Mr. le Contrôleur général pour parer ce coup, qui auroit porté le plus grand désordre sur la place & les exilés ont obtenu un surcis.

23 Mars 1787. Les Comédiens Italiens ont encore donné hier une nouveauté : *Toinette & Louis,* divertissement en deux actes mêlé d'ariettes; elle n'a pas été mieux accueillie que la précédente, quoique la musique fût de la composition de Mlle. *Gretry.*

24 Mars. Extrait d'une Lettre de Luzarche du 20 Mars 1787... Ce n'est que depuis peu que j'ai pu assembler le détail entier de la singuliere pantomime qui s'est exécutée dans l'église paroissiale de Saint Damien, suivant la promesse que je vous en ai faite.

On avoit pratiqué derriere le banc de l'œuvre une espece de crèche couverte d'épaisses tapisseries, dans l'enceinte desquelles regnoient de profondes ténebres. Là étoient renfermés un jeune homme qui représentoit St. Joseph, & une jeune fille qui faisoit le personnage de la Ste. Vierge.

A une des extrêmités de la troisieme nef, on avoit également formé une vaste enceinte, semblable à une cabane de berger, comme on en voit dans les champs auprès des troupeaux. Là 50 personnes environ des deux sexes attendoient dans le silence de la nuit le moment de paroître sur la scene.

A la fin du *Kirie Eleison* de la messe de minuit, un jeune homme élégamment coïffé, ayant une robe blanche garnie de rubans de toutes couleurs, avec des plumes peintes entre les épaules, vint comme en volant, de la porte de l'église jusques aux marches du Sanctuaire pour y entonner au célébrant le *Gloria in excessis* ; après quoi il disparut avec la vîtesse d'un messager céleste : une lumiere éclatante jaillit soudain au dessus de la cabane ; les bergers à l'apparution de cet astre font bourdonner les airs d'une musique bruyante & effacent en un moment les voix & les instrumens du chœur.

A ce vacarme soudain, les curieux accourus jusques des paroisses voisines, oublient qu'ils sont dans le temple du Seigneur, & croient être à l'opéra. On changeoit de place, on couroit çà là, on montoit & sur les chaises, sur les bancs, on les élevoit les uns sur les autres, & ils rompirent sous la foule entassée. Alors on ne distinguoit plus rien entre les murmures, les plaintes, les cris & le chant de l'office. Néanmoins les Cavaliers de la Maréchaussée en bottes, le chapeau sur la tête, la bayonnette au bout du fusil, avec leur Commandant, la canne à la main, parvinrent à écarter un peu la multitude & à ouvrir un passage.

On voit paroître plusieurs joueurs d'instrumens très voisins de l'ivresse : douze filles les suivoient vêtues de blanc, avec des nœuds, des bandoulieres de rubans, & tenant en main des cierges allumés ; ensuite de jeunes garçons portent des pains bénits couverts de brioches, de fleurs & de cierges : après eux marchent plusieurs grouppes d'enfans des deux sexes, dans un habillement, où la mondanité, le luxe, & l'indécence se remarquoient à la fois. Ils portent dans différentes corbeilles artistement arrangées des agneaux en sucrerie, des oranges, des biscuits, des macarons & autres friandises destinées à remplir l'estomac vigoureux du maître comédien, le vicaire Feret. Après ces offrandes étoit portée au bout d'un bâton une étoile toute en feu, environnée de bougies innombrables ; des bouquets de fleurs, des cierges chargés de rubans & autres décorations accompagnoient la brillante constellation. A sa lumiere marchoient trois lourds paysans sous des manteaux bleus, garnis de galons d'or, & parsemés de fleurs de lys de même couleur, ayant sur leur tête des couronnes royales, & en leurs mains des vases dorés, dans lesquels étoient en apparence les présents de ces burlesques Majestés. L'un d'eux, pour mieux représenter le Roi maure, avoit couvert toute sa figure, son col & ses mains d'un noir de fumée fort épais, délayé dans de l'huile: ses cheveux étoient serrés sous un crepe noir; on avoit attaché à ses oreilles en forme de pendans, des œufs de pigeon qui, par leur blancheur, faisoient ressortir plus avantageusement la noirceur de son teint. LL. MM. avoient pour gardes du corps des cavaliers de maréchaussée, qui les escortoient armes hautes: derriere suivoient tous les Bergers & Bergeres en grand nombre. Les Bergers avoient la tête ombragée de grands chapeaux ronds, couverts dessus & dessous de papier blanc & de rubans de diverses couleurs, avec leur houlette à la main. Les Bergeres toutes en blanc avançoient en cadence, suivant exactement la musique: habillées comme celles qui ouvroient la marche, elles étoient parées de fleurs, de rubans, de guirlandes, de bandoulieres, & portoient des houlettes aussi élégantes que toutes leurs personnes: plusieurs les avoient garnies en perles, en paillettes, en diamans.

C'est dans cet ordre qu'ils allerent au bruit des instrumens vers le lieu de la crêche; tous s'arrêterent à son entrée & s'y prosternerent: les trois Rois, les Bergers, les Bergeres y chanterent différens noëls sur des airs tout profanes. A la fin sortit de la crêche fort lentement cette jeune prisonniere, vêtue de blanc, la tête couverte d'un voile qui lui descendoit jusqu'aux genoux, portant entre les mains un petit enfant *Jéſus*. Elle fut ſuivie d'un prétendu vieillard, avec des guêtres, un vieux manteau gris, une perruque énorme, & par deſſus un vaſte chapeau plein de craſſe & de pieces, tenant d'une main une toiſe, & de l'autre une ſcie, avec quelques outils de charpentier. La vue de Marie, de ſon nouveau-né & de Joſeph, redoublerent l'allégreſſe: on leur rendit des hommages très reſpectueux, & les préſents des Mages furent offerts, les genoux en terre.

Enſuite la marche recommença; la Vierge avec ſon fils & Joſeph précédoient les trois Rois; on fut à l'offrande après le Clergé, & cela reſſembloit beaucoup à une enfilade de maſques.

Ce ſpectacle fut prolongé juſqu'à la meſſe de l'aurore, & il ſe termina hors de l'égliſe par un réveillon & par des danſes.

24 *Mars* 1787. Mercrédi dernier, la grande affaire de l'abbé *de Poudens* contre Me. *Feral* a été enfin jugée, & ce dernier, malgré les concluſions de M. *Seguier*, Avocat général, a gagné: il a obtenu dix mille francs de dommages intérêts, & c'eſt bien une preuve qu'en juſtice la mauvaiſe foi, qui ſait ſe conduire avec aſtuce, fait toujours ſuccomber les gens honnêtes & droits: les Mémoires ſont reſpectivement ſupprimés.

25 *Mars.* Il paroît que les Notables n'ont rien fait cette ſemaine; les Gabelles ont été

re-

rejetées tout uniment suivant le plan que le Ministre avoit choisi ; quant aux Traites, ils ont nommé des Commissaires particuliers tirés des pays d'état, ou des provinces que cet objet concerne plus spécialement. En général, on présume que c'est un morceau de longue discussion que leur a donné M. le Contrôleur général pour les occuper, pour gagner du tems, pour arriver aux vacances de Pâques & profiter de cet intervalle pour séduire, ou corrompre, ou intimider.

Quoi qu'il en soit, voici quelques détails nouveaux concernant les séances du 13 & du 15, qui prouvent combien grande étoit alors la fermentation dans les Bureaux, & comment le Roi se trouvoit circonvenu.

Depuis la demande des Bureaux, M. *de Calonne* a envoyé son discours avec une Lettre aux Princes du Sang, dans ces termes :

Monseigneur,

,, J'ai l'honneur d'envoyer à V. A. R. (ou S.)
,, le discours que vous avez témoigné désirer
,, d'avoir. Je ne puis communiquer à
,, V. A. R. (ou S.) que la seconde partie qui est
,, la seule que j'aie écrite, & dont avant l'as-
,, semblée j'avois montré le manuscrit au
,, Roi, qui avoit daigné l'approuver dans tout
,, son contenu. D'après les doutes qu'ont ma-
,, nifesté les Bureaux & d'après leur récla-
,, mation, j'ai remis mon discours sous les
,, yeux du Roi, qui l'a relu une seconde fois

„ & qui l'a trouvé abſolument ſemblable à
„ celui qu'il avoit lu avant l'aſſemblée: ainſi
„ V. A. R. (ou S.) ne peut douter que le diſ-
„ cours que j'envoye aux Bureaux ne ſoit le
„ même abſolument que j'ai prononcé lundi
„ dernier, &c."

Le Diſcours de M. de Calonne a été lu dans tous les Bureaux & les Notables y ont trouvé les phraſes qui les avoient choqués; mais elles étoient adoucies. *Le Roi voit avec grand plaiſir*, portoit-il, *que vous avez été d'accord avec ſes principes & que vous ſecondez ſes vues pour rétablir l'ordre & parvenir au ſoulagement de ſes peuples*. Les phraſes ſuivantes mitigeoient en quelque ſorte les inductions qu'on pouvoit tirer de celle-ci; mais il faut que le diſcours ſoit rédigé avec adreſſe, puiſque, entendu de plus près, il a ſéduit quelques membres des Bureaux qui avoient été les plus zélés pour l'arrêté de mardi, & qui, après avoir lu ce diſcours, ont dit qu'ils n'étoient pas auſſi frappés des expreſſions qui les avoient choqués le lundi, entr'autres M. le Duc de Nivernois.

Lecture faite de ce diſcours au Bureau de *Monſieur*, M. l'Archevêque de Narbonne s'eſt levé & a dit: „ je viens d'entendre le
„ diſcours de M. le Contrôleur général. Je
„ ne crains pas de répéter ce que j'ai dit
„ mardi. Si le reſpect que je dois à la per-
„ ſonne de *Monſieur* ne m'avoit impoſé ſilen-
„ ce, j'aurois interrompu M. le Contrôleur

„ général & je l'aurois prié de s'expliquer
„ d'une manière plus claire.

„ Certainement nous avons un respect
„ religieux pour la personne du Roi ; son
„ cœur paternel ne desire que le bonheur de
„ ses peuples, & il n'est personne de nous qui
„ ne soit porté à seconder les vues bienfai-
„ santes de Sa Majesté.

„ Lorsqu'on nous propose de sa part des
„ Assemblées Provinciales, nous croyons
„ devoir représenter que la forme dans la-
„ quelle on a voulu les établir, est incon-
„ stitutionnelle & absolument contraire à
„ l'essence de la Monarchie.

„ Lorsqu'on nous propose une Subvention
„ Territoriale, nous devons dire avec fran-
„ chise au Roi, que l'impôt en nature est
„ inexécutable, & qu'en argent, comme
„ il est très considérable & n'a point de
„ terme, nous ne pouvons pas délibérer
„ qu'au préalable la communication, que
„ nous avons demandée, ne nous ait été
„ donnée.

„ Lorsqu'on nous parle de la libération
„ des dettes du Clergé, ne devons-nous pas
„ dire avec fermeté au Roi que cette libéra-
„ tion telle qu'elle est proposée, attaque les
„ propriétés.

„ Nous sommes bien d'accord avec le
„ Roi sur les principes, parce qu'ils sont
„ toujours fondés sur la justice & l'équité ;
„ mais nous ne pouvons pas adopter les

„ plans & les projets que l'on fait envisa-
„ ger à Sa Majesté comme devant opérer un
„ grand bien & soulager les peuples, lors-
„ que nous voyons tous les inconvéniens
„ qui peuvent en résulter, & que le peuple,
„ loin d'être soulagé, sera surchargé, nous
„ ne devons donc pas souffrir que du discours
„ de M. le Contrôleur général le Roi puisse
„ tirer l'induction que tous les plans propo-
„ sés ont été adoptés.

M. le Maréchal *de Beauvau* & M. le Duc *de la Rochefoucault* ont dit que les Bureaux devoient exiger une réparation publique.

Monsieur a dit qu'il n'étoit ni honnête ni décent de leur faire dire ce qu'ils n'avoient pas dit.

M. l'Evêque de *Nevers* a parlé avec la plus grande force: enfin il a été arrêté que *Monsieur* seroit prié de remettre directement au Roi l'Arrêté suivant:

„ Le Bureau supplie le Roi d'agréer son
„ hommage & la respectueuse reconnoissance
„ dont les membres qui le composent, sont
„ pénétrés de la confiance que S. M. leur
„ témoigne, & dont elle daigne les assurer
„ par la bouche de son Ministre des Finan-
„ ces. Pour y répondre, ils croient devoir
„ faire connoître à S. M. leur opinion sur
„ les objets dont l'examen leur a été pro-
„ posé; ils croient devoir dire à S. M. que,
„ lorsqu'ils ont opiné sur les Assemblées Pro-

,, vinciales, ils n'ont point été arrêtés par
,, quelques difficultés de forme, mais ils ont
,, pensé que les Assemblées Provinciales,
,, telles qu'elles étoient proposées, étoient
,, contraires à l'essence de la Constitution de
,, la Monarchie, & cette remarque est trop
,, importante pour n'être pas mise sous les
,, yeux de S. M. Lorsqu'ils ont opiné sur l'im-
,, pôt territorial en nature, ils ont pensé
,, que cet impôt étoit inexécutable, & que
,, n'ayant point de terme, ils ne pouvoient
,, opiner qu'au préalable les communica-
,, tions qu'ils ont demandées ne leur eussent
,, été faites. Lorsqu'il a été question des
,, dettes du Clergé, ils ont dû s'élever for-
,, tement contre la maniere de les liquider
,, proposée, puisqu'elle attaque les proprié-
,, tés, & que par conséquent elle est dange-
,, reuse. Telle a été l'opinion du Bureau
,, & comme du discours de M. le Contrô-
,, leur général on pourroit tirer l'induction
,, que les plans sur ces divers objets ont été
,, accueillis, le Bureau pensant que le Roi,
,, la Nation & la postérité doivent être in-
,, struits de son opinion & du résultat de ses
,, délibérations, supplie S. M. de faire
,, insérer dans le procès verbal général de
,, l'assemblée, à la suite du discours de M.
,, le Contrôleur général, le présent Arrêté
,, qui sera consigné dans le procès verbal des
,, délibérations particulieres du Bureau.

Monsieur s'est chargé de remettre lui-même cet Arrêté au Roi.

Le Bureau de M. le Comte *d'Artois* a fait un Arrêté semblable; on avoit mis *arrêté* d'une voix unanime. M. le Comte *d'Artois* a dit: *effacez* d'une voix unanime, *car je ne suis pas de cet avis.*

25 Mars 1787. Les Banquiers ont en effet obtenu de M. le Contrôleur général un surcis de trois mois en faveur des chefs agioteurs, pour leur donner le loisir de dissoudre leur société & de mettre tout en regle; mais comme l'ordre d'exil émanoit du Département du Baron de Breteuil, les Banquiers avoient en outre écrit à ce Ministre pour, sur la réponse favorable du Ministre de la Finance, en demander un semblable délai, & la réponse du Ministre de Paris n'est pas encore arrivée.

25 Mars. On n'a jamais vu tant de monde à l'opéra qu'hier à la clôture. La garde a été obligée de mettre la bayonnette au bout du fusil: encore saisissoit-on les fusils des soldats, tandis qu'on leur donnoit des coups de canne sur les doigts.

La représentation n'a pas été moins orageuse. Un Chevalier *de Goux* qui, usant du privilege qu'on a de rester sur le théâtre pour un Louis, les jours de capitation, s'avançoit trop dans la coulisse, a provoqué l'indignation du parterre en résistant aux premieres clameurs. On lui a crié des injures de toute espece, l'on a fini par lui jeter une orange à la tête, mais si mal-adroitement qu'elle est venue tomber à ses pieds. Les gardes, les officiers de garde, l'officier major sont venus le haranguer tour à tour: il a fallu employer la plus grande autorité pour obliger cet étourdi à se retirer. Ce qu'il a fait enfin après un quart d'heure de pour-parlers & de cris de toute espece.

Ensuite l'opéra qui étoit composé de deux pieces, *Oedipe à Colonne* & *le Seigneur bienfaisant*, a été exécuté par toutes les doublures possibles. Un Sr. *le Brun*, éleve de l'Ecole du Chant, n'ayant jamais paru en public, a eu l'impudence de remplacer le Sr. *Lais* & de jouer le rôle de *Polinice* : nouveaux murmures qui ont duré pendant tout le tems que cet acteur a occupé la Scene.

La Recette, au surplus, ce jour-là s'est montée à 15500 livres ; ce dont il n'y a point d'exemple.

26 *Mars* 1787. Les gilets continuent d'être des monumens historiques de notre âge : ceux à la mode aujourd'hui sont des *gilets aux Notables*. On y a brodé l'assemblée des Notables, d'après l'estampe : le Roi est au milieu d'eux, sur son trône ; de la main gauche il tient une légende, où l'on lit ces mots : *l'âge d'or* : mais par une gaucherie fort indécente, il est placé de façon sur la poche, que de sa main droite il semble fouiller dedans.

26 *Mars.* Dernierement le Maréchal Duc

de Biron après s'être promené à cheval au bois de Boulogne se reposoit ; une Dame avec un grand chapeau sur la tête l'accoste, & lui demande comment il se porte ? „ *Cela ne* „ *va pas mal,* répond-il, *vous voyez que je m'ex-* „ *erce à monter à cheval, pour la revue du* „ *Roi.* Tant mieux, je serai fort aise de vous y voir. — *Madame, si vous avez be-* „ *soin de moi, je vous promets de vous faire* „ *bien placer.* — Volontiers, Monsieur le Ma- „ réchal. — *A qui ai-je l'honneur de par-* „ *ler ?"*. — Je me nomme *Antoinette*, & à l'instant la Dame releve son chapeau : il reconnoît la Reine, & se répand en actions de grace & en regrets de n'avoir pas plutôt connu sa bonne fortune.

On se doute bien que la Reine n'a pas manqué d'égayer le Roi de cette anecdote, & que leurs Majestés en auront beaucoup ri ensemble.

26 *Mars* 1787. On assure que les Banquiers ont reçu une lettre circulaire de M. le Lieutenant général de Police, qui les invite à se trouver demain mardi à son hôtel, dix heures du matin, pour y entendre la lecture de la Réponse du Baron de Breteuil à leur demande & recevoir en conséquence les ordres du Roi.

27 *Mars.* On sait aujourd'hui que c'est M. *Patrat* qui est auteur de la piece de *Toinette & Louis*, tombée aux Italiens le 22 de ce mois : le couplet suivant que termine le

vaudeville, mérite d'être excepté de la proscription du reste & d'être conservé : d'ailleurs le parterre galant l'a fait répéter comme relatif à Mlle. *Gretry*.

  Jeunes Rosiers, jeunes talens
  Ont besoin du secours du maître :
  Un petit auteur de treize ans
  Est un rosier qui vient de naître.
  Il n'offre qu'un bouton nouveau ;
  Si vous voulez des fleurs écloses,
  Daignez étayer l'arbrisseau ;
  Quelque jour vous aurez des roses.

27 *Mars* 1787. La clôture des Italiens s'est faite samedi par des adieux de la troupe au public, adieux *rédigés* en plusieurs petites scenes formées de vaudevilles remplis de fadeurs : mais cent fois répétées, elles réussissent toujours auprès du parterre, qui pourroit s'écrier comme cet Italien, *m'adulà, ma mi piacé* : ,, il me flatte, mais il me plaît." Le Parterre a demandé à grands cris l'auteur, & il ne s'est calmé qu'après l'avoir vû paroître. Il s'est trouvé que c'étoit le *Cousin Jacques*.

Quant au compliment prononcé à la comédie françoise par le S^r. Naudé, comme on y disoit des vérités un peu dures pour le public, il n'a pas été si favorablement accueilli, il s'est même élevé des murmures contre cette audace de lui faire des leçons ;

il s'agiſſoit des tranſports extravagants avec leſquels un acteur outré, une piece repudiée par le bon goût, ſont ſouvent applaudis.

27 Mars 1787. Aujourd'hui il n'y a point eu d'aſſemblée des Notables, parce que le Conſeil a voulu terminer l'affaire des trois hommes condamnés à la roue, pour laquelle il y avoit déjà eu huit ſéances de rapport ; le procès n'eſt point encore jugé & il y a eu ce qu'on appelle un avant faire droit. Il a été décidé à la pluralité de 75 voix contre 23, d'ordonner ſur le champ que la minute de la procédure prévôtale de Troyes des mois de Janvier, Mars & Avril 1783 ſeroit apportée au Conſeil & miſe ſur le Bureau; ce qui tend à retarder le jugement, mais à approfondir un moyen des trois condamnés contre la Sentence de Chaumont & l'arrêt du 20 Octobre 1785.

28 Mars 1787. On a parlé en 1784 d'un Chevalier de Mouradgia qui étoit à la ſuite du Roi de Suede & ſe propoſoit de donner au public une hiſtoire des Turcs; il a fini ce grand ouvrage, & le Proſpectus s'en publie ſous le titre de *Tableau général de l'Empire Ottoman*, diviſé en deux parties, dont l'une comprend *la Légiſlation Mahométane*; l'autre, *l'hiſtoire de l'Empire Ottoman*, par M. *de Mouradgia d'Ohſſon*, Chevalier de l'Ordre de Vaſa, Secrétaire de S. M. le Roi de Suede, ci-devant ſon Interprête &

son chargé d'affaires à la Cour de Constantinople: avec figures.

Par ce *Prospectus* très long & très curieux, l'auteur confirme ce qu'on en a dit; qu'il regarde comme infidelles toutes les notions acquises jusqu'à présent concernant la nation Turque; il en donne les raisons & établit comment on doit avoir plus de confiance en ce qu'il écrit.

Né à Constantinople, élevé dans le pays même & attaché toute sa vie au service de la Suede, étroitement liée avec la Porte, il a eu plus que personne les moyens de vaincre les difficultés.

L'étude du Code & des Dogmes Mahométans a été faite dans les livres originaux. M. *de Mouradgia* s'est servi d'un Théologien & d'un Jurisconsulte très habiles & très considérés dans l'Empire. Persuadés qu'il s'instruisoit de leurs loix & de leur doctrine, dans le dessein secret d'embrasser leur culte, les docteurs secondoient ses travaux & ses recherches avec un zéle infatigable.

Tout ce qui a trait aux différentes parties du Gouvernement, a été en même tems puisé dans les lumieres des Ministres, des Officiers en place, des Chefs même des Bureaux dans les divers Départemens de l'Etat, qui portoient leur confiance & leur bonté pour l'auteur, jusqu'à lui délivrer des Extraits de leurs propres Registres; flattés du projet qu'il avoit formé de traduire leurs Annales,

& de donner à l'Europe Chrétienne une idée de la puissance Ottomanne, il n'est point de marques d'amitié dont ils ne m'aient honoré durant ses recherches de vingt-deux années jusques à son départ de Constantinople, le 9 Mars 1784.

Tous les détails relatifs au Serrail & à la vie privée du Monarque, aux Sultanes, & au harem Impérial, ont été recueillis, les uns par les officiers même de la maison du Sultan, les autres par les filles esclaves du harem.

Enfin cette description générale de l'Empire Ottoman est enrichie d'estampes sur les différentes fêtes civiles & religieuses, & sur divers autres objets non moins intéressans. On y joint aussi le costume de tous les officiers du serrail, de la cour & des différens ordres de l'état.

Ce *Recueil* consistera 1º. en une suite de 76 tableaux, exécutés dans le pays par des peintres Grecs & Européens : 2º. dans les portraits de tous les Sultans Ottomans, qu'ils sont dans l'usage de faire tirer, quoique la Loi défende en ce pays toute image, toute figure quelconque : ces portraits sont peints à l'huile sur des cartons fins en forme de livres in 4º. richement reliés. La collection s'en conserve au serrail dans le cabinet même du Sultan, & elle est soigneusement dérobée aux yeux du public. Par un événement inattendu, & par la faveur d'un des premiers officiers du palais, M. *de Mouradgia* a eu cette collection entre les mains, & l'a fait voir le 16 Décembre 1778 à M. le Comte *de Saint Prieſt* & à l'Envoyé extraordinaire de Suede à Conſtantinople: 3o. en 90 figures repréſentant les coſtumes &c.

Cette entrepriſe eſt très conſidérable; on prétend qu'elle ſera peut-être d'un million: il y aura pour cent mille francs de papier ſeul; auſſi la Souſcription pour les deux premiers volumes eſt de 300 livres.

28 *Mars* 1787. C'eſt décidemment le Sr. *Gardel le Cadet* qui ſera maître des ballets de l'opéra; il doit commencer par ceux d'*Alcindor*, nouveauté par où ſe rouvrira le théâtre lyrique.

28 *Mars* 1787. Sur la caricature dont on a parlé, quelqu'un a arrangé une fable allégorique aſſez médiocre, intitulée *la baſſecour & le fermier*. La voici, pour ne rien omettre des facéties auxquelles aura donné lieu l'aſſemblée des Notables.

 Mes chers amis, mes douces bêtes,
 Porcs & coqs d'Inde & moutons,
  Que d'entre vous les meilleures têtes
  Déduiſent ici leurs raiſons.
 Je ſuis preſſé par la famine;
 Le plus glouton de mes valets
 Prétend que le ciel vous a faits
 Pour ma gloire & pour ma cuiſine;

Il faudra donc vous croquer tous ;
Tel est en bref mon manifeste :
Sur la sauce décidez-vous,
Mon cuisinier fera le reste.

29 *Mars* 1787. Malgré la réclamation vive des Bureaux contre le discours du 12, de M. de Calonne, d'abord, & ensuite contre la falsification qu'il en avoit faite pour le leur adresser d'après l'ordre du *Roi* ; enfin malgré leur demande, s'il étoit imprimé, que leur espece de Protestation fût insérée à la suite, ce Ministre a jugé à propos de rendre ce discours public hier, & l'on l'a crié dans Paris. Sans en examiner le fond, on en trouve la forme très médiocre ; il est diffus, rempli d'idées communes, & d'une forfanterie puérile : en outre il est tronqué, & il est terminé par ce Nota ridicule : *Ce qui a suivi n'étoit point écrit.*

29 *Mars* 1787. On a fait sur le Contrôleur général une chanson qui est une espece d'adieu, relativement aux différens coups que lui ont porté les Notables & sembleroit annoncer sa retraite prochaine ; elle est peu spirituelle & n'a que de la gaieté : elle est sur l'air *l'avez-vous vu, mon bien-aimé ?*

 A Monseigneur
  Le Contrôleur
 Salut, paix & retraite
  Quand on le prit

Pour son esprit,
Bien cher en fut l'emplette:
On sait qu'il n'aime pas pour peu
La table, le lit & le jeu:
Un jour viendra
Qu'il variera
Ses passetems aimables,
Et l'on verra
Qu'il sautera
Pour Messieurs les Notables.

Pour *d'Artois* il a financé;
Pour *le Brun* il s'est tremoussé:
Gorgé d'écus
Il n'aura plus
L'attitude de Pénurie, (*)
Qu'il va laisser à la Patrie.

29 *Mars* 1787. Extrait d'une Lettre de Tours du 20 Mars.... Vous auriez cru que les afflictions dont a été abreuvé depuis quelque tems le Cardinal de Rohan l'auroient rendu sage & circonspect. Point du tout: il s'est fait encore des affaires dans ce pays-ci & s'est attiré une nouvelle mortification de la Cour. Pour faire de l'exercice, & s'étourdir sur ses chagrins, il s'est avisé de

---

(*) Expression de son discours du 22 Février.

chasser à outrance, de dévaster le canton, & de n' voir aucun égard, non-seulement aux malheureux paysans, mais aux Seigneurs du canton réclamant contre son braconnage: enfin il a fallu écrire en cour contre lui & se plaindre de ses vexations; ce qui lui a fait donner une défense de chasser & de porter fusil.

29 *Mars* 1787. Madame *Sainte Huberty* s'est avisée de partir avant la clôture de l'opéra, & sans demander congé elle s'est rendue en Alsace. Sur les plaintes des Directeurs, il a été écrit à Strasbourg d'empêcher cette actrice d'y jouer, & elle a reçu ordre de revenir sans délai dans cette capitale.

30 *Mars*. Pendant la tenue de l'assemblée des Notables plusieurs écrivains ont cru devoir communiquer au public leurs vues, ou plutôt leurs rêveries. Il faut excepter de ce nombre, *Observations sur divers objets importans*.

1º. L'auteur traite de la diminution du nombre des matelots & des moyens de les multiplier.

2º. Des Salines de Lorraine, d'abord utiles à la Province & qui la dévorent aujourd'hui.

3º. De la disette des Bois dans le Royaume, & de la nécessité de réformer leur administration actuelle.

4º. Du partage des communes, projet

présenté au feu Roi, il y a plus de vingt ans par M. le Comte *d'Effuille* & qui lui valut une très belle medaille de la part des Etats généraux de la Province d'Artois en 1771.

5°. D'un moyen de rendre utile au Clergé & à l'état les droits de chaffe dont jouit cet ordre & dont il ne peut faire ufage fans fcandale, & même fans péché.

6°. De l'établiffement d'une caiffe nationale pour fecourir les accufés renvoyés abfous, ainfi que les incendiés.

Tels font les objets que difcute l'écrivain avec beaucoup d'ordre, de netteté, de concifion & même avec une forte d'élégance.

Il y a quelques notes concernant des anecdotes curieufes & fatyriques, lefquelles perdent à peu près tout leur mérite, faute d'avoir nommé les mafques.

30 *Mars* 1787. M. de Ste James eft forti depuis lundi de la Baftille, mais fans qu'on en fache l'objet, car fes affaires ne font point encore terminées. On continue la vente de fes effets du plus grand prix, & a très bon compte: on parle d'une table de cuifine qui coûtoit 800 livres & qui a été donnée pour 160 livres: les créanciers font toujours dans les alarmes, en ce qu'il paroît que la Commiffion ne s'occupe que de remplir le Roi, à quelque prix & de quelque maniere que ce foit.

Tome XXXIV. P

30 *Mars*. On a jugé aujourd'hui au Parlement l'affaire du Président *d'Abbadie* & sur les conclusions de M. l'Avocat général Seguier dont le plaidoyer a été fort applaudi, la Cour a confirmé le jugement du Châtelet & a déclaré qu'il n'y avoit lieu à l'interdiction.

30 *Mars* 1787. La Cour des Monnoyes est de nouveau aux prises avec la Cour à l'occasion d'une affaire très grave dont voici l'historique.

Les Louis d'or anciens étoient au titre de 21 karats $\frac{21}{32}$. La Déclaration pour la réforme a ordonné que les Louis neufs seroient au titre des anciens, que les Procès verbaux des Cours des Monnoyes avoient certifié suivant la regle.

Le Directeur de Strasbourg étant failli, les Commissaires de la Cour des Monnoyes de Paris ont mis les scellés, & en les levant ils ont trouvé une Autorisation Ministerielle aux Directeurs de ne compter au Roi les Louis anciens rapportés que sur le pied de 21 Karats $\frac{17}{32}$ par conséquent $\frac{4}{32}$ de moins ; ce qui fait payer au Roi $\frac{4}{32}$ de plus pour remettre les Louis neufs au titre des anciens dont on les soustrait.

La Cour des Monnoyes a rendu Arrêt pour donner acte au Procureur général de sa plainte contre le Directeur de Strasbourg & ses procédés.

Auſſitôt Lettres patentes envoyées par le Garde des Sceaux pour évoquer & attribuer à une Commiſſion extraite de la Cour même.

Refus de tous & chacun des membres d'accepter & renvoi des Lettres.

Oppoſition par le Procureur général à l'arrêt qui donne acte de ſa plainte qu'on avoit fait rendre par un Subſtitut.

Arrêt pour déduire les moyens.

Alarmes nouvelles & Lettre cloſe de M. le Garde des ſceaux pour engager *à ſurſeoir toute procédure*. Tel étoit l'état des choſes le 28 Mars: ce jour la Cour des Monnoyes a ordonné que les Procès verbaux, l'oppoſition du Procureur général & la Lettre du Garde des Sceaux demeureroient joints à la procédure qui ſera continuée.

On calcule que la ſouſtraction de $\frac{4}{33}$ ſur 800,000 marcs refondus, donne avec les affinages une perte pour le Roi de 3,632,000 livres.

30 *Mars* 1787. Les Sieurs *Hoffman*, pere & fils, imprimeurs de l'imprimerie polityperie, & les Sieurs *Petit & Royer* qui avoient été interdits de leurs fonctions reſpectives par un Arrêt du Conſeil du 15 Février dernier, viennent d'y être rétablis par un autre Arrêt du 10 Mars, à la charge d'être plus circonſpects & de ſe conformer plus exactement aux Reglemens de la librairie. On a vu précedemment que les libraires ſurtout n'y avoient

pas manqué, mais l'autorité ne veut jamais avoir tort.

31 *Mars* 1787. On répand la facétie suivante qui peint au vrai la situation actuelle de la France :

Le Roi dans l'assoupissement,
 Le Contrôleur général, fievre convulsive,
 La Noblesse dans l'aphatie,
 Le Clergé, fievre continue, avec redoublement,
 Le Peuple à l'agonie.

31 *Mars*. Il se donne clandestinement une piece imprimée dans l'affaire du Comte de Sanois ayant pour titre : *Correspondance entre M. le Président Gilbert de Voisins, M. de Sanois, & M. de Courcy*. On y voit que le Magistrat Président de la chambre des vacations au mois de Septembre 1785, ayant fait en cette qualité la visite d'usage à Charenton, quoiqu'instruit de la détention illégale & vexatoire du Comte de Sanois, quoiqu'ayant reçu du prisonnier verbalement & par écrit ses plaintes & ses instructions relatives à son affaire ; au lieu de la dénoncer au Parlement, s'est contenté d'en parler à Messieurs par simple conversation, & non seulement n'a fait aucun usage des pieces qui lui avoient été confiées, mais n'a pas même rendu les différentes Lettres dont il s'étoit chargé pour quelques Magistrats, en-

n'autres pour M. d'Epremefnil: un gros paquet que M. de Sanois adreſſoit à ce Conſeiller s'eſt trouvé encore au Greffe lors de ſon élargiſſement.

Il faut diſtinguer dans ce Recueil une Lettre du Comte de Sanois au Préſident en date du 20 Avril 1786, Lettre pleine de chaleur & d'éloquence, où il déploye non ſeulement une grande ſenſibilité ſur ſes ſouffrances, mais embraſſe l'humanité entiere & s'éleve avec énergie contre les coups d'autorité de l'eſpèce de celui dont il a été la victime.

31 *Mars* 1787. Extrait d'une lettre de Valenciennes du 27 Mars... *Le départ* annoncé de M. Blanchard n'a eu lieu qu'aujourd'hui avec ſes cinq ballons. Il a éprouvé combien il étoit difficile de s'élever entre des murs, des toits & un clocher. Le tems d'ailleurs n'étoit point favorable: il regnoit un vent impétueux, ſurtout au moment de ſon aſcenſion. L'aéronaute avoit pris ſon point de départ de la cour de l'hôpital, & n'ayant point aſſez d'air il a ſenti qu'il ne pourroit s'élever avec ſes proviſions: il a jeté à 30 pieds tout ce dont il étoit chargé, lunette, piſtolets, drapeaux, ancre, pain & vin. Il n'a pu éviter cependant qu'un filet de ſes ballons ne s'accrochât à un crampon du toit du clocher, contre lequel le vent l'a jetté. Il a conſervé aſſez de tête pour couper ce filet : tous les ſpectateurs l'ont cru un inſtant perdu. Il eſt allé de-là heurter

contre une des cheminées des cafernes de la porte de Mons, & de-là contre un arbre du jardin du Prince. M. Blanchard n'a point perdu courage ni la préfence d'efprit; il a fi bien manœuvré que fes ballons ont remonté. Il a plané dans les airs vers Rarray; comme il n'avoit ni ancre ni provifion, on eft inquiet de fon fort, que nous ignorons encore en ce moment.

P. S. Du 28 Mars 1787. M. Blanchard vainqueur des difficultés a paru dans la plaine avec beaucoup de fageffe & de majefté: il eft defcendu à St. Guiflain: l'on l'attend ce foir ici à la comédie, où l'on affure qu'il doit être couronné; on ne dit pas fi la ville lui rendra quelques honneurs.

31 *Mars.* Depuis la mort de M. le Comte de Vergennes on n'a pu tirer au clair l'état de fa fucceffion, que fes partifans affurent être très médiocre, & que fes détracteurs portent à plufieurs millions, comme celle d'un financier très opulent & très rangé. Ce qu'il y a de conftant, c'eft que la famille de ce Miniftre, pour prévenir les bruits qui couroient à ce fujet, avant qu'ils parvinffent au Roi, a par l'entremife de M. *d'Angivillier* fait préfenter à S. M. le teftament du défunt, dont il ne refulte qu'une fucceffion de 80,000 liv. de rentes; le Roi, après avoir lu cette piece, a dit qu'elle ne faifoit que confirmer la bonne opinion qu'il avoit du Comte de Vergennes & qu'il n'avoit pas befoin de

cette nouvelle preuve de la sageſſe & de la modération de ſon Miniſtre.

Malgré cette anecdote aſſez certaine, les courtiſans déchirent beaucoup la mémoire du Comte de Vergennes : ils lui reprochent la maniere dont il a ſupplanté le Capitaine Colonel des Gardes de la porte du Roi, pour lui ſubſtituer le Vicomte de Vergennes ſon fils ; ils lui reprochent des échanges faits avec le Roi, tous à ſon profit avec un gain exorbitant ; ils lui reprochent enfin ſes liaiſons avec M. le Garde des ſceaux & M. de Calonne, malgré le peu d'aptitude de l'un pour être à la tête de la juſtice, & le gaſpillage exceſſif de l'autre à la tête des finances.

31 *Mars* 1787. M. le Contrôleur général vient de faire mettre en vente les Mémoires concernant la premiere & la ſeconde Section de ſes projets envoyés aux Notables ; il y a joint une feuille ſéparée en forme d'avertiſſement, qui a été adreſſée à tous les curés de Paris & à tous ceux de campagne vraiſemblablement. Un patriote zélé ſentant l'inſidieux de cette conduite, a fait paſſer à l'aſſemblée le brûlot ſuivant :

,, Il n'eſt pas inutile de ramener l'attention
,, des Notables ſur les procédés cauteleux
,, de M. de Calonne, comme ſur ſes pro-
,, jets inconſtitutionnels.

,, A l'ouverture de l'aſſemblée le 22 Février
,, il étoit de la plus grande confiance ; il
,, affectoit l'inſouciance & le dédain même

„ des procédés; peu lui importoit ce qu'on
„ devroit dire & faire.

„ La premiere division a été discutée,
„ combattue, rejetée; son ton n'a point
„ changé: au contraire il a été jouer la
„ scene révoltante du 12 Mars, en faisant
„ insinuer dans le public & écrire dans les
„ provinces que tout étoit passé, arrangé.

„ Les Protestations des Bureaux ont été
„ remises au Roi; il a changé de manœu-
„ vres; il a fait audacieusement imprimer,
„ distribuer, même vendre à deux sols son
„ discours du 12, dont il fait aujourd'hui
„ constater la fidélité de l'impression par le
„ Journal de Paris; contre lequel les pro-
„ testations des Notables restent secrettes &
„ deviennent par-là équivoques pour le
„ public & surtout pour la Province, qui
„ n'en auroit jamais connoissance si M. de
„ Calonne préside au procès verbal de l'as-
„ semblée.

„ En même tems il a imaginé d'inviter
„ solemnellement à dîner le Clergé & la
„ Magistrature, qui ont cru honnête & décent
„ de s'y rendre. Par-là M. de Calonne s'est
„ ménagé le pouvoir de dire que ce qu'il im-
„ primoit, étoit si vrai que sa bonne intel-
„ ligence avec les Notables en étoit une
„ preuve publique.

„ La deuxieme division a été également
„ modifiée ou rejettée; il est venu, comme
„ si de rien n'étoit, proposer la troisieme

„ ven-

,, vendredi, & le lendemain il a fait colpor-
,, ter avec profusion la collection de ses
,, Mémoires de la premiere & deuxieme di-
,, vision ; il a osé mettre en tête un aver-
,, tissement encore plus audacieux que son
,, discours du 12, en ce que cet avertisse-
,, ment tend non seulement à faire croire
,, que tout est agréé, mais à soulever le
,, peuple contre un rejet.
,, Il a adressé cet avertissement aux
,, Curés ; il l'envoye dans les Provinces :
,, les Protestation du 14 sont dans les téné-
,, bres, ou l'oubli : il n'y en a pas de nouvel-
,, les contre cette nouvelle démarche, les
,, premieres deviendront encore plus illusoi-
,, res & problématiques, & il demeurera
,, évident que cette marche suivie d'audace
,, de M. de Calonne a pour objet d'afficher
,, le mépris de l'assemblée & d'annoncer
,, après sa dissolution l'envoi de tous ces
,, Edits aux Cours, en préparant, en exci-
,, tant d'avance autant que faire se peut le
,, Peuple contre les conseils des Notables &
,, les difficultés à venir des Cours : tout cela
,, décele un germe de troubles qu'il importe
,, à l'assemblée, qui le voit naître, de préve-
,, nir par des moyens efficaces."

1 *Avril* 1787. Lettre d'un Anglois à Paris, datée du 18 Mars 1787. Cet écrit a tout l'air d'avoir été composé par ordre du Ministre des Finances, toujours dans le même esprit d'animer le peuple contre le Clergé

& la Nobleſſe; on y diſcute légerement les objections de ces deux corps contre les aſſemblées provinciales & contre l'impôt territorial, & l'on veut les faire paſſer pour mal fondées; il ſeroit très aiſé de refuter l'auteur qui, au ſurplus, promet de nouvelles lettres, où il fera connoître plus particulierement ſes projets, les perſonnes qui les combattent, les raiſons qui les font mouvoir : peut-être qu'avec ces détails elles ſeront plus intéreſſantes que celle-ci, qui ne contient nuls faits, nulles anecdotes, & n'eſt qu'un pur bavardage d'adulation.

1 *Avril* 1787. Il paſſe pour conſtant qu'un Arrêt du Conſeil rendu du propre mouvement du Roi caſſe l'Arrêt du Parlement en faveur de Me. Linguet & renvoye celui-ci pour la taxe de ſes écritures par-devant la communauté des Procureurs.

Cet arrêt ne fait rien au fond, puiſque le Duc d'Aiguillon ayant agréé l'arbitrage en quelque ſorte du Parlement, auroit mauvaiſe grace de s'en prévaloir; que d'ailleurs dès le lendemain il s'eſt ſoumis à l'arrêt & a envoyé les 24000 livres à Me. Linguet. Le Garde des ſceaux a voulu ſeulement ſe venger du perſifflage indécent que cet orateur s'étoit permis contre lui & de l'indulgence exceſſive des juges qui auroient dû lui impoſer ſilence.

1 *Avril*. M. l'Abbé *le Sueur*, Maître de muſique de l'égliſe de Paris, eſt un homme

de génie, qui a voulu se signaler dans sa place par des innovations dont on a parlé, & qui n'ont pas été heureuses. Un plaisant s'est avisé de le critiquer dans une Lettre in 4o. qu'il lui adresse, datée de l'isle des chats fourrés, le 21 Mars, & qui circule dans le Chapitre & parmi les amateurs de musique. Ce pamphlet est d'un homme d'esprit, très instruit & très au fait de ce qui concerne l'art: il verse à grands flots le ridicule sur l'abbé le Sueur, & il lui reproche surtout de n'avoir pu lui-même rédiger ses idées & d'avoir été obligé d'emprunter une plume étrangere. La facétie produiroit peut être plus d'effet, si l'on ne la jugeoit aisément de quelque confrere, si elle ne sembloit le résultat d'une jalousie de métier; ce qui doit décréditer beaucoup le critique auprès de ceux qui ne sont pas en état de prononcer par eux-mêmes.

2 *Avril* 1787. Il y a peu de tems que le Marquis de *Villette*, dans une énumération des artistes célebres du Mont Jura, citoit un M. *Jaillot*, sculpteur de cet endroit qui, avec un morceau d'ivoire, avoit fait un *Jésus mourant*, que les connoisseurs regardent comme un chef-d'œuvre: par un concours de circonstances il se trouve en dépôt chez le Curé de St. Germain l'Auxerrois, qui se propose de le faire voir incessamment au public.

2 *Avril. La collection des Mémoires pré-*

sentés à l'assemblée des Notables consiste pour la premiere division en six: 1º. sur l'établissement des Assemblées Provinciales: 2º. sur l'imposition territoriale: 3º. sur le remboursement des dettes du Clergé: 4º. sur la Taille: 5º. sur le Commerce des Grains: 6º. sur la Corvée.

Pour la seconde division en huit: 1º. sur la réformation des droits de Traite, l'abolition des Barrieres intérieures, l'établissement d'un Tarif uniforme aux Frontieres, & la suppression de plusieurs droits d'aides nuisibles au commerce: 2º. sur les droits qui seront acquittés uniformément à l'avenir sur les marchandises coloniales: 3º. sur les modifications nécessaires dans la jouissance des Privileges qui sont accordés à quelques Provinces, rélativement à l'impôt sur le Tabac: 4º. sur la suppression des droits de marque des fers: 5º. sur la suppression du droit de subvention par doublement de jauge & courtage, & de plusieurs autres droits d'Aides qui se perçoivent à la circulation: 6º. concernant la suppression des droits de fabrication d'huile & de savon du Royaume: 7º. sur la suppression du droit d'ancrage qui se perçoit sur les navires françois, de celui de lestage, des six & huit sols pour livre, & d'autres droits imposés sur le commerce maritime & sur la pêche nationale: 8º. concernant la Gabelle.

Cette collection est précédée d'un *Avertis-*

sement, où l'on dit que ces Mémoires n'étoient faits que pour les Notables ; qu'ils n'ont d'abord été remis qu'à eux & pour eux seuls, mais sur des bruits répandus, des suppositions capables d'induire le peuple en erreur, il est devenu nécessaire de l'instruire des véritables intentions du Roi, de lui apprendre le bien que S. M. lui veut faire, & dissiper les inquiétudes qu'on a voulu lui inspirer.

Au total, le résultat des moyens proposés doit être, qu'enfin le niveau existera entre les recettes & les dépenses, & qu'en même tems il y aura *trente millions de soulagement pour le peuple*, sans y comprendre la suppression du troisième vingtième.

2 Avril 1787. Comme les diverses éditions déjà multipliées à l'infini de *Dom B. ou du Portier des Chartreux*, ne peuvent suffire à l'empressement des amateurs ; que d'ailleurs il s'en jette beaucoup d'exemplaires au feu, à mesure que les vieux pécheurs se convertissent ; on vient tout recemment de faire une édition du même ouvrage, petit format en deux volumes, avec 21 figures assez joliment gravées, sans compter le frontispice. On a substitué un titre plus honnête : *Mémoires de Saturnin écrits par lui-même.*

3 Avril. On trouve dans le Mémoire sur l'impôt territorial des anecdotes précieuses & bonnes à conserver.

1°. Dans l'état actuel les deux vingtièmes

produisent avec les quatre sols pour livre 54 millions.

2°. En 1772 l'on reconnut qu'ils n'étoient pas portés à leur valeur: de fausses déclarations, des baux simulés, des traitemens trop favorables accordés à presque tous les riches propriétaires, avoient entraîné des inégalités & des erreurs infinies. On ordonna qu'il seroit fait de nouvelles vérifications.

3°. Ces vérifications se firent si lentement que dix ans après il n'y avoit encore que 4902 paroisses vérifiées sur 22308, dont sont composées les Provinces régies.

4°. Ces vérifications ont cessé tout-à-fait en 1782, par l'opposition que les Cours y apporterent, & le troisième Vingtième qu'on imposa cette même année, fut réparti plus inégalement encore que les deux premiers; en ce que les paroisses vérifiées le supporterent d'après la nouvelle proportion établie par les vérifications, tandis que les paroisses non vérifiées ne le payerent que d'après leurs anciennes quotes.

5°. La vérification de ces 4902 paroisses a démontré que le produit des deux Vingtièmes auroit augmenté de près de moitié: si les vérifications avoient été faites dans tout le Royaume, le Roi auroit depuis cette époque touché par année 81 millions, au lieu de 54.

3 *Avril* 1787. Le procès élevé entre les

porteurs de Lettres de change & les Banquiers, a occupé nombre d'audiences, où d'une part les premiers ont été défendus par Me. *de Seize* & Me. *Brunet*, & les seconds par Me. *Marbineau*, & Me. *Hardoin*. Ces audiences ont été fort suivies. Mais entr'autres celles où Me. de Seize plaidoit; on a admiré le tour oratoire de sa replique, où relevant son adversaire qui avoit affecté de dégrader la profession de Banquier, il a déclaré qu'il n'en pensoit pas de même; il l'a exaltée, au contraire, avec de grands éloges, & a dit que cet état devenoit surtout recommandable depuis qu'on en avoit tiré un homme rare pour le mettre à la tête de l'administration des finances de la France. Cet éloge pompeux qui ne pouvoit regarder que M. *Necker*, a produit une vive sensation dans la circonstance & a déplu beaucoup à Versailles. Quoiqu'il en soit, hier le jugement a eu lieu, d'après les conclusions du Procureur du Roi, la Commission du Châtelet a condamné les banquiers à payer en totalité les lettres de change avec tous les dépens, & ce jugement, conforme au vœu du public, a été fort applaudi. Il reste maintenant à juger le faux & les faussaires; ce qui constitue le procès criminel.

3 *Avril* 1787. Le Contrôleur général, comme on a dit, a envoyé à tous les curés non seulement un exemplaire de la feuille

annoncée, mais des paquets confidérables d'exemplaires, afin que s'ils ne la lifent pas au prône, ils puiffent la répandre en profufion, furtout parmi le peuple des campagnes.

Cette feuille n'eft autre chofe que l'avertiffement dont on a retranché feulement le premier *alinea*; après y avoir expofé en peu de mots les intentions bienfaifantes du Roi & les principaux objets communiqués jufques à préfent à l'affemblée des Notables, on annonce que fi l'on a dû s'attendre à des réclamations, parce qu'il n'y a pas de réforme qui n'en occafionne, on doit être perfuadé que les fentimens patriotiques dont l'affemblées eft animée, & dont elle a déjà donné des preuves, fixeront fes opinions....

„ Ce feroit à tort que des doutes raifon-
„ nables, des obfervations dictées par le
„ zèle, des expreffions d'une noble fran-
„ chife feroient naître l'idée d'une oppofi-
„ tion malévole."

C'eft cette feuille qui a occafionné depuis dimanche la plus grande fermentation dans les Bureaux & provoqué des Arrêtés de tous, plus ou moins violens. On parle principalement de celui du troifieme Bureau, très long & très bien détaillé, & rédigé par M. *Vidaud de la Tour*, & d'un autre du fixieme, plus ferré & plus vigoureux.

4 *Avril* 1787. La Gazette Eccléfiaftique d'hier 3 Avril, qui place à la tête des incré-

dules le Marquis de Condorcet, Secrétaire de l'Académie des Sciences, nous apprend d'où viennent tous ces pamphlets qu'on lui attribue; elle l'accuse d'avoir avec ses partisans formé le projet d'établir à Paris, ou dans le voisinage, à leurs frais, une imprimerie pour y multiplier les éditions des livres irréligieux & libertins, afin de les vendre au moindre compte possible, & par-là d'éteindre le peu de foi qui reste encore parmi le peuple; suivant elle, les magistrats qui veillent à la librairie, ont dissipé ce complot sacrilege; mais ne peuvent empêcher que les apôtres du moderne philosophisme ne remplissent leur mission, n'infectent par eux-mêmes, & par leurs émissaires, toutes les classes de la société, d'une foule d'écrits impies & pleins de corruption.

4 *Avril* 1787. On peut se rappeler que le Comte de Mirabeau dans son pamphlet intitulé: *Réflexions concernant le Comte de Cagliostro*, parle d'un Polémique singulier dont l'Allemagne est inondé aujourd'hui, relativement à plusieurs sociétés secrettes qu'on prétend animées de l'esprit Jésuitique, être réunies en un seul corps par des vues, des principes, des supérieurs communs, & qui ont acquis beaucoup de prosélytes dans l'Empire: elles ont mis les meilleurs esprits en fermentation. M. *Nicolaï*, littérateur savant & estimé de Berlin, a surtout publié un ouvrage instructif & curieux sur cette ma-

tiere. On porte le nombre des Supérieurs de ces communautés à 3280, dont 3 Généraux, 9 Vice-Généraux, 27 Vicaires, 81 Sous-Vicaires, 243 Triumvirs, 729 Directeurs & 2187 Sous-Directeurs.

Suivant un autre écrit, les Ex-Jésuites qu'on dit être l'ame de ces associations, ont élu le Pere *Huberti*, Provincial secret pour les pays-bas, & le Pere *Hell*, Astronome, Provincial pour l'Autriche; on vient de constater cette découverte, & l'on ne peut plus douter que l'ordre ne se soutienne clandestinement, qu'il ne conserve son régime, ses caisses, &c.

Un des écrits qui a fait la plus grande sensation, parvenu dans ce pays, a pour titre: *Tableau du Jésuitisme d'aujourd'hui, de l'état des Roses-croix, des pratiques pour gagner des prosélytes & pour réunir les religions.*

Suivant l'auteur, le Général actuel des Jésuites est l'abbé *Romberg*, qui en 1773 étoit Assistant pour la nation Germanique; qui fut ensuite enfermé au château St.-Ange, avec le Général *Ricci*; mis en liberté par le Pape regnant *Pie VI* & qui vit maintenant à Rome.

Dans un autre écrit, intitulé *Mes Conjectures*, on explique en détail le commerce de change que faisoient les Jésuites, dont cinq especes: change Jésuitique, change Provincial, change Sacré, change Pontifical, & change Chrétien; il seroit trop long de détailler ces divers changes. Il faut lire l'ouvrage même, qui contient à ce sujet des anecdotes piquantes.

4 *Avril* 1787. Lundi M. l'Evêque de Langres a dénoncé au second Bureau un échange actuellement en train avec le Roi sous le nom du Comte *d'Espagnac*, prête-nom de M. le Contrôleur-général.

M. le Comte *d'Artois* a dit que cette matiere n'étoit pas de la compétence du Bureau: on a été aux voix, & le grand nombre a été contre la dénonciation, à moins que le Prélat ne voulût la signer; il s'y est refusé. On prétend que le Contrôleur général a différens prête-noms de cette espece; le Comte & l'Abbé *d'Espagnac*, M. *de Weymeranges*, le Procureur général de la Cour des monnoyes &c.

4 *Avril.* On a observé dans le premier Discours de M. de Calonne, qu'il ne ménageoit pas ses prédécesseurs dans le ministere des finances, & surtout M. Necker qu'il inculpoit fort indirectement. On assure que celui-ci a fait une réponse toute prête, qu'il l'a lu à M. de Buffon. Cet ami en a été très content, mais l'a engagé à la garder dans le porte-feuille, jusques après l'assemblée des Notables finie.

5 *Avril.* M. *de Calonne* continue d'obséder le Roi conjointement avec M. *d'Angivillier*. On assure à cette occasion que le Maréchal *de Castries* ayant voulu représen-

ter à Sa Majesté que M. de Calonne avoit exagéré les dépenses de la Marine ; elle a reçu très durement ce Ministre, qui en a été si humilié & si touché que son projet, rentré chez lui, étoit de donner sa démission, si ses amis ne l'en avoient pas dissuadé. En général, tous les Ministres sont contre M. de Calonne, en ce qu'il veut empiéter sur leur département, sous prétexte de réduction & d'économie.

La Reine, au milieu de toute la fermentation qui regne autour d'elle, se possede à merveille, conserve le plus grand sang-froid, l'impartialité la plus entiere ; on dit bien qu'elle a témoigné ses regrets qu'on ne lui ait pas découvert plutôt l'état fâcheux des finances du Royaume, parce qu'elle ne se seroit pas livrée à son goût pour des acquisitions & des dépenses qu'elle croyoit pouvoir se permettre ; & c'est à ce propos seul qu'on a cru reconnoître qu'elle improuvoit M. de Calonne.

Madame *Adelaïde* est absolument déclarée contre lui, & si elle peut faire valoir son premier ascendant sur l'esprit du Roi, elle en profitera pour culbuter ce Ministre, qu'elle regarde comme le fléau de la France.

Des deux freres du Roi, *Monsieur* lui est très contraire ; mais le Comte *d'Artois* ne voyant qu'en lui l'homme aimable, le Ministre facile, un génie rempli de ressources, le goûte & le défend de son mieux.

Parmi les Princes du Sang, le Duc d'Orléans & le Prince *de Conty* se sont, comme on a vu, ligués contre M. de Calonne. Quant au Prince *de Condé*, au Duc *de Bourbon*, au Duc *de Penthièvre*, ils sont trop politiques ou trop foibles pour prendre parti: ils se laisseront aller aux circonstances.

5 *Avril* 1787. La Reine, à l'occasion de son acquisition de St. Cloud, ayant des points de droit à éclaircir & à discuter avec quelques voisins, en un mot un procès en regle, c'est Me. *de Seize* que S. M. a choisi pour son Avocat: nouveau genre de fonctions inconnues au Barreau, où jusqu'à présent aucune Reine en puissance de son auguste époux n'avoit encore paru.

5 *Avril*. Les Bureaux, comme on l'avoit annoncé, ont interrompu leurs travaux, à commencer du mercredi Saint, pour une huitaine. On veut que M. de Calonne ne soit pas fâché de cette petite vacance, qui lui laisse le tems d'intriguer. On dit qu'il va surtout se retourner du côté des Maires, qu'il doit beaucoup caresser, inviter à sa table & indisposer contre le Clergé & la Noblesse; toujours dans son projet de mettre le troisieme Ordre aux prises avec les deux premiers, dont il n'a pu venir à bout autant qu'il le desiroit & s'en flattoit. Du reste, voici le résultat du travail des Bureaux, tel qu'il étoit au moment de l'assemblée générale du jeudi 29 Mars.

Les Gabelles ont surtout occupé les Bureaux : tous, à l'exception de deux qui diffèrent un peu, sont presque unanimes dans le résultat de leur délibération relativement à cet objet.

Mais rejet des moyens trop compliqués & sujets à inconvéniens.

On supposoit qu'à l'exception des enfans au dessous de l'âge de huit ans, chaque individu devoit, l'un dans l'autre, prendre & payer annuellement dix à onze livres de sel.

Mais, pour atteindre à ce résultat, les plus indigens étant censés n'en pas consommer plus de 3 à 4 livres, il falloit augmenter d'autant les individus de la classe la plus aisée, & cette supposition a paru trop exorbitante.

Les suppositions relativement à la consommation de grosses salaisons ont paru également exagérées.

La matiere à cet égard s'est trouvée éclaircie d'une maniere satisfaisante par un Mémoire de M. *de Barentin*, Premier Président de la Cour des Aides.

On en est revenu à fournir annuellement au Roi par une imposition répartie sur les Provinces, la même somme qu'il reçoit du produit des Gabelles.

Elles rendent aujourd'hui 58 millions, dont environ un 5ème. de frais ; restent 48 millions : dans le nouvel arrangement on gagnera ces 10 millions.

La Bretagne donne annuellement trois millions au Roi pour tenir lieu de sa contribution aux Gabelles; elle sera exceptée de la répartion générale.

A l'égard des Traites, les Provinces des trois Evêchés, de la Lorraine & de l'Alsace ont donné, chacune, des Mémoires qui ont paru très bien faits & mériter par leurs motifs & leurs observations la plus grande attention, notamment celui de l'Alsace.

6 *Avril* 1787. Il a été remis le jeudi 26 Mars aux Notables des Mémoires imprimés pour eux seuls:

1°. Relativement aux domaines:

2°. Par rapport aux forêts du Roi. On n'a point encore examiné le second, parce que le premier occupe beaucoup.

Le Contrôleur général a écrit à chacun des Princes du Sang pour désavouer l'impression du discours du 12, & les prier de faire passer à tous les Notables ce désaveu.

La Lettre circulaire aux Curés est mot à mot l'avertissement en titre du discours, excepté le premier à linea: on leur en a envoyé des paquets à distribuer.

Les Bureaux subordonnent tous leurs travaux à la communication des Etats de recettes & de dépenses.

Il n'y a point eu le lundi 2 Avril d'assemblée à Versailles du sixieme Bureau, parce que ses membres ont député samedi, sept d'entre eux pour venir examiner à Paris plusieurs loix en Comité particulier relativement au projet d'aliénation des Domaines du Roi.

Ce Comité s'est tenu chez M. *le Noir*, Conseiller d'Etat, par M. *Emangart*, Intendant de *Lisle*, le Procureur général de la Cour des Aides, le Maire de Troyes, & trois autres Notables.

6 *Avril* 1787. Le morceau oratoire de Me. *de Seize* tiré de ses *Observations pour les porteurs unis des Lettres de change*, causant beaucoup de rumeur mérite d'être cité littéralement & conservé: ,, nous les (les Ban-
,, quiers) défendons ici contre eux-mêmes...
,, Ce sont des hommes distingués, parmi les
,, commerçans & destinés à verser les ri-
,, chesses d'un pays dans un autre; ce sont
,, des hommes dont le nom appelle la con-
,, fiance de toutes les places de l'Europe,
,, des hommes qui, par l'étendue de leurs
,, relations, par l'immensité de leur crédit,
,, par l'ascendant de l'estime qu'ils savent
,, inspirer, se font une puissance d'opinion
,, presque incalculable ; des hommes qui
,, parviennent à lier ensemble des nations
,, étrangeres & même ennemies, qui étendent
,, & attachent la chaîne du commerce dans
,, les deux mondes ; des hommes enfin ,
,, toujours utiles & souvent nécessaires à
,, l'administration de leur propre pays, qui
,, la secourent dans ses crises, qui l'éclairent
,, de leur expérience, & qui ne sont pas
,, in-

„ incapables même d'aspirer à la gouverner, „ & n'étoit ce donc pas dans la Banque que „ s'étoit élevé ce génie rare, qui a porté „ tant de talens & tant de lumieres dans „ l'administration des finances?"

6 *Avril* 1787. La voûte de la paroisse de St. Barthelemi s'est effondrée il y a deux jours : heureusement personne n'étoit dans cette église ; on s'étoit apperçu que cette voûte menaçoit ruine & le Curé n'osant plus célébrer le Service Divin dans sa paroisse, avoit eu recours au Supérieur des Barnabites. Celui-ci ayant refusé, le Curé est allé à Versailles en référer à M. l'Archevêque: le Prélat a imploré l'autorité royale & S. M. a fait donner ordre au Supérieur des Barnabites de recevoir le Curé & ses paroissiens.

6 *Avril.* Extrait d'une lettre de Valenciennes du 29 Mars. Notre corps municipal a suivi l'exemple des autres à l'égard de M. Blanchard: hier il a été reçu à la comédie par le Commissaire du Magistrat, & conduit dans la loge de la Magistrature; il y a été couronné aux applaudissemens de tous les spectateurs; il a dîné aujourd'hui à l'hôtel de ville. On assure qu'elle est dans l'intention de lui faire un présent.

7 *Avril.* Ni le tems, ni les circonstances n'empêchent les calembours d'aller leur train. En voici un à l'occasion de la cérémonie du jeudi saint; il est en vers:

Tome XXXIV. Q

Le lavement des pieds, par un ordre nouveau,
N'aura point lieu jeudi pour douze misérables:
Pourquoi? C'est que le Roi veut conserver son eau
Et laver la tête aux Notables.

7 *Avril* 1787. Extrait d'une lettre de Marseille du 24 Mars. Le Sieur *la Rive*, dévançant le tems des vacances de la comédie de Paris, fait aujourd'hui les délices de la nôtre ; mais nous sommes toujours outrés, vous avez sçu dans le tems les honneurs dont on a enivré M^{de}. de *S^{te}. Huberty*. Voici les vers très ridicules composés à la gloire du Sieur *la Rive*, & à la honte de l'auteur & de nos habitans, qui les récitent dans leurs soupers :

Les Dieux présents à ta naissance
En te comblant de leurs faveurs,
Ont embelli ton existence,
Oui, tu naquis sous les yeux des neuf Sœurs.
Euterpe te donna la voix harmonieuse,
Phœbus mit dans tes yeux le feu de ses regards,
Et pour remplir ta destinée heureuse,
Melpomene à tes mains confia ses poignards.

7 *Avril*. La production de M. *Jaillot*, qu'on va voir chez le Curé de S^t. Germain l'Auxerrois, est un Calvaire entier, composé de dix figures, le Christ, les deux Larrons,

la Vierge, S^t. Jean, la Magdelaine, & enfin deux grouppes de deux Anges chacun.

Le Jésus mourant est d'un grand caractere, d'une expression sublime, & il est à la Janséniste, les bras très rapprochés; ce qui est la suite de la contraction de tous les muscles par le poids du corps dont les pieds sont pendans: au contraire, les deux Larrons ont les bras très étendus; les pieds sont soutenus & ne pouvant se prolonger: il en résulte un raccourcissement des parties; nouveau moyen de l'artiste pour déployer un genre d'anatomie non moins savant. Quant aux têtes, chacune a son caractere propre; le bon Larron se distingue d'abord par une douleur touchante, mêlée de confiance; la rage & le désespoir se peignent sur la figure du mauvais Larron.

Les trois douleurs, de la Vierge, de S^t. Jean Baptiste & de la Magdelaine sont aussi diversifiées & graduées convenablement; mais on admire surtout les draperies de ces personnages, qui sont d'une moëlleffe & d'une facilité étonnantes: on croit voir le nud dessous.

Les grouppes d'Anges, quoiqu'attachés, sont d'une légereté & d'une grace à persuader qu'ils se soutiennent d'eux-mêmes dans les airs. On ne peut concevoir comment l'ivoire, naturellement très cassant, a pu devenir aussi flexible sous le ciseau de M. Jaillot; c'est le genre de la matiere dont il s'étoit servi qui ajoute beaucoup à son mérite.

7 Avril 1787. L'Arrêt du Conseil concernant les saintes chapelles est du 11 Mars : il paroît que considérant qu'il subsiste dans le Royaume plusieurs églises ou saintes chapelles, dont la fondation n'a été établie que pour le service même que font auprès de leurs Majestés les Prélats & Ecclésiastiques qui composent leur chapelle ordinaire ; l'on a estimé devoir les supprimer, afin de procurer un grand soulagement aux finances. Pour y parvenir sans lever aucuns droits, on a cru devoir préalablement mettre en séquestre les biens des Chapitres à supprimer, notamment & d'abord des Saintes Chapelles du palais à Paris & de Vincennes.

8 Avril. L'ouvrage de l'abbé *le Sueur*, qui a réveillé la jalousie des musiciens ses confreres, c'est un *Essai sur la musique sacrée imitative*, dont il vient de publier la suite, où il donne le plan d'une musique propre à la fête de Pâques ; son résultat est, que comme M. *Gossec* dans la messe des morts que la Flandre vient d'accueillir avec autant d'enthousiasme que la capitale, a su jeter sur tout son ouvrage la teinte rembrunie qui y convenoit ; de même le *Resurrexit* doit, si l'on peut s'exprimer ainsi, répandre ses rayons sur toute la musique du jour, afin de conserver cette unité précieuse, la base de son système.

Ce nouveau genre de composition a, dit-on, attiré aujourd'hui à Notre Dame un monde encore plus considérable que de coutume. Tout l'opéra y étoit, ainsi que tous les grands musiciens, compositeurs ou exécuteurs. Il paroît qu'on a été fort partagé sur la messe; il faut, avant de prononcer, recueillir, compter, peser les suffrages.

8 *Avril* 1787. Dernierement le jeune Prince Cochinchinois a été présenté au Roi à Versailles dans le Sallon d'Hercule. Il se prosterna suivant l'usage de son pays devant S. M.: il étoit vêtu dans le costume de sa patrie, & après la cérémonie il a été présenté chez la Reine, chez les Princesses, & chez les principales Dames de la Cour, qui ont voulu le voir. Cet enfant a neuf à dix ans.

8 *Avril*. C'est le Pere *Corbin*, Doctrinaire, Supérieur du College de la Fleche, qui est nommé Instituteur de M. le Dauphin; il doit avoir un collégue, qu'on assure être un Grand-vicaire de l'Evêque de Langres.

Quant au Pere *Corbin*, M. le Duc d'Harcourt qui l'a proposé au Roi, ne le connoissoit pas; mais ayant lu un livre élémentaire de ce Supérieur à l'usage des écoliers de la Fleche, ce Seigneur en a conçu une fort bonne opinion: il a prié l'Inspecteur de l'école militaire qui va de tems en tems faire des tournées dans les colleges, où sont les éleves en dépendans, de prendre des renseignemens sur le Pere Corbin, & le rapport ayant été favorable, ce Doctrinaire a été choisi: il doit être présenté à leurs Majestés incessamment & de suite entrer en fonctions, & a pour collegue un Abbé *de Moncro*.

8 Avril. Il court *un pot-pourri* en 18 couplets concernant l'assemblée des Notables & ce qui s'y passe, où il y a des traits très hardis : aussi ne se communiquent-ils qu'avec beaucoup de circonspection.

9 Avril 1787. Confession du Comte de C***, avec l'histoire de ses voyages en Russie, Turquie, Italie, & dans les Pyramides d'Egypte. Roman vague, auquel l'auteur a cru donner de l'importance par le nom du Comte *de Cagliostro*, mais qui dans le fait n'a nul rapport à ce qu'on a raconté de ce personnage ; comme les avantures ne sont pas finies, on annonce une suite, où peut-être il sera mieux caractérisé.

9 Avril. Voici l'Arrêté annoncé du Bureau de M. le Duc d'Orléans, séance du lundi 4 Avril 1787.

Le Bureau a pris la délibération qui suit.

,, Le Bureau se voit avec une juste dou-
,, leur obligé de partager son attention entre
,, l'intérêt public, & celui de tous les mem-
,, bres qui composent l'Assemblée des No-
,, tables.

,, On distribue avec profusion dans Paris
,, un Avertissement dont une multitude
,, d'exemplaires ont été adressés aux Curés
,, pour les répandre dans le peuple.

,, Cet Avertissement, moins fait pour éclai-
,, rer que pour élever des doutes & faire

,, naître des incertitudes, présente un objet
,, déterminé, celui de mettre les intérêts
,, du peuple en opposition avec les intérêts
,, des deux premiers Ordres de l'Etat.

,, On se fonde *sur des bruits répandus, sur*
,, *des suppositions capables d'induire le peuple en*
,, *erreur; sur la nécessité de dissiper les inquié-*
,, *tudes qu'on a voulu lui inspirer.*

,, On assure au peuple *que toutes les vues*
,, *qui ont été développées aux Notables étoient*
,, *indiquées par le vœu national, sanctionnées*
,, *depuis longtemps par le public.*

,, *Qu'il n'est pas question de nouvel impôt,*
,, *mais de la réformation des abus, de la sup-*
,, *pression d'injustes exemptions, de l'emploi*
,, *des moyens qui tendent tous à l'allégement*
,, *des contribuables les moins aisés.*

,, *Que le résultat de ces moyens devant être*
,, *l'établissement du niveau entre les recettes &*
,, *les dépenses, nulle difficulté ne peut entrer*
,, *en balance avec un avantage auquel il faut*
,, *ajouter* 30 *millions de soulagement pour le*
,, *peuple.*

,, *Qu'il y aura des privileges sacrifiés: que*
,, *la justice le veut, que le besoin l'exige: vau-*
,, *droit il mieux, ajoute-t-on, surcharger en-*
,, *core les non-privilégiés, le peuple?*

,, On invoque *le Patriotisme, les senti-*
,, *mens dûs au Souverain, l'honneur françois,*
,, *& l'on ne doute pas qu'ils ne l'emportent sur*
,, *toutes les autres considérations.*

,, Telles sont les expressions, dont il résulte
,, que l'intérêt des deux premiers Ordres

„ est entierement opposé à celui du peuple.

„ On fixe aussi l'attention du peuple sur
„ les délibérations de l'assemblée dans un
„ moment où les Bureaux ont annoncé par
„ leur Arrêté, leurs opinions sur les Mé-
„ moires qui leur ont été communiqués.
„ On y trouve de l'opposition aux moyens
„ proposés dans plusieurs de ces Mémoires;
„ le peuple en doit conclure que ses intérêts
„ ont été sacrifiés à ceux des deux premiers
„ Ordres.

„ Non : dans la nation françoise les
„ trois Ordres ne font qu'un Peuple, tous
„ leurs intérêts se confondent dans l'intérêt
„ de l'état, comme les cœurs se réunissent
„ par une confiance sans mesure & un amour
„ sans bornes pour leur Souverain.

„ Le Bureau supplie le Roi de se faire
„ rendre compte dans son Conseil, de tous
„ les Arrêtés des différens Bureaux sur les
„ Mémoires des deux premieres Divisions,
„ & de les comparer avec les assertions de
„ l'avertissement qui excite de justes récla-
„ mations.

„ Ces Arrêtés ne respirent que la recon-
„ noissance des assemblées pour les vues bien-
„ faisantes de S. M. Ils n'annoncent que le
„ désir le plus ardent d'assurer à la partie la
„ plus indigente de ses sujets tous les sou-
„ lagemens que son cœur paternel veut leur
„ procurer.

„ Il n'est aucun sacrifice que les Bureaux
„ n'a-

,, n'ayent offert pour diminuer le poids des
,, impositions du peuple, & s'ils ont désiré
,, de voir conserver aux deux premiers Or-
,, dres de l'Etat les formes antiques qui les
,, distinguent, ce n'est qu'en demandant
,, que leur part dans les contributions fût
,, égale à celle de tous les autres citoyens.
,, On semble, à la vérité, dans l'avertis-
,, sement vouloir rendre aux Notables une
,, partie de la justice qui leur est due; mais
,, après avoir affecté de donner une idée de
,, tous les différens Mémoires, on ne parle
,, que de leurs délibérations sur l'impôt ter-
,, ritorial, dont on dissimule le point le plus
,, essentiel pour le peuple.
,, On lui cache sur les assemblées provin-
,, ciales, sur la liquidation des dettes du
,, Clergé, sur les traites & les gabelles,
,, toutes les preuves du zèle que les Bureaux
,, ont données pour les véritables intérêts du
,, peuple.
,, On lui laisse ignorer que les Bureaux
,, ont jugé que les Assemblées Provinciales,
,, telles qu'elles ont été proposées, n'auroient
,, eu ni assez de confiance pour faire le bien
,, & pour le faire avec suite, ni assez d'au-
,, torité pour faire exécuter ce qu'on vou-
,, loit leur confier.
,, On lui dissimule que tous les Bureaux
,, ont sollicité de la bonté du Roi des Ad-
,, ministrations Provinciales, munies d'une
,, autorité suffisante pour exécuter par elles-

„ mêmes tous les réglemens qui pourroient
„ tendre au soulagement du peuple.

„ On laisse ignorer au peuple que l'impôt
„ territorial en nature nécessairement perçu
„ sans déduction des avances & des frais de
„ culture, seroit de toutes les impositions
„ la plus nuisible à l'agriculture, la plus
„ disproportionnée aux facultés, & la plus
„ onéreuse pour les frais de perception ; qu'il
„ résulteroit une grande augmentation d'im-
„ pôt sur le peuple, par l'établissement de
„ l'impôt en nature, indépendamment du
„ produit provenant de la suppression des
„ privileges, & que par-là même la sur-
„ charge des privilégiés n'auroit pas tourné
„ à la décharge du peuple.

„ On a dit au peuple que déja *les premiers*
„ *Ordres de l'Etat* avoient admis la contri-
„ bution territoriale, & on ne lui a pas dit
„ que les Bureaux ont supplié S. M. d'or-
„ donner qu'on leur communiquât tous les
„ états de recette & de dépense avant qu'ils
„ fussent obligés de s'expliquer sur un genre
„ de contribution qui agraveroit encore les
„ charges du peuple propriétaire.

„ On ne lui a pas dit que les Bureaux se
„ seroient regardés comme coupables, s'ils
„ avoient pu donner leur consentement à
„ tout impôt ou accroissement dont la néces-
„ sité ne leur auroit pas été préalablement
„ démontrée.

„ On ne lui a pas dit que les Bureaux

„ n'ont ceſſé de répéter que le vrai ſoulage-
„ ment à procurer au peuple, conſiſtoit dans
„ une répartition égale du produit actuel des
„ impôts entre tous les contribuables, ainſi
„ que dans la plus grande économie & dans
„ le plus grand ordre dans les dépenſes.
„ On a annoncé au peuple une diminution
„ ſur le prix du ſel; mais on lui a laiſſé
„ ignorer qu'on changeoit en une impoſition
„ & une conſommation forcée, la conſom-
„ mation libre & volontaire des citoyens
„ dans les provinces où l'impôt du ſel n'eſt
„ pas connu."

„ On lui a laiſſé ignorer qu'on propoſoit de repartir ſur tous les individus de chaque Généralité, non ſeulement tout le ſel que chaque individu conſomme actuellement, mais encore tout celui qu'on employe aux ſalaiſons, aux conſommations des étrangers, des beſtiaux, des arts & du commerce, ſous la ſeule déduction d'un dixieme ou d'un vingtieme pour le prix & d'une foible partie pour la quantité.

„ On lui a laiſſé ignorer que les Notables ont épuiſé toutes les combinaiſons pour le ſoulager du fardeau de la Gabelle, & qu'ils ont ſupplié le Roi de la ſupprimer, en chargeant les Adminiſtrations provinciales & celles des pays d'Etats de lui propoſer, pour le rachat de la Gabelle, la forme d'impoſition qui ſeroit la moins onéreuſe au peuple.

,, On a enfin laiſſé ignorer au peuple que les Mémoires ſur la taille, ſur les corvées, ſur le commerce des grains, ſur les traites, ſur la marque des fers, ſur les droits de fabrication des huiles, ſur les boiſſons & ſur d'autres droits nuiſibles à la navigation & à la pêche, n'ont excité que la reconnoiſſance des Notables, & déterminé des obſervations capables d'aſſurer le ſuccès des vues bienfaiſantes de S. M.

,, Si ce Tableau eut été préſenté au peuple, rien n'auroit pu faire confondre des doutes raiſonnables, des obſervations dictées par le zèle, des expreſſions d'une noble franchiſe, avec l'idée d'une oppoſition malévole; idée déchirante que l'enſemble de l'avertiſſement fait naître dans l'eſprit du peuple, & dont une ſeule & foible expreſſion ne peut pas le garantir.

,, Le Bureau ſupplie M. le Duc d'Orléans de mettre aux pieds du trône ſes plaintes vives & reſpectueuſes, & de ſolliciter de l'équité de S. M. qu'elle veuille bien faire donner à la préſente déclaration la même publicité qu'on a donné à l'avertiſſement qu'il dénonce à ſa juſtice."

9 Avril 1787. Dans le premier Bureau également on eſt convenu de l'indécence, de la fauſſeté de l'avertiſſement, des vues inſidieuſes qu'il renferme, de la noirceur des ſuſpicions qu'il contient & de tout ce qu'il offre de contraire à l'autorité du Roi.

L'avis de M. l'Archevêque de Narbonne

n'a pas été moins ferme & moins violent que dans les autres, il a dit: ,, le premier devoir ,, que la qualité de sujets du Roi nous impo- ,, se, est de ne pas suivre l'exemple de son ,, Ministre par son appel séditieux au peu- ,, ple, mais de recourir à la justice du Roi ,, en nous plaignant de tous les vices de ,, l'avertissement coupable.

,, L'avertissement dit qu'il est tems d'ap- ,, prendre au peuple le bien que le Roi veut ,, lui faire, je penserois qu'il est tems d'a- ,, vertir le Roi de tout le mal que son Mini- ,, stre veut lui faire faire."

,, 9 *Avril* 1787. C'est une joie générale dans Paris; on sait que M. *de Calonne* a reçu hier au soir l'ordre de donner sa démission de la place de Contrôleur général.

On ajoute que M. *de Miromenil* a reçu ordre de rendre les sceaux, & l'on se flatte que M. *d'Aligre*, furieux du passe-droit en voyant exalté à cette dignité M. *de Lamoignon*, cédera la place de premier au Président *d'Ormesson*.

9 *Avril* 1787. Un phénomene a paru samedi dernier au Concert Spirituel & les amateurs les plus difficiles en sont encore dans l'enthousiasme : c'est un enfant, âgé de 10 ans, M. *Guerin*, qui a joué un concerto de violon, avec une perfection dont il faut avoir été témoin pour s'en faire une juste idée, disent ceux qui l'ont entendu. Cet artiste à peine sorti de l'enfance, joint à une

exécution nette, une justesse & une expression que bien des Professeurs seroient jaloux de posséder à un pareil degré: il a été formé par M. *Kreutzer* & lui fait infiniment d'honneur.

10 *Avril*. L'arrêté du Bureau de M. le Duc *de Penthievre* se répand aussi dans le public; il est de la même date du 2 Avril & mérite d'être consigné ici en entier, comme d'une tournure très différente du premier; il tend surtout à mettre le discours & la conduite de M. *de Calonne* en contradiction avec ce qu'il a dit & fait; il est rédigé très adroitement & porte l'empreinte de l'esprit fin & délié du rédacteur, M. l'Archevêque de Bourdeaux.

,, Le Bureau a pris en considération une
,, collection répandue dans le public des Mé-
,, moires présentés à l'assemblée avec un
,, avertissement en tête, lequel a été aussi
,, imprimé & distribué séparément, & il a
,, été délibéré qu'il seroit représenté au Roi
,, que S. M. en assemblant les Notables de
,, son royaume pour leur communiquer ses
,, vues pour le soulagement de ses peuples,
,, l'amélioration des finances & la réforme
,, de plusieurs abus, ceux ci ont contracté
,, l'obligation rigoureuse de déposer dans le
,, sein de S. M. leurs opinions, comme leurs
,, sentimens.

,, Qu'ils ont dû s'attendre en conséquence
,, que les vues & les projets sur lesquels ils

„ ont été consultés, demeureroient dans les
„ secrets du Conseil du Roi, espérant avec
„ une respectueuse confiance qu'ils ne se-
„ roient pas mis sous les yeux du public,
„ séparés de leurs avis & avant que le Roi
„ eût pris aucune délibération à leur égard.
„ Que les Notables n'ont pu voir qu'avec
„ surprise & douleur répandre dans le public
„ & même avec profusion, un imprimé
„ portant pour titre *Collection des Mémoires*
„ *présentés à l'assemblée des Notables*, Collec-
„ tion imprimée chez le même imprimeur du
„ Roi, qui, quelques jours auparavant, avoit
„ imprimé un discours de M. le Contrôleur
„ Général, dont ce Ministre a cru devoir
„ déclarer l'inexactitude & désavouer l'im-
„ pression.
„ Que cette publication tend à présenter
„ au public & à soumettre à son examen
„ les différens Mémoires sur lesquels l'as-
„ semblée a été consultée jusqu'à présent,
„ tandis que S. M. a fait annoncer aux No-
„ tables dans l'assemblée du 12 Mars qu'elle
„ se réservoit d'examiner dans son Conseil
„ leurs avis & leurs opinions.
„ Que ces avis & opinions devoient d'au-
„ tant plus interdire la publicité des susdits
„ mémoires & projets, que les Notables en
„ rendant l'hommage le plus vrai aux inten-
„ tions bienfaisantes de S. M., n'ont pu ni
„ dû lui dissimuler combien sont contraires

„ à ces mêmes intentions, la plûpart des
„ moyens & projets confignés dans les dits
„ Mémoires.

„ Qu'il eſt en particulier quelques objets
„ ſur lesquels les Notables n'ont pu encore
„ former un vœu déterminé, & ſur les-
„ quels ils attendent les renſeignemens né-
„ ceſſaires pour fonder leurs opinions. Tels
„ ſont ſpécialement les moyens propres pour
„ remplir le *deficit* auſſi prodigieux qu'in-
„ attendu de 114 Millions dont S. M. a
„ trouvé bon que les Notables remiſſent à
„ la 4me. ſection, de diſcuter l'examen & les
„ remedes.

„ Que d'autre part le Bureau pénétré du
„ déſir de ſeconder les vues de S. M. pour
„ le bien de ſon peuple, & ſpécialement par
„ rapport à l'impôt ſi lourd de la Gabelle,
„ a cru devoir en écartant les moyens pro-
„ poſés comme presque auſſi onéreux, &
„ expoſant au danger de voir à jamais per-
„ pétuer en France la Gabelle que le Roi
„ deſire d'anéantir, ſe rapprocher d'une for-
„ me plus efficace, quoique combattue dans
„ le Mémoire même ſoumis à l'examen des
„ Bureaux.

„ Que la Collection desdits Mémoires eſt
„ précédée d'un avertiſſement anonyme,
„ qui dénonce aux peuples les projets con-
„ ſignés dans lesdits Mémoires, comme
„ les véritables intentions de S. M., comme

„ des projets adoptés par elle, comme des
„ projets sanctionnés depuis longtems par le
„ public.

„ Que ledit avertissement confondant
„ sans cesse les vues bienfaisantes de S. M.
„ avec les moyens proposés pour les rem-
„ plir, confond également l'hommage que
„ les Notables ont rendu aux vues de S. M.
„ avec les opinions que leur zéle & leur fi-
„ délité leur ont inspirées contre la plupart
„ des projets qui leur ont été présentés.

„ Que l'auteur de l'avertissement confond
„ de même l'hommage rendu par les Nota-
„ bles aux principes toujours reconnus jus-
„ tes d'une égale répartition des impôts,
„ avec l'assentiment à une augmentation
„ d'impôt, qui sans en diminuer le poids
„ pour les uns, l'aggraveroit pour les au-
„ tres; tandis que l'assemblée a supplié le
„ Roi de permettre qu'elle différât de for-
„ mer son opinion, sur la mesure & la du-
„ rée de ladite augmentation, jusqu'au mo-
„ ment où elle connoîtra la véritable situa-
„ tion des finances & le moyen de pourvoir
„ au *déficit*.

„ Qu'en suivant le même esprit, l'auteur
„ dudit avertissement suppose, que toute la
„ difficulté se réduit à un combat de privi-
„ leges contre les intérêts du peuple & que
„ pour combler un déficit énorme, le Roi
„ n'augmentera pas les contributions du
„ peuple.

„ Supposition évidemment hazardée qui,
„ sous la fiction d'un combat qui n'existe
„ pas, tend à aigrir la classe du peuple, con-
„ tre les ordres des citoyens les plus dis-
„ tingués, contre l'assemblée même des No-
„ tables du Royaume, présidée par les au-
„ gustes freres de S. M. & par les Princes
„ de son sang, qui ont si constamment suivi
„ les mouvemens d'un zele inaltérable pour
„ le service du Roi, le bien de l'Etat &
„ le soulagement des peuples.

„ Supposition dangereuse, en ce que pré-
„ sentant à l'esprit d'un peuple fidele & sou-
„ mis, le tableau exagéré du soulagement
„ que la situation des finances de S. M.
„ rend malheureusement si difficile, on lui
„ dissimule les charges dont il est menacé,
„ sans craindre les suites d'une illusion dont
„ il ne peut être longtems prévenu.

„ Qu'en ne considérant qu'eux-mêmes, les
„ Notables ne peuvent que mépriser les
„ jugemens éphémeres qui peuvent être ha-
„ zardés contre leurs sentimens & opinions;
„ qu'ils se reposent à cet égard avec une
„ confiance entière dans la sagesse & dans
„ la justice du Roi, ainsi que dans la pureté
„ de leurs vues & dans l'expression franche
„ & loyale de leur zéle.

„ Mais que le même zele les porte à re-
„ présenter à S. M. par les mêmes considé-
„ rations qui viennent d'être annoncées, que le
„ bien de son service, le respect dû à la sa-

,, gesse de ses conseils, le danger de présen-
,, ter au peuple des illusions contraires à l'es-
,, prit de vérité & de franchise qui caracté-
,, rise S. M., la dignité enfin de l'assemblée
,, des plus notables personnages du Royaume,
,, dont la réunion seule a été pour toute
,, l'Europe le gage de ses bontés paternelles
,, pour son peuple, exigent:
,, 1°. Que S. M. veuille bien manifester
,, son improbation contre ledit imprimé.
,, 2°. Que S. M. permette aux différens
,, Bureaux de nommer des Députés qui s'as-
,, semblent en comité chez *Monsieur*, à l'effet
,, de préparer une Délibération commune,
,, où seront consigné l'exposition des vrais
,, sentimens de l'assemblée, ainsi que les ob-
,, servations importantes dont les circon-
,, stances établissent la nécessité, pour être
,, ladite Délibération soumise à la Sagesse
,, de S. M. & rendue publique de son auto-
,, rité; en conséquence le Bureau a prié le
,, Prince Président à présenter à *Monsieur* la
,, présente Délibération, pour qu'il veuille
,, bien la mettre sous les yeux de Sa Ma-
,, jesté."

Après quoi le Prince Président a levé la
séance & l'a renvoyée à demain mardi 3 du
courant 10 heures & demie du matin.

10 *Avril* 1787. La promenade du bois
de Boulogne continue d'être un spectacle
pour les jours saints; cette année un spécu-
lateur a proposé, au lieu de l'endroit où est

le rendez-vous des voitures, qui n'est plus qu'un long chemin inégal, raboteux & plein de sable, d'y substituer la plus belle allée du bois de Boulogne, celle qui va du château de la Muette à celui de Madrid ; on a volontiers adopté cette réforme, & seule elle suffisoit pour attirer beaucoup de monde. Depuis longtems on ne se rappele pas avoir vu tant de monde, tant d'aussi belles voitures & d'aussi bizarres : les *Wisky* y brilloient surtout ; beaucoup de petits-maîtres, beaucoup de filles avoient fait faire une voiture différente pour chaque jour.

Un Wisky plus bizarre & plus galant que les autres a fait pendant ce tems la matiere des conversations : ce Wisky étoit surmonté d'une Folie avec sa marotte ; dedans étoient quatre marionnettes, deux de chaque sexe, saluant sans cesse à droite & à gauche : tout cela étoit mené par un ânon joliment enharnaché & un jockey dirigeoit l'animal : on lisoit sur la voiture ; *d'où viens-je ? où vais-je ? où suis-je ?* On l'a appellé la parodie de Longchamps, dont en effet on sembloit vouloir faire la critique. Quoiqu'il en soit, ce concours a dû satisfaire le Marquis *de Villette*, qui passe aujourd'hui pour l'auteur de l'avertissement.

10 *Avril* 1787. On annonçoit depuis quelques jours une Réponse au Comte de Mirabeau, & il en avoit paru en effet quelques exemplaires : elle devient plus commune aujour-

d'hui ; elle a pour titre *Confidérations fur la dénonciation de l'agiotage*, & eft datée du 27 Mars. Après avoir difcuté affez foiblement les principes de l'ouvrage de l'auteur, on en vient au but véritable de l'ouvrage, qui eft de le diffamer, de lui rendre outrage pour outrage : & en cela l'on enchérit fur lui, c'eft ce que l'on voit dans un fupplément, qui eft un *Plan circonftancié du réfumé de la vie du Comte de Mirabeau, ou apperçu pour fervir de notes à fa dénonciation de l'agiotage & de pieces juftificatives à la lettre en réponfe à cette dénonciation.* On cite fouvent dans cette diatribe, furtout un *Extrait de trente-fix notes fur la dénonciation de l'agiotage*, écrites de la main d'un bienfaiteur du Comte de Mirabeau & après vingt ans de bienfaits outragé par lui : on ne le nomme pas ; mais on préfume qu'il s'agit du Comte de Malzan. Il faut avouer qu'il feroit difficile de rien compofer de plus méchant. Ce font malheureufement des faits de toute efpece, & en grand nombre, tellement circonftanciés qu'on ne peut gueres fe refufer à les croire.

On croit cet ouvrage de l'Abbé *d'Efpagnac*, qui a d'autant plus droit de fe plaindre, que fuivant les faits rapportés le Comte de Mirabeau avoit des obligations effentielles au Baron d'Efpagnac fon pere, ainfi qu'au Marquis de Puimarets, fon oncle.

10 *Avril* 1787. Il paroît que la réponfe

de M. le Baron de Breteuil aux Banquiers, lue chez M. le Lieutenant général de Police, n'a pas été favorable, puisque l'Abbé d'Espagnac a été obligé de partir il y a quelques jours, & de se rendre à Montargis, lieu de son exil: le S^r. *Baroud* reste pour suivre leurs affaires communes.

11 *Avril* 1787. Le jour de pâques il vint au club des politiques un paquet cacheté qui ne pouvoit s'ouvrir qu'à onze heures: la curiosité fit rester beaucoup de monde; enfin l'heure sonnée on ouvrit le paquet & on y trouva un ouvrage sans titre, servant de réponse à l'inculpation de M. de Calonne, *que le Compte rendu à S. M. en 1781 par M. Necker étoit si extraordinairement erronné, qu'au lieu de l'excédent présenté par ce Compte, il y avoit à la même époque un déficit immense.*

Il seroit trop long & trop fastidieux d'entrer dans tous les calculs de cet important ouvrage qui, au surplus, semble assez bien fait: Mais la partie curieuse c'est la correspondance entre M. Necker & M. de Calonne: il paroît qu'avant l'assemblée, & longtems avant M. Necker eût vent que M. de Calonne devoit le taxer d'inexactitude dans son Compte rendu; il en témoigna sa douleur au Maréchal de Castries, & il pria ce Ministre de demander à celui des finances: si le bruit en question avoit quelque fondement? La réponse de M. de Calonne au Maréchal ne semblant pas assez précise à M. Necker, celui-ci écrivit une lettre plus pressante le 29 Janvier au Ministre des finances.

Le 30, M. de Calonne lui répondit que personne ne pourroit prévoir ce qu'il diroit dans l'assemblée des Notables, mais qu'il n'étoit pas dans son caractere d'accuser, d'inculper, d'altérer. . . . .

Le 7 Février M. Necker repliqua pour engager M. de Calonne à s'expliquer avec lui, à lui fournir les bases de ses calculs & à recevoir les explications de M. Necker.

Point de réponse; mais le 28 Février billet de M. de Calonne à M. Necker, joint à l'envoi qu'il lui fait de son discours.

M. Necker ne répondit point à ce billet où, par un jeu amer, M. de Calonne sembloit se faire un mérite auprès de l'Ex-Directeur des finances de ce qui devoit le blesser le plus. Depuis ce tems-là il fût dans une agitation extraordinaire; il hésitoit sur le moment où il publieroit sa défense, lorsqu'il apprit la dénonciation précise faite par M. de Calonne au grand comité des Notables, tenu chez *Monsieur*, frere du Roi; & animé par l'espérance de pouvoir être entendu dans les mêmes lieux, où son administration avoit été si outrageusement inculpée, il écrivit le 6 Mars une lettre au Roi pour demander à S. M. la liberté de soutenir ce combat : le Roi n'a pas jugé à propos d'adhérer à la demande, & il est obligé de recourir à la simple voye de l'impression.

Cet ouvrage est dans le genre de tous ceux de M. Necker, imprégné de tristesse, de suffisance, de pédantisme ; il nous apprend dans son préambule, ce qu'on ne peut croire, qu'il vivoit heureux & paisible, car les ambitieux ne le sont jamais ; & sa passion de gouverner, de dominer perce encore dans plusieurs parties de son ouvrage & surtout dans sa Lettre au Roi, où il se déclare toujours digne de la confiance de S. M. & donne à entendre qu'il seroit disposé à s'en charger une seconde fois.

Quoiqu'il en soit, le lendemain matin, quand on apprit la démission de M. de Calonne demandée à dix heures du soir, on sut le motif du paquet anonyme cacheté & envoyé par quelqu'un, bien instruit de ce qui devoit se passer.

11 *Avril* 1787. La deuxieme liste des personnes qui ont fait leurs déclarations & soumissions pour les nouveaux hôpitaux depuis & compris le 22 Février 1787 jusques & compris le 21 Mars suivant, est de beaucoup diminuée ; elle va depuis le N°. 229 jusques au N°. 309 & ne fournit qu'environ 300,000 livres, puisque le premier total est de 1,703,665 livres 10 sols ; & que le second, celui-ci compris, n'est que de 2,007,321. l.

11 *Avril*. Le *Pot pourri* fait fortune & est recherché avec avidité, quoique le tout
ne

ne foit pas merveilleux; mais le choix des airs bien adaptés à l'efprit du couplet y ajoute beaucoup de piquant, & le goût & la fineffe du chanteur peuvent faire paffer pour ingénieufes & fines des chofes plattes & triviales : c'eft une efpece de petit drame, où l'on parodie la premiere féance de l'affemblée des Notables & ce qui s'eft paffé depuis. Les interlocuteurs font le Roi, la Reine, le *Comte* d'Artois, le *Contrôleur Général*, un Parlémentaire, le Clergé, le Maire d'Orléans, M. d'Aligre, un Membre de la Nobleffe, le Chœur des Notables, un Confeiller d'Etat, le Peuple, l'Archevêque de Paris, &c.

12 *Avril* 1787. On eft fort intrigué pour favoir ce qui a pu occafionner la double difgrace du Garde des Sceaux, & du Contrôleur Général ; voici ce qu'on raconte à ce fujet.

M. Necker ayant, comme on l'a vu, réclamé vivement contre l'affertion de M. de Calonne & écrit au Roi à ce fujet, ayant même infifté depuis auprès de S. M. par l'entremife de fon ami le Maréchal de Caftries, le Roi dit au Contrôleur Général qu'il falloit écrire à M. de Fleury pour favoir pofitivement où en étoient les finances lorsqu'il les avoit prifes.

M. de Fleury répondit qu'il ne pouvoit fe difpenfer de rendre juftice à M. Necker ;

que son Compte rendu sur la situation des finances étoit exact, à quelques erreurs de calcul près, plutôt pour que contre lui : & s'imaginant bien que M. de Calonne ne montreroit pas sa lettre au Roi, ou la lui déguiseroit, il en envoya un double à M. de Miromesnil.

Le Garde des Sceaux, instruit des manœuvres de M. de Calonne pour le supplanter & se réserver une retraite dans cette place, au cas où l'orage élevé contre lui par les Notables ne pourroit se dissiper, profite de l'occasion de le perdre absolument. Il va chez le Roi, cherche adroitement à savoir si M. de Calonne a rendu compte à S. M. de la réponse de M. de Fleury ; lui dit qu'il en est d'autant plus surpris que l'Ex-Ministre a eu le tems de lui en adresser un double qu'il a tout prêt : le Roi furieux envoye chercher le Contrôleur Général & lui fait de vifs reproches sur cette réticence.

M. de Calonne se voyant perdu, cherche au moins à se venger ; il récrimine contre le Garde des Sceaux, prétend qu'il est un des principaux auteurs de la résistance qu'éprouvent ses projets ; que des pamphlets arrivant fréquemment aux Notables pour décrier lui & ses opérations, s'impriment sous les auspices de ce chef de la librairie & même jusques chez lui ; que M. le Lieutenant de police en est instruit & qu'il en rendra compte à S. M. quand elle voudra. On ajoute que M. de Crofne venu à Versailles le jour de pâques, est convenu du fait.

Quoiqu'il en soit, le Roi, plus perplexe que jamais, va le soir chez la Reine & lui dit qu'il est décidé à renvoyer le Garde des Sceaux, d'après ce qui se passe. *Monsieur* étoit préfent, & dit: ,, puisque vous en ,, êtes-là, Sire, renvoyez-en deux;" désignant M. de Calonne.

En conféquence le Roi envoye chercher le Baron de Breteuil, qui, en fa qualité de Secrétaire d'Etat au département de Paris, doit être chargé de porter les ordres de difgrace. Ce Miniftre fupplie S. M. de l'en difpenfer, en ce qu'il eft reconnu pour l'ennemi juré du Contrôleur général: S. M. admet cette excufe, & charge le Comte de Montmorin de notifier fes ordres au Contrôleur général: comme le Garde des Sceaux étoit à Paris, l'expédition fut renvoyée au lendemain.

12 *Avril* 1787. Durant cette année dramatique le réfultat des travaux & des changemens de l'académie royale de mufique confifte en dix-huit ouvrages repréfentés, dont fix nouveaux; en quatre ballets pantomimes, qui font *Mirza*, *la Rofiere*, *le Navigateur*, & *la Chercheufe d'efprit*, & en quatre ballets nouveaux: favoir, un divertiffement de *Dardanus* pour le début de Mlle. *Rofe*, *le Pied de bœuf*, *les Sauvages*, *le Coq du villa-*

ge, tous de la composition de *Gardel* l'aîné, à l'exception de la Scene du *Pied de bœuf*, qui est du Sieur *Vestris* pere.

Quant aux débuts, trois basses tailles, les Sieurs *Dessaules*, *Adrien*, & *Schnouck*; deux hautes contres, les Srs *Duchamp* & *le Fevre*: en femmes, les Demoiselles *Mullot*, S^t. *Amant* & *Garnier*.

Les Demoiselles *Rose* & *Laure* sont les deux seules acquisitions faites dans la danse, qui n'en avoit pas besoin.

13 *Avril* 1787. Le renvoi de M. de Calonne fait qu'on se communique plus librement la facétie suivante, avec d'autant plus de plaisir qu'on voit que l'auteur s'est trompé dans sa prophétie.

L'Assemblée des Notables; Pot Pourri;

Air: *de Marlborough.*

I.

(*Le Roi.*)

Sénateurs vénérables,
Ecoutez, écoutez bien, Notables,
Les projets admirables
De mon cher Contrôleur:
Cet homme plein d'honneur
A votre bien a cœur:

Le mien bien davantage,
Rendez, rendez lui votre hommage;

Mon peuple qu'il foulage,
Bénira fon deftin :
De fon vafte deffein
Il vous dira la fin.

―――

2.

(*Le Contrôleur, d'un air affligé.*)

L'Etat eft à la gêne,
Que mon cœur, que mon cœur a de peine!
Pour alléger la chaîne
On vous impofera.
Je fais que l'on criera,
Peu m'importe cela!

―――

3.

Air : *Votre bonheur, dit-on, mon petit cœur.*

(*Le même.*)

J'ai diffipé les tréfors de la France!
D'A****., le Brun & d'autres font contens ;
Qui mieux que moi gouverne la finance?
Sully, Colbert étoient des ignorans.
Pour vous tirer de l'affreufe mifere,
Chacun de vous payera fon contingent ;
Voilà, Meffieurs, voilà tout le myftere :
Difputez-vous, mais il faut de l'argent. (*bis.*)

4.
(Un Parlémentaire.)
Air: *La faridondaine.*

Quoi! sans l'aveu du Parlement
Vouloir qu'un impôt passe,
Nous ôter l'enrégistrement,
C'est une étrange audace.
Le Roi nous borneroit-il donc,
La faridondaine la faridondon,
A juger les procès d'autrui.... Biribi
A la façon de barbari... Mon ami. (*bis.*)

5.
(Le Clergé.)
Air: *Il étoit une fille.*

Des projets de Calonne,
Frémissez du récit!
Ah! que nous fait le *déficit!*
Il nous la gardoit bonne,
Il nous fait enrager,
Il veut nous égorger.

6.
(L'Archévêque de Paris.)
Air: *de M. le Prévôt des marchands.*

Mes chers confreres, mes amis,
Croyez-moi, suivez mes avis,

Si le Contrôleur nous dépouille,
Souffrons-le pour l'amour de Dieu,
Et sans vouloir lui chanter pouille,
Tirons notre épingle du jeu.

7.

(Un Maire à son confrere.)

Air : *des fraises.*

Si le Peuple est dépouillé
Par le gentil Calonne,
N'en sois point émerveillé,
Il a doublement pillé
Le Trône, le Trône, le Trône. (*)

8.

(Un Magistrat au Contrôleur.)

Air : *avec les jeux dans le village.*

Avec un peu d'économie
Tâchez de sortir d'embarras.
Doit-on payer votre folie,
Quand on ne la partage pas ?
Cessez par d'injustes largesses
De vous attirer nos mépris,
Et donnez moins à vos Maîtresses,
Aux Princes, même aux Favoris.

(*) Le Trône, auteur économique, où M. de Calonne a puisé son plan.

9.

(*Un Membre de la Noblesse.*)

Air: *Ce mouchoir, belle Remonde.*

Votre espoir en vain se fonde
Sur ce bizarre secret,
En mille erreurs il abonde,
Et ce merveilleux projet
Exige qu'on le refonde.

10.

(*Le Contrôleur répond.*)

Non pas, Monsieur, s'il vous plaît :
Il faut charger tout le monde,
C'est mon très grand intérêt. (*bis.*)

11.

(*Le Comte d'A*****.*)

Air : *du pot pourri de la tentation de St. Antoine.*

Messieurs, cessez vos débats,
Car le Roi mon frere,
Ne se départira pas
De ce qu'il veut faire.
Il faut trouver de l'argent :
Peu m'importe à moi comment,
Pourvu qu'on en donne
A l'ami Calonne.

12.

(Le chœur des Notables.)

Air : *Quel défespoir !*

Quel défespoir !
On nous veut mettre à la beface.
Quel défespoir !
Nous ne pouvons y faire face.
Tout cede au fuprême pouvoir.

13.

(Un Confeiller d'Etat au Contrôleur.)

Air : *ah ! Monfeigneur.*

Ah ! Monfeigneur, ah ! Monfeigneur,
Tout eft contre vous en rumeur :
Nobles, Tiers Etat & Clergé,
ont un baccanal enragé.
Que peuvent contre un tel Sabbat
Les pauvres Confeillers d'Etat !

14.

(Le Contrôleur.)

Air : *des olivettes.*

Eh lon là, laiffez plaifanter
Les François que l'on Impofe ;
Eh lon là, laiffez les chanter,
C'eft le feul bien qu'on ne peut leur ôter.

15.

(*Le Chœur des Notables à la Reine.*)
Air : *de Marlborough.*

Madame & Souveraine,
Qui voyez, qui voyez notre peine,
Tirez nous de la gêne ;
A Calonne aujourd'hui,
Retirez votre appui :
Nos maux viennent de lui.

16.

(*La Reine répond aux Notables.*
Air : *la Danse n'est pas ce que j'aime.*

Calonne n'est pas ce que j'aime,
Mais c'est l'or qu'il n'épargne pas.
Quand je suis dans quelque embarras,
Alors je m'adresse à lui-même.
Ma favorite (*) en fait de même,
Et puis nous en rions tout bas, tout bas.

17.

(*L'auteur au Public.*
Que je vous plains... (*bis.*)
Il ne sautera pas... (*bis.*)

───────────────

(*) Madame la Duchesse Jules.

18.

(*Le Peuple.*)

Air: *de la Baronne.*

Quelle remise!
On demande un nouvel impôt. (*bis.*)
Au lieu de la poule promise,
Hélas! nous n'aurons plus de pot,
Ni de chemise.

19.

Air: *du Vaudeville de Figaro.*

Or, Messieurs, cette assemblée
Qu'on tient en ces tristes jours,
A la France désolée
Ne pouvant porter secours,
Bientôt sera consolée,
Et sans de bonnes raisons
Finira par des chansons.

13. *Avril* 1787. C'est M. *de Fourqueux*, qui remplace M. de Calonne; on avoit d'abord cru qu'il n'auroit le porte-feuille que par *interim*; mais il est décidemment Contrôleur général en pied. On commence déjà les plaisanteries sur son compte. Il est vieux & rongé de goutte; celle-ci lui a tellement affecté la main droite qu'il ne peut la serrer; on dit que c'est la plus grande qua-

lité qu'il ait. Du reste, membre des Notables, ami de M. de Calonne, on le regarde comme un homme de paille qui n'est que le simulacre de celui-ci, trop odieux à l'assemblée des Notables pour le lui présenter encore: on croit que les projets du prédécesseur ne seront pas moins exécutés.

Ce qu'il y a de sûr, c'est que M. de Calonne étourdi du premier coup, ayant reçu l'ordre de donner sa démission à dix heures du soir, a passé le reste de la nuit à brûler tous ses papiers, & que, venu à Paris, il en a fait autant dans la crainte qu'on ne mît les scellés chez lui.

On ajoute que son premier mot, après avoir signé sa démission, a été de demander à M. *de Montmorin* si son successeur étoit nommé? si ce seroit l'Archevêque de Toulouse? Sur la réponse du Comte que ce n'étoit pas ce Prélat, il a dit qu'il s'en alloit content.

Cette premiere terreur de M. de Calonne a fait courir des bruits défavorables qui ne sont pas confirmés: il n'y a point d'exil quant à présent, il n'est pas même éloigné de la présence du Roi & il est des politiques fins qui vont jusques à prétendre que cette disgrace apparente n'est qu'un jeu joué: il est vrai que depuis il s'est montré radieux, il a même affecté de donner un grand dîner le mardi de Pâques à son successeur & au Garde des Sceaux. Toute cette conduite envers lui est fort extraordinaire, fort difficile à expliquer.

Le mercredi, lendemain des fêtes, on s'attendoit à un mouvement extraordinaire à la Bourse & il n'y en a point eu; les papiers restés en stagnation n'ont haussé ni baissé.

13 *Avril* 1787. M. le Comte de Montmorin vint le lundi matin à Paris, pour remplir sa mission envers M. le Garde des Sceaux. Le Suisse qui crut que ce n'étoit qu'une visite d'honnêteté, répondit que M. de Miromesnil, plongé dans la douleur de la perte de Madame *de Berule*, sa fille, ne voyoit personne. Le Comte de Montmorin, qui ne savoit point cet événement tout récent, hésita un moment pour se consulter; enfin il prit son parti & dit qu'il falloit absolument qu'il vît M. le Garde des Sceaux. Il entra & lui fit d'abord son compliment sur la perte de Madame de Berule. M. de Miromesnil, qui par ce début s'imagina qu'il ne s'agissoit que d'une visite d'honnêteté, après ce premier compliment lui dit: ,, Eh ,, bien! Monsieur le Comte, voilà du nou- ,, veau:" signifiant par-là le renvoi de M. de Calonne dont il étoit instruit... ,, Oui, ,, Monsieur le Garde des Sceaux, mais ce ,, n'est pas tout; il y en a encore, & qui ,, vous concerne, & que je me fais une ,, vraie peine de vous annoncer, surtout dans ,, ce moment de douleur où vous êtes...."
Enfin il lui fit part des ordres du Roi & lui

remit la lettre de S. M. honnête & même gracieuſe, ſi une pareille lettre pouvoit l'être.

Sur quoi M. de Miromeſnil n'héſita point de remettre les Sceaux au Comte de Montmorin & écrivit en même tems une lettre au Roi.

On ajoute que M. de Miromeſnil ayant demandé à M. le Comte de Montmorin où il croyoit que S. M. trouveroit plus agréable qu'il fît ſa réſidence? ce qui étoit implicitement lui demander s'il étoit exilé : le Miniſtre lui répondit qu'il n'avoit aucun ordre à lui intimer à cet égard, & qu'il étoit le maître de reſter à Paris, ou de ſe rendre où il voudroit.

14 *Avril* 1787. A la fin de l'écrit de M. Necker en réponſe à M. de Calonne eſt un *Appendix*, dans lequel il répond auſſi par occaſion à un Mémoire dont il ne nomme pas l'auteur, mais qu'il déſigne aſſez pour caractériſer celui de M. *de Bourboulon*, qui fit beaucoup de bruit dans le tems & reſte ſans replique juſqu'à ce moment.

Les objections détachées que M. Necker prend ſéparément, ne peuvent avoir la même force que dans leur enſemble ; ainſi l'on ne peut juger du degré de mérite des réponſes.

On croit que ce qui a déterminé M. Necker à réfuter aujourd'hui cette critique de ſon adminiſtration, c'eſt que le Comte d'Artois préside un Bureau des Notables, & que le S. Bourboulon, ci-devant attaché à ce Prince & ayant eu sa confiance, il a cru important de détromper S. A. R. & de la faire revenir sur son compte.

Au surplus, le bruit court en ce moment que M. Necker est exilé d'hier à vingt lieues de Paris, sans aucun endroit désigné.

14 *Avril* 1787. Par l'édit de nomination de M. de Miromesnil à l'office de Garde des Sceaux de France, *attendu les circonstances*, il étoit porté réunion de la charge de Chancelier au même office, vacation arrivant par démission ou autrement, dont il devroit provisoirement faire les fonctions.

Comme cet Edit auroit pu causer quelque difficulté, quoique M. de Montmorin ne redemandât que les Sceaux, M. de Miromesnil a cru devoir joindre à sa démission une renonciation aussi à cette expectative.

14 *Avril* 1787. La fable du *Fermier & de la basse-cour* devient plus commune; il y en a même deux leçons; l'une, longue & infiniment plus dure; l'autre vive & leste qu'on a déjà rapportée; voici la seconde.

Fable allégorique sur l'assemblée des Notables.

Certain fermier, dans le pays du Maine,
Mangeur vorace & d'appétit glouton,
Par ses excès dépeuplant son Domaine;
Etoit tout prêt à quitter le canton.

Il lui restoit pour ressource derniere
Sa basse-cour : où gitoient maints oisons,
Maints bons poulets, surtout force dindons.
Prêt d'assouvir sa faim trop meurtriere,
Il les assemble, & chacun d'accourir,
Le bec en l'air, afin de recueillir
Le bled semé par une main prodigue ;
Mais en propos le rustre les fatigue,
Et conclut net en leur disant j'ai faim,
Mon croc est vuide & mon estomac gronde ;
Venez, Messieurs, en un seul tour de main,
Je vous fricasse, & vous mange à la ronde :
Mais je suis bon & plein d'humanité,
Chacun de vous est par moi consulté,
De quelle sauce agréez-vous l'usage ?
Lors un dindon s'écrie en son langage :
Quoi ! Monseigneur, vous voulez dévaster
En un seul jour ce qui fait subsister
Pendant un an le laboureur paisible !
Rendez au moins votre cœur accessible
Aux cris plaintifs des pauvres animaux ;
Ménagez mieux le sang de vos vassaux.
Mais le Patron que ce discours échauffe !
Répond : Corbleu, vous serez sous rôtis,
C'est pour vous tous ici que le four chauffe :
Or sus ! il faut me donner votre avis
Pour décider la sauce plus honnête,
Dont je pourrai, Messieurs, vous faire fête :
Sur cette forme avant de vous manger,
Sachez-moi gré de vous interroger.

14 *Avril* 1787. En lifant le Catalogue des Pieces nouvelles jouées à la comédie Italienne, on eſt effrayé du nombre de 23, qu'il préſente, dont 14 à Ariettes ou à Vaudevilles; ſurtout quand on y compte à peine cinq ou ſix qui aient eu du ſuccès, & à peine deux ou trois qui l'aient mérité.

14 *Avril* 1787. On aſſure que peu de tems avant ſa diſgrace M. le Contrôleur général avoit trouvé ſous ſa ſerviette les vers ſuivans:

Eſt-il bien vrai qu'au temple de mémoire,
Par le chemin que Necker s'eſt tracé,
Auprès de lui tu veux te voir placé?
De Phaëton ne ſais-tu pas l'hiſtoire?
Crois-moi, jouis de tes forfaits honteux;
Tu n'es pas fait pour prétendre à la gloire,
Et laiſſe-là ce vol ambitieux,
Pour d'autres vols qui te conviennent mieux.

14 *Avril* 1787. De vingt opéras envoyés cette année au concours, aucun n'a mérité le premier prix en totalité. Les académiciens juges ont déclaré ſeulement que dans ce nombre il y en avoit deux qui annonçoient aſſez de talens pour obtenir chacun un Prix. En conſéquence de cette bizarre déciſion, le Comité a propoſé de partager la ſomme de deux mille livres deſtinées aux deux prix de la tragédie en deux ſommes inégales; l'une de 1200, adjugée à un poëme

intitulé *Médée*, dont l'auteur est M. *Framary*; & l'autre de 800, adjugée à d'*Arvire*, autre poëme de M. *Guillard*, déjà connu par divers ouvrages lyriques : le Ministre a souscrit à cet arrangement.

Il est assez plaisant de voir tous ces poëmes couronnés n'être point joués, vraisemblablement même ne point trouver de musiciens qui les goûtent, tandis qu'on exécute journellement des ouvrages d'autres non couronnés, ou qui même ont dédaigné d'entrer dans la lice. A quoi servent ces prix & ces jugemens académiques?

15 *Avril* 1787. Si l'on est effrayé du travail excessif des comédiens italiens, on est indigné de la nonchalance des comédiens françois, qui durant le cours entier de l'année dramatique n'ont donné au public en pieces nouvelles que trois tragédies tombées toutes trois; deux comédies en cinq actes, dont une a réussi; un drame qui a été joué longtems, sans mériter de l'être; enfin deux pieces en un acte, qui n'ont pas eu de succès.

15 *Avril* 1787. On a vu autrefois au Musée de Paris, rue Dauphine, & ensuite au palais royal, un vaisseau volant de 28 pieds de longueur : le même auteur se propose d'en construire un parfaitement semblable, mais quatre fois plus grand, c'est à dire de 112 pieds de long, 30 de haut, & 28 de large: lequel déplacera plus de cinq milliers d'air atmosphérique. Il doit s'élever lui dixie-

me dans cet aërostat d'une forme nouvelle. En attendant il essaye aujourd'hui par celui de 28 pieds.

L'auteur assure qu'aucun gain sordide ne l'excite ; que son objet est uniquement de satisfaire des personnes de la premiere distinction & des savans non moins recommandables auxquels il veut prouver, ainsi qu'il en est persuadé, que la forme nautique est peut-être la seule pour faire une ascension douce & graduée ; pour peser les différentes couches de l'atmosphere, pour s'assurer des divers courans qui existent dans ce fluide léger qui nous environne ; comment & pourquoi ces courans se forment ; s'ils sont constans, alisés, & enfin étudier avec la plus scrupuleuse attention les causes & les effets de la condensation & de la raréfaction de l'air.

15 *Avril* 1787. On voit dans la réponse de M. Necker à M. de Calonne, une correspondance entre lui, le Comte de Vergennes & M. de Fleury, qui prouve combien ces Messieurs sont attentifs à ménager en leur faveur les feuilles publiques même les moins accréditées ; telle que le *Courier de l'Europe*, sur les affaires de France dont il parle ordinairement de la maniere la plus inexacte & la plus erronée.

M. Necker piqué d'un paragraphes du... No. de l'année 1781, qui sembloit annoncer que les nouveaux impôts mis l'étoient pour acquitter les dettes contractées par l'Administrateur général des finances, en porte ses plaintes au Ministre des affaires étrangeres, lequel en confere gravement avec le Ministre successeur de M. Necker, & ils conviennent enfin de faire rétracter le gazetier; ce qui fut fait le 18 Septembre suivant.

15 Avril. On commence à répandre ici un *Prospectus* de l'édition *des Oeuvres Posthumes du Roi de Prusse*, en 15 volumes & avec les caracteres de Baskerville; cette collection contiendra :

1º. *Mémoires de mon Tems*. Ils renferment l'histoire tant politique que militaire, de ce qui s'est passé depuis l'année 1740 jusqu'à la paix de Dresde.

2º. Histoire de la guerre de sept ans.

3º. Histoire de ce qui s'est passé depuis la paix de Hubertsbourg, jusqu'à celle de Teschen.

4º. Essai sur les formes de Gouvernement, & sur les devoirs des Souverains.

5º. Examen du Système de la Nature.

6º. Remarques sur le Système de la Nature.

7º. De l'innocence & de l'erreur de l'esprit.

8º. Trois Dialogues des Morts.

9º. Trois volumes de Poésies.

10º. Avant-propos sur la Henriade.

11º. Considérations sur l'état présent du Corps Politique de l'Europe.

120. Plusieurs centaines de Lettres de S. M. à divers écrivains célebres, tels que *Voltaire*, *Fontenelle*, *Rollin*, le Marquis *d'Argens*, *d'Alembert*, le Président *Hainault*, *Algarotti*, *Condorcet*.

Il est à observer à ce sujet que M. le Prince de Condé posséde actuellement un manuscrit, original vraisemblablement, de la Correspondance entre le Roi de Prusse & d'Alembert; manuscrit que le Comte de Vergennes avoit voulu, dit-on, faire enlever des papiers du Secrétaire de l'Académie françoise, à sa mort : on ajoute que M. de Chamfort qui a l'intimité de S. A. S. ayant fait voir ce manuscrit au Comte de Mirabeau, celui-ci l'a fait copier en partie ou en totalité ; ce qui pourroit bien nous en procurer incessamment une impression furtive ?

16 *Avril* 1787. On a fait plusieurs expériences comparatives des clous de girofle de l'isle de Bourbon, & de ceux des Moluques & du commerce, & l'on n'a trouvé que peu ou point de différence: nouveau motif pour encourager cette culture.

16 *Avril.* On assuroit que la lettre du Roi à M. le Garde des Sceaux étoit douce & obligeante même: mais en la lisant on n'y trouve que l'aigre-doux ; on en va juger.

,, Dès le mois de Septembre dernier, vous
,, m'aviez parlé de vous retirer; votre santé
,, ne vous permettant pas de vous livrer au
,, travail que les circonstances difficiles re-

„ quierent. Le bien de mon service exige
„ que ce soit en ce moment que vous m'en-
„ voyiez votre démission, sur laquelle je
„ compte. Vous pouvez me demander d'ail-
„ leurs ce que vous voudrez pour votre re-
„ traite. Je vous témoignerai avec plaisir
„ ma satisfaction."

RÉPONSE.

„ Ce n'est point l'intérêt de fortune, mais
„ celui de mon amour & de mon attache-
„ ment respectueux pour S. M. qui m'en-
„ chaînoient à sa personne. J'ai tout perdu,
„ quand elle me retire ses bontés. L'état des
„ finances ne me permet pas de rien deman-
„ der. J'ai toujours su vivre de peu ; j'é-
„ tois pauvre, quand je suis entré dans le Mi-
„ nistere ; & j'ai le bonheur de sortir de même.
„ Je me bornerai à faire des vœux pour la
„ gloire & la prospérité du regne de V. M.
„ Je la prie seulement de permettre que je
„ mette à ses pieds *l'intérêt* de mes en-
„ fans."

Ces deux missives, en les discutant, décelent d'un côté l'embarras de ceux qui suggéroient la premiere au Roi, & de l'autre la consternation du Garde des Sceaux étourdi du coup de massue qu'il recevoit : toutes deux, au surplus, manquent ; l'une de la dignité devant caractériser la Majesté Royale qui disgracie justement ; l'autre, de la fermeté que doit inspirer à un Ministre qui se sent, la pureté de sa conscience.

On ajoute que, lorsque le Comte de Montmorin a rendu compte au Roi de l'embarras, du serrement de cœur qu'il avoit éprouvé en apprenant que M. le Garde des Sceaux venoit de perdre sa fille, S. M. a approuvé la délicatesse de son porteur d'ordre & lui a dit que s'il avoit su cet événement il auroit différé l'envoi de cette notification.

17 Avril 1787. On se rappele l'épigramme sanglante composée contre M. le Comte de Mirabeau, attribuée au Sieur de Beaumarchais; on y fait répondre le Comte par celle-ci, non moins atroce, plus vive & plus courte:

> De moi faire un bourreau t'a ri,
> Un roué s'y connoît sans doute;
> Mais ne crois pas que je redoute
> Un criminel que j'ai flétri!

17 Avril. M. le Comte de Sanois qui, rempli de ses malheurs & reconnoissant de l'intérêt général qu'on y a pris, croit satisfaire le public en lui apprenant de nouveaux détails de sa catastrophe, a fait imprimer encore: *Relation de ce qui s'est passé lors de la capture du Comte de Sanois,* (le 4 Mai 1785.) C'est une Piece justificative à joindre aux autres, où cette partie de ses malheurs est racontée de la façon la plus touchante & la plus véridique; mais il auroit tout auffi bien fait de la laiffer dans fon journal d'où elle eft extraite; elle a déja été réfumée dans le premier Mémoire de M. de la Crételle, & les lecteurs n'aiment point à revenir fi fouvent fur les mêmes objets.

17 *Avril* 1787. La rentrée de la comédie françoife a été très orageufe. Dès que le Sr. *Naudé*, qui avoit fait le compliment de clôture, chargé auffi de celui de rentrée, a paru, le public, encore mécontent du premier l'a vu de très mauvais œil; il lui en a témoigné fon indignation par des huées: il s'eft même élevé des voix qui ont crié *à genoux*; enfin il a tâché de réparer dans fon difcours très bref la fottife du premier: cette fois c'étoit véritablement un compliment; auffi le parquet revenu fur le champ de fon humeur a-t-il applaudi avec tranfport: tant la louange a de pouvoir pour effacer tout autre fentiment!

Quant au compliment des Italiens, le Coufin *Jaques* a continué d'encenfer le parterre, & il a continué de plaire.

17 *Avril*. L'affemblée des Notables qui devoit reprendre fes travaux dès le mercredi 11, a reçu ordre de ne fe raffembler que le lundi 16, qui étoit hier. Pendant ce tems le Roi fort embarraffé a fait différentes difpofitions.

1º. M. de Calonne, qu'on croyoit devoir refter à Verfailles, ou du moins à Berny, qui

qui est sa maison de plaisance des environs de Paris, a été exilé d'abord en ce lieu, avec défenses d'écrire, ni de voir personne, & a été depuis renvoyé en Lorraine dans une de ses terres. On regarde cette conduite du Roi envers lui comme une faveur, afin de le soustraire aux justes accusations qu'on pourroit former contre lui: la suite justifiera la justesse de cette présomption.

2°. M. Necker est exilé à vingt lieues de Paris: son grief est d'avoir fait imprimer sa justification sans l'agrément du Roi, & même contre sa défense, surtout d'y avoir inféré une lettre à Sa Majesté.

17 Avril 1787. Relation de la Séance publique de l'Académie Royale des Inscriptions & Belles-Lettres, tenue aujourd'hui pour la rentrée d'après pâques.

La curiosité seule de voir la restauration de la salle d'assemblée de l'Académie des Belles-Lettres avoit attiré des curieux. Les Dames désormais plus en vue dans les tribunes y formeront un spectacle agréable, bien propre à ramener le public trop indifférent encore.

Le sujet du prix qui devoit être distribué dans cette Séance, consistoit à *déterminer quelle étoit l'étendue des domaines de la Couronne, lors de l'avénement de Hugues Capet au trône*, &c? L'Académie peu satisfaite des différens Mémoires envoyés dans trois concours consécutifs, s'est vue forcée de retirer ce sujet & les fonds de ce prix seront appliqués à

Tome XXXIV. S

un ou à deux prix extraordinaires, dont on annoncera les sujets dans la séance publique d'après la St. Martin prochaine.

Le sujet du prix pour la St. Martin 1788, consiste à rechercher *quelles sont les notions que les anciens nous ont laissées sur l'art de la teinture?* Le prix est une medaille d'or de 500 liv.

Après la distribution des programmes, M. *Dacier* a lu l'Eloge de M. *Grosley*, Associé libre regnicole. On a déja parlé de ce personnage original, & l'on ne répétera point ce qu'on en a dit: on ne fera mention que de traits & d'anecdotes dont on n'avoit pas encore rendu compte.

M. *Grosley* avoit une grande envie de voir l'Italie; il n'étoit point riche. En 1742 que la guerre étoit portée en cette partie du monde, il se fit Commis aux vivres, & s'imagina trouver ainsi une occasion de satisfaire son goût sans frais; mais les circonstances ayant retenu notre Armée dans les Alpes, il eut tout le désagrément de l'état qu'il avoit embrassé; il fut obligé de différer son voyage, & ne le put faire qu'après avoir repris sa liberté.

M. *Grosley* étoit fort gai, fort facétieux: M. Dacier nous révéle qu'il est l'auteur en partie d'un ouvrage très polisson qui eut beaucoup de vogue dans le tems, & sous un titre grossier & très mal-propre (*) offre une

---

(*) Il étoit intitulé *de la maniere de c... er dans la rue du bois*. Cette rue du bois est une des rues de la

suite de saillies, de plaisanteries excellentes. Au reste, son esprit ne faisoit point tort à la bonté de son cœur; il étoit très bienfaisant & a prouvé qu'avec une fortune bornée, quand on le veut bien, on trouve encore le moyen de fournir des secours abondans, d'être fort utile à l'humanité.

Le Testament de M. Grosley n'a point échappé aux observations de M. Dacier; c'est une des parties les plus curieuses de son Eloge, mais trop connue pour y revenir.

En général, l'historiographe a le talent rare de varier ses Eloges suivant ses héros: il a senti qu'en parlant de M. Grosley, il falloit en quelque sorte monter son ton à son caractere, & il y a jeté plus de piquant & de critique que dans les autres; car M. Grosley étoit fort caustique.

Le premier Mémoire qui a succédé à cet éloge, rouloit *sur la pêche des anciens & sur les avantages qu'ils en retiroient*. Il est de M. Ameilhon, qui dans cette partie n'a embrassé que la pêche à la ligne. Il y décrit d'après les écrivains Grecs & Latins, tous les instrumens & toutes les opérations de cette espece de pêche dont les Grands & les Princes mêmes ne dédaignoient pas de se faire un amusement: il n'oublie ni les appâts, ni les amorces, ni les ruses, ni les stratagêmes dont les anciens pêcheurs faisoient usage

---

ville de Troyes, isolée, écartée sans doute, & destinée aux stercorations.

pour tromper le poisson, & il a soin en même tems de comparer leurs procédés à ceux des pêcheurs modernes : on conçoit que cette matiere, à la portée de tout le monde, offroit un certain intérêt.

M. *Silvestre de Sacy* a lu le second Mémoire *sur les inscriptions de Persepolis*. Il y explique aussi les inscriptions grecques & les bas-reliefs qui se trouvent sur les ruines de Nakschi-Roustam ; & il prouve que chacune de ces inscriptions est répétée trois fois, une fois en langue & en caracteres Grecs, & deux fois en caracteres inconnus, mais en deux langues différentes : il a fini par proposer des conjectures sur la valeur de ces caracteres ; tout cela a paru fort ennuyeux & a fait bâiller même les Académiciens les plus érudits.

Des *Observations sur les allégories & en particulier sur l'idée de ceux qui allégorisent les sujets du poëme d'Homere*, ont présenté des vues plus littéraires, & conséquemment plus convenables à une assemblée publique. M. *Bitaubé*, associé libre étranger, est l'auteur de ce troisieme Mémoire. Son objet est d'examiner si l'on peut établir, avec fondement, que la fable ne doive à l'histoire aucune de ses richesses. Il s'attache à prouver que les personnages chantés par Homére ne sont pas des astres, des rochers & des montagnes ; métamorphose qui ne s'est opérée que par l'imagination de quelques allégoristes : mais qu'ils ont eu une existence réelle,

& que c'est avec raison qu'Homere a joui constamment de la double qualité de poëte & d'historien. Toutes ces idées sont fort justes, & ne souffrent plus de contestation aujourd'hui : c'est à peu près comme Dom Quichotte se battre contre les moulins à vent.

Ici l'on a fait la distribution d'une gravure très bien faite & propre à mieux faire comprendre le quatrieme Mémoire, qui sont des *Observations sur un monument antique qui existoit à Aix dans le Palais de Justice*, de M. *de Saint Vincent*, Président à Mortier au Parlement d'Aix, & nouvellement associé libre regnicole : elles ont été lues par M. Dacier.

Ce monument, dont la plus grande partie fut abattue en 1786, étoit une tour ronde, entourée de dix colonnes engagées dans le mur, & surmontée de dix colonnes de granit destinées vraisemblablement à soutenir un dôme que le tems avoit détruit. Cette tour étoit construite sur une base carrée, dont chaque face avoit environ 27 pieds en tout sens, & le monument entier avoit douze toises d'élevation. Le célebre *Peyresc* avoit pensé que cet édifice étoit un tombeau : l'événement a justifié son opinion : en le démolissant on a trouvé à différentes hauteurs deux urnes de marbre blanc, remplies de cendres, & dans la partie la plus basse une urne de porphyre, d'une forme élégante & d'un beau travail, qui contenoit outre des cendres & des ossemens, une médaille de *Trajan* en argent, une en bronze de *Lucius Ælius*, & deux bagues d'or enrichies, l'une d'une émeraude, l'autre d'une agate onix, sur laquelle est gravée la figure d'un lion: à quelque distance de cette urne, étoit une de ces bulles d'or que suspendoient à leurs cols ceux qui obtenoient l'honneur du triomphe. Les médailles dont on a parlé, font conjecturer à l'auteur que cette tour a été élevée vers le milieu du second siecle de notre ère. Une inscription en l'honneur des trois patrons de la Colonie Romaine établie à Aix, inscription dont on a découvert un fragment considérable assez près de la tour & qui paroît en avoir été détachée, lui donne lieu de penser que ces urnes renfermoient les cendres des trois patrons, & que l'édifice entier étoit un monument de la reconnoissance de la colonie envers ses protecteurs.

Le dernier Mémoire de M. *Pastoret* concerne *les différentes révolutions de la Magistrature & du Gouvernement des Hébreux*. L'auteur examine quels furent, aux diverses époques de leur histoire, leurs tribunaux, les juges qui les composoient, & les matieres qui leur étoient attribuées. Il suit, dans toutes ses variations, un Empire dont l'administration politique, créée au nom de Dieu, passa de l'Autorité absolue à l'Aristocratie, de celle-ci à la Monarchie élective, de cette derniere à la Monarchie héréditaire, qu'on chercha quelquefois à balancer par une espece de Démocratie, & qui finit par être subordonnée à des Souverains étrangers, dont les Juifs devinrent vassaux & tributaires.

18 *Avril* 1787. L'Académie Royale de Musique a enfin exécuté hier *Alcindor*, opéra féerie en trois actes.

Suivant l'avertissement qu'a mis à la tête du poëme M. *Rochon de Chabannes*, il a tiré son sujet d'un conte des *mille & une nuits*, tome IV. C'est l'histoire du *Prince Zeïn Alasnam, & du Roi des Génies*. Ce sujet lui a ri d'autant plus qu'il prêtoit à un grand spectacle. Malheureusement la mort de *Floquet* l'a mis dans la nécessité de changer de musicien, & de se confier au S*r. de Zede*, qui s'est trouvé hors d'état de déployer toutes les richesses harmoniques qu'exigeoit une féerie aussi féconde en merveilleux. La premiere représentation de cet ouvrage n'a eu aucun succès, a même excité beaucoup de murmures, de rires & d'ennui.

18 *Avril. Relation de la Séance Publique de l'Académie Royale des Sciences, pour sa rentrée d'après pâques.*

On a commencé, suivant l'usage, par l'annonce des Prix accordés, remis ou à décerner, le Secrétaire a dit :

L'Académie avoit proposé pour la troisieme fois pour sujet du Prix de 1787, *la théorie des Assurances maritimes*. Aucune des pieces qui ont été envoyées pour ce concours, ne lui a paru remplir entierement ses vues. Cependant parmi ces pieces, elle en a remarqué deux qu'elle regarde comme dignes de récompense à différens égards. La première, Nº. 8, a pour devise :

Illi robur & es triplex
Circa pectus erat &c.

L'auteur montre beaucoup de savoir dans l'analyse & dans le calcul des probabilités ; mais il s'est trop borné à la théorie, & n'a pas suffisamment traité la question relativement à l'utilité que la Marine & le Commerce sont en droit d'attendre des recherches des Géometres.

La seconde, Nº. 7, a pour devise : *judicis argutum quis non formidat acumen ?* L'auteur a traité la partie théorique du problême d'une maniere moins rigoureuse & moins générale que celui de la piece précédente ; mais il a fait un grand nombre de remarques intéressantes & très utiles relativement à la pratique, quoiqu'il ait encore cependant laissé plusieurs choses à désirer sur ce sujet.

D'après cet exposé l'Académie a cru devoir partager la moitié du Prix qui étoit de 6000 livres, entre les deux pieces citées, en attribuant 1800 liv. à la piece Nº. 8, & 1200 à la piece Nº. 7. Ce partage inégal est fondé sur le mérite inégal qu'il paroît y avoir entre les deux pieces dont il s'agit.

L'auteur de la piece Nº. 8 est M. *de la Croix*, Professeur de Mathématiques à l'Ecole Royale Militaire. Celui de la piece Nº. 7, est M. *Bicquilley*, Garde du corps du Roi.

Quant

Quant aux 3000 liv. qui restent de la totalité du Prix, l'Académie a cru devoir les destiner à celui qui, à son jugement, *construira les meilleures Tables, d'après la théorie & les observations, pour la pratique du calcul des assurances maritimes*; & elle distribuera ce Prix dans son assemblée publique d'après pâques 1791.

L'Académie propose pour le sujet du prix ordinaire de 1789, la question suivante : *essayer d'expliquer les expériences qui ont été faites sur la résistance des fluides, en France, en Italie, en Suede, ou ailleurs, soit en y appliquant les méthodes déja connues, soit en combinant ensemble ces méthodes, & faisant servir l'une de supplément à l'autre; soit enfin, en établissant une nouvelle théorie qui représente au moins sensiblement les principaux phénomenes de la résistance des fluides que les expériences ont constatées.* Ce prix sera de 2000 livres.

L'Académie à son assemblée publique d'après pâques 1789 proclamera la piece qui aura mérité le prix.

En 1783 Sa Majesté fit annoncer à l'Académie par M. le Comte d'Angiviller qu'elle destinoit une somme de 12000 liv. pour trois prix qui devoient être décernés en 1785 aux auteurs qui, au jugement de cette compagnie, auroient proposé la meilleure maniere de rétablir ou de perfectionner la machine actuelle de Marly, ou de remplacer cette machine par une autre : le premier prix étoit de six mille livres, le second de 4000, & le troisieme de 2000 livres.

L'Académie n'ayant pas été entierement satisfaite des pieces qui furent envoyées par le concours de 1785, proposa le même sujet pour cette année 1787, avec les mêmes Prix. Elle croit devoir partager le premier de ces Prix, entre la Piece N°. 8, qui a pour devise: *saltem voluisse decorum est*, & dont l'auteur est M. *Gondouin Desluais*, & la Piece N°. 45, qui a pour devise: *perficiet tempus* & dont on ne connoît pas encore l'auteur.

Le second prix entre la piece N°. 21, qui a pour devise: *transivi per ignem & aquam*, & dont l'auteur est M. *Viallon*, Chanoine Régulier & Bibliothécaire de Ste. Génévieve, & la Piece N°. 33, qui a pour devise: *Quandoque bonus dormitat Homerus* & dont l'auteur est M. *Marat*.

Le troisième Prix, entre la Piece N°. 3, qui a pour devise: *in tenebris ambulans pedes offendit & errorem sequitur*, & dont on ne connoît pas encore l'auteur, & la piece No. 23, qui a pour devise:

Oui, si de ce concours je ne remporte le prix,

J'aurai du moins l'honneur de l'avoir entrepris.

& dont l'auteur est M. *Bralle*, Ingénieur de la Généralité de Paris.

Les pieces qui ont paru le plus approcher des précédentes, sont le No. 1, qui a pour devise: *Aquas in aquis, machinam in machina*.

Le No. 9, qui a pour devise: *Denique sit quodvis, simplex duntaxat & unum*.

Le no. 20, qui a pour devise : *aquarum abundantia*.

Le no. 22, qui a pour devise : *sic aqua pergit ad montes*.

Le no. 25, qui a pour devise : *multiplex & una*.

Le no. 42, qui a pour devise : *mobilitate firma*.

Un amateur éclairé des Sciences a proposé à l'Académie de se charger du jugement d'un prix sur la question suivante : on suppose, 1°. qu'un vaisseau connu de poids, de forme & de position, se meuve sur la surface de la mer, supposée plane & horizontale, avec une vitesse donnée & parallélement à la quille. 2°. Qu'une cause quelconque fasse naître sur la surface de la mer une onde ou lame circulaire unique, dont le centre soit placé sur le prolongement de la quille & dont on connoisse la forme, ou à l'origine, ou dans un certain instant, & sa durée. 3°. Que cette lame, en vertu de sa vitesse, atteigne le vaisseau ; cela posé on demande les changemens que la lame fera naître dans les mouvemens du vaisseau, soit par le choc, soit par la différence des pressions ?

Cette proposition a été acceptée par l'Académie & elle devoit donner dans son assemblée publique d'après pâques 1787 à l'auteur du meilleur des Mémoires qui lui auroient été envoyés sur ce sujet une medaille d'or de la valeur de 240 liv., mais n'ayant reçu aucune piece pour le concours, l'Académie propose de nouveau le même sujet pour l'année 1788.

L'Académie à son assemblée publique d'après pâques 1788 proclamera la piece qui aura mérité ce prix.

M. de Gaule, Ingénieur de la Marine, avoit prié l'Académie de se charger du jugement d'un prix qui devoit être distribué à l'assemblée publique d'après pâques 1785 sur la question suivante :

N'y auroit-il pas moyen pour placer en mer le long des côtes de France, dans les parties qui en sont susceptibles, des esplanades ou digues artificielles, qui dans le gros temps pussent servir à rompre l'impétuosité de la mer, & sous le vent desquelles un navire du Roi, du Commerce, ou toutes autres embarcations qui n'ont d'autres ressources que la côte, puissent, en y mouillant, y trouver un asyle, où ils n'ayent d'autres efforts à vaincre que celui du vent dont la résistance peut être diminuée par les manœuvres usitées en pareille circonstance ?

L'Académie n'ayant point reçu alors de piece qui remplît l'objet désiré proposa de nouveau le même sujet pour cette année 1787 ; elle se trouve aujourd'hui dans le même cas, & M. de Gaule en ayant été informé, prie l'Académie d'annoncer qu'il retire le prix.

L'Académie avoit proposé pour sujet d'un des prix qu'elle devoit distribuer dans sa séance publique d'après pâques 1787 : *La Recherche des moyens par lesquels on pourroit garantir les broyeurs de couleurs, des maladies qui les attaquent fréquemment & qui sont la suite de leur travail.* Le mémoire qui a pour devise : *être utile est mon but*, a mérité l'attention de l'Académie par l'exposé très étendu que l'auteur y a fait de ce travail & par les nombreux détails qu'il y a donnés relativement aux différentes matieres qui entrent dans la composition des couleurs.

Mais s'il a rempli à cet égard une des parties du Programme, il n'a présenté sur une autre plus importante que des idées générales, & auxquelles il a été conduit par l'exposé même de ce Programme.

L'Académie desiroit qu'on indiquât des moyens capables d'écarter, autant qu'il seroit possible, les accidens auxquels les broyeurs de couleurs sont exposés ; soit en employant quelque machine bien entendue, qui par elle-même exécutât complétement ce qu'il y a le plus à craindre pour eux dans leur opérations ; soit en faisant usage d'un moyen simplement préservatif, à la faveur duquel, dans la maniere usitée de broyer les couleurs, on pût renfermer & contenir les émanations dangereuses qu'elles produisent ; pourvu cependant que ce dernier moyen ne s'opposât pas à la facilité du travail, surtout à celle de rassembler les couleurs à plusieurs reprises & à mesure que ces ouvriers les ont étendues sous la *molette*, pour les fondre ensemble & les broyer parfaitement ?

Le point essentiel qu'il faut avoir en vue, en s'appliquant à cet objet de recherches, étant donc la conservation de ces ouvriers, dont la subsistance tient à un travail soutenu, qui lui-même dépend du bon état de leur santé, l'Académie croit devoir insister de nouveau fur ce puissant motif, & y rappeler les savans qui ont pu déjà s'en occuper: elle propose en conséquence le même sujet pour l'année 1789, & annonce un prix double, c'est à dire, la somme de 2160 liv. qui sera accordée, soit totalement en argent, soit en une médaille d'or de 1080 liv. & le reste en argent, au choix de l'auteur qui aura le mieux traité ce sujet intéressant.

L'Académie à son assemblée d'après pâques proclamera la pièce qui aura mérité le prix.

L'Académie avoit proposé en 1785, pour sujet d'un prix sur l'histoire naturelle, de déterminer quelle étoit la meilleure méthode d'étudier & de décrire l'*Histoire Naturelle, Minéralogique d'une grande Province*; & en même temps elle avoit exigé qu'on fît l'application de celle qu'elle auroit adaptée à une contrée d'une certaine étendue, elle a reçu cinq Mémoires sur ce sujet, parmi lesquels l'Académie en a distingué trois; le n°. 1, avec cette épigraphe: *la terre est riche de tout, & tout est riche de la terre*; le n°. 2 avec cette devise: *Qu'est-ce que l'enveloppe extérieure du Globe percée par les travaux des Mines &c.* & le n°. 4 avec la sentence: *Rerum cognoscere causas & fines.* Ces Mémoires, surtout celui du n°. 3, annoncent des Naturalistes éclairés, qui joignent à beaucoup de connoissances en Minéralogie l'habitude d'observer; mais l'Académie a vu avec regret, qu'en s'écartant de son objet les auteurs de ces mémoires se sont plutôt attachés à rassembler une suite nombreuse de faits connus la plupart, qu'à développer une méthode propre à les reconnoître, à les discuter & à les rapprocher sous le point de vue le plus instructif: en conséquence elle a cru devoir abandonner ce sujet, quelque intéressant qu'il fût, pour borner les concurrens à des recherches plus faciles & à un travail moins étendu; elle propose donc pour sujet du nouveau prix, de faire connoître *quels sont les indices certains & non équivoques des mines de charbon de terre, & les constitutions particulieres des pays où elles se trouvent: quelle est la nature & la disposition des substances différentes, qui non-seulement servent d'enveloppe aux filons de ce minéral, suivant leurs qualités, mais qui encore forment les bancs de roche interposés entre ses couches, les crans & les barremens qui en dérangent ou en interceptent les veines, tant dans leur direction, que dans leur inclinaison ou pendage?*

L'Académie desire que, pour faciliter l'intelligence de tous ces détails, les auteurs des Mémoires qui lui seront adressés, y joignent des plans & des coupes propres à représenter les couches de charbon, les bancs de roche qui les enveloppent & les crans qui les dérangent, & qu'ils citent même les mines d'où ces plans auront été tirés. En rassemblant ainsi tout ce que l'expérience a pu nous apprendre sur ces différens objets, l'Académie a principalement en vue d'offrir des principes sûrs à ceux qui sont occupés de la recherche & de l'exploitation d'un combustible que la difette de bois rend de jour en jour plus précieux.

Le prix fera de 1500. livres.

L'Académie proclamera la piece qui aura mérité le prix, à fon affemblée publique de pâques 1789.

Pendant que le Secrétaire fe repofoit, on a lu deux Mémoires; le 1er de M. *le Gentil, fur les lunettes binocles*, dont l'objet paroît être de foulager les yeux des Aftronomes, qui fatiguent beaucoup par les efforts de l'un pour refter fermé, & les efforts de l'autre appliqué à la lunette.

Le fecond Mémoire de M. l'Abbé *Teffier* rouloit *fur l'état général de l'agriculture en France & dans toute l'Europe*.

L'auteur attribue les progrès confidérables que cet art a faits en France aux travaux de Mrs. *Duhamel*; c'eft à cette époque feule qu'elle a commencé à fortir de la routine & des préjugés auxquels étoient afservis les cultivateurs. L'honneur dont jouit l'Académicien d'avoir la confiance du Roi pour fes jardins de Rambouillet, lui a fait concevoir le plan vafte qu'il a imaginé; fa pofition lui a fourni les facilités de l'exécution, tant auprès des étrangers, qu'auprès du Miniftre des finances, afin d'en obtenir des fonds. Il eft entré à l'occafion de fes recherches dans des détails infinis, mais trop longs & faftidieux à rapporter: fon réfultat vraiment effentiel eft, que nous avons en France à peu de chofes près tout ce que possedent les étrangers en ce genre, & qu'ils n'ont pas, il s'en faut de beaucoup, tout ce que nous possédons.

M. de Condorcet, après la lecture de ces deux Mémoires, a satisfait l'impatience du public par celle de *l'Eloge de M. Guetard*. Le caractere original de ce Médecin a fourni ample matiere aux digressions philosophiques de l'Orateur.

M. Guetard, quoique Docteur Régent de la Faculté de médecine de Paris, vraisemblablement pratiquoit peu ou point, car il n'a nullement été question de ce genre de travail dans son Eloge: il avoit eu successivement deux passions; l'une de la botanique, & l'autre de la minéralogie, & il paroit qu'il s'est distingué dans les deux genres. Comme botaniste, il a fait beaucoup de recherches sur les *plantes parasites* rangées sous trois classes; celles qui proviennent d'une autre plante n'existant que sur elle & par elle; celles qui, ayant leurs racines propres, tirent en partie leur subsistance de la terre; enfin celles qui, tirant leur nourriture entiere de la terre, n'ont besoin des autres plantes que comme leur soutien.

Comme Minéralogiste, on doit à M. Guetard le projet des cartes minéralogiques de la France qui s'exécutent aujourd'hui & dont on connoit facilement les difficultés, l'étendue immense & les avantages.

M. le Duc d'Orléans appellé *le dévot*, le

grand-pere du Duc d'Orléans actuel, qui aimoit à la fois les gens religieux & savans, trouvant cette double qualité réunie en M. Guetard, se l'attacha. A sa mort, ce Prince lui légua son cabinet d'histoire naturelle. M. Guetard le remit ensuite au feu Duc d'Orléans, qui lui en conserva la garde avec la qualité de Médecin botaniste de Son Altesse Sérénissime.

M. Guétard avoit aussi des liaisons avec M. de Malesherbes, & il voyage a avec lui pour son instruction & la confection de ses cartes minéralogiques. M. de Condorcet prétend qu'étant en Auvergne & y observant une pierre noire, il la jugea volcanisée & fut ainsi le premier à découvrir les volcans éteints en France, qu'on croyoit n'y avoir jamais été sujette.

C'est surtout en nous peignant le caractere de son héros, que le panégyriste a eu lieu de développer tout son talent & de donner l'essor à sa causticité: M. Guetard étoit d'un caractere si brusque, si hargneux, si difficile à vivre, qu'il n'est aucun de ses confreres, de ses amis, avec lequel il ne se soit brouillé: mais sous cette écorce rebutante, il possédoit une ame si belle, un cœur si sensible, qu'on se raccommodoit aussitôt avec lui & qu'on ne l'en aimoit que davantage.

Son amour de la justice, de la vérité, de l'ordre, la haine des prétentions, de l'intrigue, de la charlatanerie, étoient le principe de cette humeur qu'il ne pouvoit vaincre & qui le dominoit par dessus tout. Mr. de Condorcet en cite plusieurs traits qui confirment son jugement.

Un jour, quelqu'un remercioit M. Guetard de lui avoir procuré une place: *vous ne m'en devez aucune reconnoissance*, lui répondit-il; *je n'ai pu résister à mon devoir, car je ne vous aime pas.*

Quelquefois aux Séances publiques il rencontroit en entrant le Secrétaire & lui disoit: *Bourreau! vous allez bien nous mentir; je vous avertis que pour moi je ne veux point de tout cela.*

Au reste, cet homme si dur en apparence ne pouvoit voir tuer un poulet: il avoit défendu qu'il entrât dans sa maison pour sa subsistance aucun animal vivant, afin qu'on ne fût point dans le cas de le mettre à mort chez lui.

Lorsque M. Guetard entendoit crier quelque arrêt de mort, il s'en trouvoit mal: sur la fin de ses jours il avoit résolu de se retirer à la campagne, afin que ces affreux jugemens ne parvinssent point à ses oreilles. De-là une réflexion amere contre les arrêts iniques des juges, qui ne peuvent rendre la vie aux victimes innocentes de leur préjugé ou de leur ignorance, & tout le monde a bien vu qu'il s'agissoit encore des *trois roués*.

M. *Lavoisier* a lu le troisieme Mémoire *sur une nouvelle nomenclature de chymie.* Il a dit que M. de Morveau s'étant chargé de cette partie pour la nouvelle Encyclopédie, avoit cru devoir consulter les plus fameux chymistes, & qu'à cet effet il étoit venu à Paris tenir des conférences avec eux: de ce nombre étoit M. Lavoisier. Il a rendu compte de leurs principes, de la méthode qu'ils ont suivie, & il prétend que ce devroit être celle de toutes les grammaires. Cet ouvrage, plutôt de métaphysique que de chymie, porte sur des préliminaires si déliés que peu des auditeurs auront pu les saisir. Ce qu'on y a vu plus clairement, c'est que M. Lavoisier aspirant à l'honneur de faire révolution dans cette science par un système à lui, y aura approprié tous les termes de la nouvelle langue, à l'usage seulement de ses disciples, mais qui doit tomber en désuétude avec sa doctrine.

M. *Mechain* a donné ensuite la courte notice d'une comete, qu'il a apperçue la derniere fête de pâques ; comete à laquelle les Astronomes ne s'attendoient point & qui n'est encore visible qu'au télescope.

M. *Desfontaines* a terminé la séance par la lecture d'un Mémoire intéressant *sur la maniere de cultiver la terre* & ses productions en Barbarie: il s'est surtout étendu beaucoup sur le dattier, l'arbre le plus utile qu'on connoisse, & dont il n'est aucune partie dont on ne puisse tirer quelqu'utilité.

Fin du trente-quatrieme Volume.

www.ingramcontent.com/pod-product-compliance
Lightning Source LLC
Chambersburg PA
CBHW070921230426
43666CB00011B/2268